Familienstruktur und Bildungsniveau der Kinder in Kolumbien

Europäische Hochschulschriften

Publications Universitaires Européennes
European University Studies

Reihe XXII
Soziologie

Série XXII   Series XXII
Sociologie
Sociology

Bd./Vol. 424

PETER LANG
Frankfurt am Main · Berlin · Bern · Bruxelles · New York · Oxford · Wien

Helena Sanabria Mora

Familienstruktur und Bildungsniveau der Kinder in Kolumbien

Eine historisch-demographische Analyse 1976–2000

PETER LANG
Internationaler Verlag der Wissenschaften

Bibliografische Information der Deutschen Nationalbibliothek
Die Deutsche Nationalbibliothek verzeichnet diese Publikation
in der Deutschen Nationalbibliografie; detaillierte bibliografische
Daten sind im Internet über <http://www.d-nb.de> abrufbar.

Zugl.: Berlin, Freie Univ., Diss., 2006

Gedruckt auf alterungsbeständigem,
säurefreiem Papier.

D 188
ISSN 0721-3379
ISBN 978-3-631-57681-6

© Peter Lang GmbH
Internationaler Verlag der Wissenschaften
Frankfurt am Main 2008
Alle Rechte vorbehalten.

Printed in Germany 1 2 3 4 5   7

www.peterlang.de

DANKSAGUNG

Die Fertigstellung dieser Dissertation wäre nicht möglich gewesen ohne die Unterstützung vieler Personen und Institutionen, denen ich zu Dank verpflichtet bin.

Einen besonderen Dank möchte ich Prof. Dr. Reinhard Liehr für die Betreuung der vorliegenden Arbeit als Erstgutachter aussprechen. In seinem Forschungskolloquium habe ich einen anregenden und ergiebigen Ort des wissenschaftlichen Austauschs gefunden. Mein Dank gilt auch Prof. Dr. Marianne Braig, meiner Zweitgutachterin.

Die Familienforschung, historisch wie gegenwartsbezogen, sowie die Familien- und Sozialpolitik bilden den Schwerpunkt meines wissenschaftlichen und beruflichen Interesses. Insbesondere habe ich auf diesem Gebiet Alfredo Sarmiento, Dr. Carmen Elisa Flórez, Dr. Susan De Vos und Prof. Dr. Arthur E. Imhof für den fachlichen Rat und Austausch zu danken. In unterschiedlichen Phasen meines Promotionsvorhabens haben sie mich in neue Ansätze über das Thema eingeweiht und bei der Gestaltung der Arbeit mitgewirkt.

Für die finanzielle Unterstützung möchte ich mich beim *Fondo DNP-FONADE-ICETEX* (Bogotá) bedanken, der mir mit einem dreijährigen Promotionsstipendium die intensive und konzentrierte Arbeit an diesem Vorhaben ermöglichte.

In meiner Auseinandersetzung mit statistischen Methoden bin ich in erster Linie meinen ehemaligen Kolleginnen und Kollegen des *Departamento Nacional de Planeación* zu Dank verpflichtet. Sie haben mich trotz der geographischen Distanz jederzeit bei der Lösung technischer Probleme unterstützt, haben mir Informationen und Literatur besorgt und mich bei den statistischen Berechnungen betreut. Auch Dr. Hans Grüner vom Weiterbildungszentrum der FU Berlin bin ich für seine Betreuung in SPSS und Methoden der Statistik sehr dankbar.

Für die mühsame Arbeit des Lektorats gilt mein Dank Anne Fabini, Thomas Gerlach, Frauke Bollow und Dr. Ulrich Goedeking. Sie haben mit großem Engagement meine Arbeit nicht nur grammatikalisch wie stilistisch verbessert, sondern auch mit inhaltlichen Kommentaren bereichert.

Im privaten Freundeskreis war meine Freundin Dr. Wivian Weller die wichtigste Stütze während der Promotionsjahre. Ihre Ratschläge waren gerade in schwierigen Phasen immer hilfreich und aufbauend. Außerdem gilt mein Dank Lucía Mina und María Cristina Peñaloza, meinen Ansprechpartnerinnen in Kolumbien. Carlos Caso möchte ich für seine Hilfe bei Grafikgestaltung danken.

Nicht zuletzt möchte ich meinen Eltern, für ihre vorbehaltlose Unterstützung danken. Meine Mutter konnte leider den Abschluss des Vorhabens nicht mehr miterleben, aber ihr Geist ist im weitesten Sinn in dieser Arbeit anwesend. Außerordentlicher Dank gilt meiner Schwester Emilia, die für mich und für meine Tochter Laura immer da war, wenn wir sie gebraucht haben. Meinem Mann bin ich nicht nur für seine Hilfe im technischen Bereich dankbar. Ihm habe ich insbesondere dafür zu danken, dass er wie kein anderer Mensch an mein Vorhaben geglaubt hat und mich immer ermuntert hat, weiter an meiner Dissertation zu arbeiten. Meiner Tochter Laura möchte ich danken, weil sie mir seit ihrer Geburt im März 2004 einen völlig neuen persönlichen Bezug zum Thema Kinder und Familie und damit auch zu meinem Dissertationsthema ermöglicht hat.

INHALTSVERZEICHNIS

1. EINLEITUNG

Die Allgemeine Erklärung der Menschenrechte der Vereinten Nationen definiert Bildung als ein Grundrecht und verpflichtet die Mitgliedsländer, darunter Kolumbien, bestimmte grundlegende Bedingungen im Bereich der Bildung zu garantieren, die den einzelnen Menschen Chancengleichheit gewährleisten. Die Allgemeine Erklärung der Menschenrechte beinhaltet durchaus die Vorstellung, dass die Funktionsweise eines freien Marktes gewisse Ungleichheiten in Bezug auf Status und Lebensbedingungen bewirkt, unter der Voraussetzung allerdings, dass Gleichheit in Bezug auf bestimmte grundsätzliche Faktoren im Sinne einer Chancengleichheit garantiert wird. In anderen Worten: Jedes Individuum soll die Chance besitzen und über die Freiheit verfügen, seine wesentlichen Fähigkeiten zu entwickeln als Ergebnis des Zugangs zu grundlegender Gesundheitsversorgung und Schulbildung, ohne dass eine Beschränkung aufgrund persönlicher Charakteristika, wie beispielsweise der familiären Verhältnisse besteht.[1] Das Ideal der Chancengleichheit ist in der Praxis schwer umzusetzen, obwohl durch bestimmte Maßnahmen in Bezug auf Schulbildung erreicht werden kann, dass der Bildungsweg von Kindern nicht wesentlich von den wirtschaftlichen Möglichkeiten der Eltern oder von Familienstrukturen abhängt, die für einen erfolgreichen Bildungsweg eines Kindes förderlich sind.

Obwohl der Staat in Kolumbien allmählich mehr Verantwortung für das Bildungswesen übernommen hat, sind bildungspolitische Maßnahmen bis jetzt nicht effizient genug gewesen, um die Schulpflicht von einem Jahr Vorschule und neun Jahren Schulbesuch sowie die Chancengleichheit in der Schulbildung in die Realität umzusetzen.[2] In Kolumbien herrscht große Ungleichheit in Bezug auf die wirtschaftlichen Möglichkeiten der Bevölkerung und die sozialen Verhältnisse, in

---

1 Artikel 2 der Allgemeinen Erklärung der Menschenrechte, erster Abschnitt, lautet: „Jeder hat Anspruch auf alle in dieser Erklärung verkündeten Rechte und Freiheiten, ohne irgendeinen Unterschied, etwa nach Rasse, Hautfarbe, Geschlecht, Sprache, Religion, politischer oder sonstiger Anschauung, nationaler oder sozialer Herkunft, Vermögen, Geburt oder sonstigem Stand" und Artikel 26 der Allgemeinen Erklärung der Menschenrechte, erster Abschnitt: „Jeder hat das Recht auf Bildung. Die Bildung ist unentgeltlich, zum mindesten der Grundschulunterricht und die grundlegende Bildung. Der Grundschulunterricht ist obligatorisch. Fach- und Berufsschulunterricht müssen allgemein verfügbar gemacht werden, und der Hochschulunterricht muss allen gleichermaßen entsprechend ihren Fähigkeiten offen stehen."

2 Artikel 67 der Nationalen Verfassung von 1991, erster Abschnitt, lautet: „Die Bildung ist ein Recht jeder Person und eine öffentliche Dienstleistung mit einer sozialen Funktion; durch die Bildung sucht man den Zugang zu Kenntnissen, zu Wissenschaft, zu Technik und zu sonstigen Gütern und Werten der Kultur", und dritter Abschnitt: „Der Staat, die Gesellschaft und die Familie sind für die Bildung [der Kinder] verantwortlich, die im Alter zwischen fünf und fünfzehn Jahren verpflichtend ist und mindestens ein Jahr Vorschule und neun Jahre Schulausbildung umfasst."

denen sie lebt.[3] Zudem ist privat angebotene Bildung in Kolumbien außerordentlich teuer. Es wird geschätzt, dass die Ausgaben der kolumbianischen Familien für Bildung durch Immatrikulationsgebühren, Transport und Lehrmaterial ungefähr gleich hoch sind wie die entsprechenden Ausgaben des Staates für das schulische Bildungssystem (DNP 1998a: 256 - 257). Befragungen zeigen, dass die hohen Kosten von Bildung den wichtigsten Grund dafür darstellen, dass Kinder die Schule abbrechen. Dies gilt sogar für den Primarbereich, so dass sich die Chancen einiger Kinder schon in einem sehr frühen Alter stark reduzieren (Sarmiento et al. 2001: 34). Dies impliziert, dass die Familie eine der wichtigsten Determinanten für das Bildungsniveau der Kinder ist. Nicht alle Familien können, sei es aufgrund wirtschaftlicher oder sozialer Faktoren, in gleichem Umfang Zeit und Geld in die Bildung ihrer Kinder investieren. Wenn nicht geeignete Mechanismen gesellschaftlichen Ausgleichs in der Gesellschaft existieren, um Chancengleichheit zu garantieren, resultiert daraus eine Fortschreibung der Ungleichheit.

Wie viel und auf welche Weise investieren Familien in die Bildung ihrer Kinder? Wie viel und auf welche Weise trägt das Bildungssystem zur Perpetuierung sozialer Ungleichheit bei? Wie flexibel ist der Arbeitsmarkt, um soziale Mobilität zu ermöglichen? So lauten – unter anderen – zentrale Fragestellungen der Forschung zu Bildung und sozialer Ungleichheit seit Mitte des 20. Jahrhunderts. Es gibt wenige theoretische Modelle, die das Thema im Allgemeinen erfassen. Die meisten wissenschaftlichen Arbeiten stellen eher Hypothesen auf über Wirkungszusammenhänge einzelner Variablen oder Variablenbündel in spezifischen wirtschaftlichen und sozialpolitischen Kontexten (Kristen 1999: 2). Diese Arbeiten haben trotzdem einen großen Wert, da sie weitere vergleichende Studien erlauben und eine Grundlage für allgemeine Schlussfolgerungen bieten.

Die meisten Untersuchungen zur Bildungsungleichheit in Kolumbien legen den Schwerpunkt der Problematik in Zusammenhang mit den öffentlichen Ausgaben, dem Familieneinkommen, dem Bildungsniveau der Eltern, dem Wohnort und/oder mit dem Typus der Bildungsanstalt. Die familiären Bedingungen, in denen Kinder leben, wurden Jahrzehnte lang in Studien zu Bildungsungleichheit kaum einbezogen. Erst Ende der 90er Jahre des 20. Jahrhunderts haben Robbins (1997), später Ribero (2000) sowie Sánchez und Núñez (2002) einige Variablen zur Familienstruktur in ihre Untersuchungen einbezogen, um die Investition der Familien in Humankapital und um Ungleichheiten bezüglich des Bildungsniveaus zu erklären.

---

3 Der Gini-Koeffizient ist ein statistisches Maß für soziale Ungleichheit. Je höher der Wert ist, der zwischen 0 und 1 liegen kann, desto größer ist die Ungleichheit. Der Gini-Koeffizient lag in Kolumbien im März 1976 bei 0,52 und im März 2000 bei 0,55. Zwischen 1980 und 1996 erreichte der Gini-Koeffizient Werte unter 0,50. Der niedrigste Wert lag bei 0,45 sowohl 1983 (März) als auch 1989 (März) (DNP 2005).

Diese Forschungsarbeiten haben die Aufmerksamkeit auf die Familienstruktur als wichtige Determinante des Bildungsniveaus der Kinder gelenkt.

Ausgangspunkt der vorliegenden Arbeit ist der Zusammenhang zwischen Familienstruktur und Bildungsniveau der Kinder in Kolumbien im Zeitraum von 1976 bis 2000. Welche Zusammenhänge bestehen zwischen Aspekten der Familienstruktur wie der Anzahl der Kinder in der Familie, dem Familienstand der Mutter, dem Alter der Mutter bei der ersten Geburt, der Anzahl der ehelichen und nichtehelichen Gemeinschaften der Mutter, der Erwerbssituation der Mutter sowie der Komplexität des Haushalts mit dem Bildungsniveau der Kinder in Kolumbien? Wie stellt sich dieser Zusammenhang in Regionen wie der Region Central oder der Region Atlántica dar? Welche Unterschiede zeigen sich zwischen städtischen und ländlichen Gebieten? Welche Entwicklung hat dieser Zusammenhang in den letzten 25 Jahren des 20. Jahrhunderts erfahren? Welche Bedeutung haben dabei die wirtschaftlichen Faktoren? Damit sind die wichtigsten Fragestellungen umrissen, die im Mittelpunkt der vorliegenden Arbeit stehen. Wesentliches Anliegen dieser Arbeit ist es, die Bedeutung der familiären Verhältnisse für den Entwicklungsprozess des Individuums und damit für die kolumbianische Gesellschaft zu untersuchen. Die Analyse des Zusammenhangs zwischen Familienstruktur und Bildungsniveau der Kinder über eine Zeitperiode von 25 Jahren unter unterschiedlichen sozioökonomischen und politischen Bedingungen erlaubt es zu überprüfen, wie empfindlich dieser Zusammenhang auf externe Faktoren reagiert.

Der theoretische Teil dieser Arbeit befasst sich zunächst mit der Humankapitaltheorie, insbesondere mit den Ansätzen innerhalb der Familienökonomie. In diesen Kapiteln wird der Schwerpunkt gelegt auf die theoretischen Fragestellungen über die Familie und die Schaffung von Humankapital von Becker (Becker 1981). Darüber hinaus werden weitere theoretische Ansätze vorgestellt, die hauptsächlich aus der Auseinandersetzung mit Beckers Theorie entstanden sind, teils als Ergänzungen, teils als theoretische Entwürfe in kritischer Abgrenzung von Becker (Romer 1990, Lucas 1988, Desai 1992, McElroy 1990, Sen 1990, Sala-I-Martin 2002). Gleichermaßen werden in diesem Teil der Arbeit neuere, in den letzten Jahren erstellte empirische Arbeiten über den Zusammenhang zwischen Familienstruktur und Bildungsniveau der Kinder in unterschiedlichen Regionen und Ländern diskutiert.

In der vorliegenden Arbeit gehe ich von der Hypothese aus, dass sich das Bildungsniveau der Kinder als Ergebnis einer Verkettung von Faktoren verstehen lässt, unter denen exogene und endogene Faktoren unterschieden werden können. Die Familienstruktur gehört dabei zur letztgenannten Gruppe von Faktoren. Konkretere Ausgangshypothesen sollen hier nicht formuliert werden, um die Beschäftigung mit dem empirischen Material nicht durch notwendigerweise subjektiv geprägte Annahmen zu belasten. Die Ergebnisse werden zum theoretischen Ansatz Beckers und den alternativen Ansätzen anderer Autoren in Bezug gesetzt.

Zur Einordnung der Daten der empirischen Analyse werden zentrale Aspekte zum Kontext von Familie und Bildung in Kolumbien dargestellt. Eine historische Betrachtung der Familie in ihren kulturellen wie auch rechtlichen Dimensionen bildet einen Schwerpunkt dieser Arbeit. Ebenso soll ein Überblick gegeben werden über die Entwicklung von Bildung und Bildungspolitik sowie von Bevölkerungs- und Familienpolitik in den letzten Jahrzehnten des 20. Jahrhunderts. Diese Untersuchung der historischen, kulturellen und sozialpolitischen Aspekte des kolumbianischen Kontexts bildet die Grundlage für die Umsetzung und die Analyse der Ergebnisse der empirischen Daten.

Die empirische Untersuchung besteht im Wesentlichen aus der Analyse von zwei Befragungen, deren Entstehungsdaten die Untersuchungsperiode dieser Arbeit markieren: der *National Fecundity Survey* 1976 (NFS1976) und der *National Demographic and Health Survey* 2000 (NDHS2000). Aufgrund des Schwerpunkts dieser Befragungen, nämlich Fragen nach Fertilität und reproduktiver Gesundheit, enthalten sie – und dies als einzige Studien in Kolumbien – Informationen auf nationaler Ebene über die Familienstruktur.[4] Beide Befragungen sind repräsentativ in Bezug auf die nationale Ebene, die Regionen und den Wohnort, sowohl den städtischen als auch den ländlichen. Die Frau im gebärfähigen Alter (15 bis 49 Jahre) ist die Grundinformations- und Grundanalyseeinheit beider Befragungen. Aufgrund der gesammelten Informationen über die Frauen ist es möglich, verschiedene Aspekte der Familienstruktur der Frauen und folglich die ihrer Kinder zu rekonstruieren. Die Befragungen richten sich auch auf die Charakteristika der jeweiligen Haushalte. Für die vorliegende Arbeit wurde aus der Haushaltsdatenbank eine Stichprobe der 10- bis 15-jährigen Kinder erstellt, um im nächsten Schritt deren Mütter in der Personendatenbank zu suchen und die entsprechenden Daten über die Familienstruktur auszuwählen. Nicht von allen Kindern aus der Haushaltsdatenbank konnte die Mutter gefunden werden – dies gilt insbesondere für den NFS1976 – da diese nicht im Haushalt wohnte oder älter als 49 Jahre alt war und deswegen nicht in die Frauenstichprobe einbezogen worden war. Die Endstichprobe des NFS1976 umfasst 2864 Kinder, diejenige des NDHS2000 umfasst 3949 Kinder. Da zum Zeitpunkt der Befragung die meisten Jugendlichen das Bildungssystem noch nicht verlassen hatten, ist es nicht möglich anzugeben, welchen Bildungsgrad sie erreichen werden. Angesichts dieses Problems beschränkt die empirische Analyse die Messung des Bildungsniveaus der Kinder auf

---

4　Die quantitative Analyse der Familienstrukturen in Kolumbien ist schwierig aufgrund der spärlichen Informationsquellen. Es gibt keine spezifische Befragung auf nationaler Ebene zum Thema Familie.

drei Indikatoren: den durchschnittlichen Schulbesuch in Jahren, den altersgemäßen Schulbesuch und den Eintritt in den Sekundarbereich. Zur Familienstruktur wurden sechs Variablen untersucht: Anzahl der Kinder, Familienstand der Mutter, Alter der Mutter bei der ersten Geburt, Zahl der ehelichen und nichtehelichen Gemeinschaften, Erwerbssituation der Mutter und Komplexität des Haushalts. Die Variablen in Bezug auf die Familienstruktur mussten teilweise rekodiert werden, um die Daten beider Befragungen vergleichen zu können. Vier Kontrollvariablen wurden in die empirische Analyse einbezogen: Schuljahre der Mutter, Wohnort (städtisch/ländlich), Region und Geschlecht. Die Daten nach Geschlecht werden nur dann präsentiert, wenn relevante geschlechtsspezifische Unterschiede festzustellen sind.

Ich habe mich bei der vorliegenden Arbeit in erster Linie für eine quantitative empirische Analyse entschieden. Zwei Gründe sind dafür wesentlich verantwortlich. Zum einen besteht bezüglich dieses Themas in Kolumbien auf nationaler Ebene eine Forschungslücke. Die Auswirkungen der Familienstruktur auf das Bildungsniveau der Kinder waren zum Zeitpunkt der Konzeption der vorliegenden Forschung (1999) nur für Bogotá von Robbins (1997) erforscht. Inzwischen sind die Arbeiten von Ribero (2000) sowie Sánchez und Nuñez (2002) erschienen, die aber gleichfalls auf bestimmte Städte beschränkt sind. Zum zweiten richtet sich mein Interesse auf die Anwendung der Forschungsergebnisse auf die Formulierung sozialpolitischer Maßnahmen. Quantitative Daten haben bei der Formulierung politischer Maßnahmen große Bedeutung, insbesondere für eine erste Annäherung an das Thema. Trotzdem seien hier die Grenzen des Erkenntnisgewinns durch die Anwendung quantitativer Methoden betont, denn damit lässt sich nur wenig über die subjektive Perspektive von Individuen erfahren. Wenn sich Menschen für eine bestimmte Form des Familienlebens entscheiden, sind solche Entscheidungen Teil einer komplexen Realität, die zutreffender durch Fallstudien und/oder offene Befragungen zu erfassen wäre. Eine zusätzliche Fallstudie – oder gar mehrere – hätten allerdings den Rahmen der vorliegenden Arbeit gesprengt. In der Schlussbetrachtung werden zur Weiterführung und Ergänzung der vorliegenden Arbeit wichtige Themenbereiche benannt, die eine Bearbeitung mit qualitativen Forschungsmethoden erfordern würden.

Diese Untersuchung wurde in erster Linie für die akademische Rezeption konzipiert. Da aber das Forschungsprojekt durch das *Departamento Nacional de Planeación* (DNP) und den *Fondo Nacional de Desarrollo* (FONADE) unterstützt wurde, dazu aufgrund meines persönlichen Interesses an der Anwendung der wissenschaftlichen Kenntnisse in der Planung und Durchführung von Sozialpolitik, wurde für diese Untersuchung der Bogen teilweise weiter gespannt, um in diesem Bereich relevanten Institutionen eine Orientierungshilfe anzubieten.

Kolumbien befindet sich seit Jahrzehnten in einem bewaffneten Konflikt zwischen Guerillaeinheiten, paramilitärischen Verbänden und staatlichen Sicherheitskräften. Dieser hat aufgrund einer Vielzahl von historischen und strukturellen Gründen zu sehr komplexen Strukturen und zu einer Eigendynamik der Kriegslogik geführt. Wirtschaft und Gesellschaft des Landes sind darüber hinaus in hohem Ausmaß vom Drogenhandel und dessen Begleiterscheinungen betroffen. Kolumbien verzeichnet eine sehr hohe Zahl politischer Morde und dazu eine der höchsten Mordraten der Welt. Der Konflikt in Kolumbien ist höchst komplex und dementsprechend schwierig zu lösen. Obwohl die vorliegende Arbeit nicht direkt auf das Thema eingeht, kann doch kein Forschungsprojekt, das sich mit Kolumbien beschäftigt, völlig von dieser Situation abstrahieren. Die soziale Ungleichheit und dementsprechend die Bildungsungleichheit gehören zu den grundlegenden Problemen Kolumbiens und stehen mit im Brennpunkt des Konfliktes. Nach meiner Auffassung ist an die Möglichkeit der Konfliktlösung nicht zu denken, wenn nicht das Problem der sozialen Ungleichheit angegangen wird. Die Reduzierung der Ungleichheit in Bezug auf das Bildungsniveau und die Bildungschancen muss deshalb eine Priorität staatlicher Politik sein. Dabei muss die Familie als Kerneinheit der Gesellschaft und als Institution, die neben dem Staat wesentlich für die Bildung der Kinder verantwortlich ist, in sozial- und bildungspolitischen Konzepten berücksichtigt werden.

Die Arbeit gliedert sich in vier Hauptkapitel, die sich mit dem theoretischen Rahmen über die Investition in Humankapital innerhalb der Familie (Kapitel 2), den Daten und Methoden (Kapitel 3), dem kolumbianischen Kontext (Kapitel 4) und der empirischen Analyse (Kapitel 5) befassen.

Im Mittelpunkt von Kapitel 2 stehen zunächst die wichtigsten Theorien zur Schaffung von Humankapital speziell im Bereich der Familienökonomie. Danach werden die wichtigsten Untersuchungen zur Auswirkung der Familienstruktur auf das Wohl und die Bildung der Kinder nach den sechs Variablen zur Familienstruktur, die in dieser Arbeit behandelt werden, dargestellt und analysiert. Im Ergebnis steht ein allgemeines Modell derjenigen Faktoren, die auf das Bildungsniveau der Kinder einwirken.

In Kapitel 3 erfolgt die Beschreibung der Datenbasis und der Analysemethoden. Das Kapitel befasst sich insbesondere mit der Genauigkeit und Konsistenz der Daten und mit den Problemen der für diese Studie vorbereiteten Stichproben. Die Analysemethoden werden im Detail dargestellt, ebenso wie die abhängigen, die unabhängigen und die Kontrollvariablen, die in die empirische Analyse einbezogen werden.

Kapitel 4 befasst sich mit dem kolumbianischen Kontext in Bezug auf die Entwicklung der Familie in historischer, kultureller und rechtlicher Perspektive. Dabei werden die besonderen Charakteristika der kolumbianischen Familie dargestellt, die sich aus der Multiethnizität der Gesellschaft ergeben mit ihren indigenen, spanischen und afrikanischen Wurzeln. Um die Bedeutung sozialpolitischer Aspekte auf die Bildungsentscheidungen innerhalb der Familie einzuschätzen, wird zum zweiten sowohl die kolumbianische Bildungspolitik wie auch die Bevölkerungs- und Familienpolitik der zweiten Hälfte des 20. Jahrhunderts zusammengefasst und analysiert.

Kapitel 5 befasst sich mit der empirischen Analyse. Zunächst stehen Tendenzen der Familienstrukturvariablen zwischen 1976 und 2000 im Mittelpunkt des Interesses. Darauf folgend wird die Korrelation dieser Variablen mit den Bildungsniveauindikatoren analysiert. In beiden Fällen werden zusätzlich die Kontrollvariablen in die Analyse einbezogen. Dabei werden Techniken der deskriptiven Statistik angewendet wie Häufigkeitsverteilung, Lage- und Streuungsmaße, Assoziationskoeffizienten, Kontingenztabellen und Drittvariablenkontrolle. In der zweiten Phase der empirischen Analyse werden multivariate Regressionsmodelle verwendet, um die Auswirkungen der unabhängigen Variablen auf den Bildungsgrad der Kinder zu untersuchen. Bei der Analyse der Ergebnisse werden vielfach die historischen, kulturellen und sozialpolitischen Aspekte des kolumbianischen Kontexts einbezogen, so dass auch nicht-quantitative Erkenntnisse und Interpretationen in die getroffenen Aussagen einfließen.

2. ANMERKUNGEN ZUM THEORETISCHEN RAHMEN

2.1. Schaffung von Humankapital

Der Begriff Humankapital[5] ist heute sowohl unter Wissenschaftlern als auch im öffentlichen und politischen Bereich weit verbreitet und akzeptiert, obwohl er zum Zeitpunkt seiner Entstehung, in den 50er Jahren des 20. Jahrhunderts, auf Widerstand stieß. Stein des Anstoßes war die Annahme, ein Individuum investiere in seine Bildung, Gesundheit und Berufsausbildung auf rationale Weise, nach dem Kosten-Nutzen-Verhältnis. Obwohl die Idee, Bildung mit einer einfachen Investition gleichzusetzen, der Bedeutung von Bildung nicht gerecht zu werden schien, führte eine große Anzahl von Studien in späteren Jahren mit umfangreichen theoretischen und empirischen Erkenntnissen dazu, dass die Humankapitaltheorie zu einem der Grundpfeiler für die Theorien wirtschaftlicher Entwicklung wurde.

Die Theorien und empirischen Studien zum Humankapital konzentrieren sich auf die Betriebswirtschaft, den makroökonomischen Bereich und auf die Familienökonomie. Letztere ist für die vorliegende Untersuchung von zentralem Interesse. Auf theoretischer Ebene entwickelte T. Schultz (1902 - 1998), einer der Pioniere der Bildungstheorie, erste Studien über die Investition in Humankapital und ihren Einfluss auf das Wirtschaftswachstum. Damit versuchte er Phänomene zu erklären, die sich mithilfe der herkömmlichen Wirtschaftstheorien nicht vollständig deuten ließen, so die Tatsache, dass um 1950 in den Vereinigten Staaten das Volkseinkommen schneller wuchs als die natürlichen Vorräte (Land, Arbeitsstunden und erneuerbarer Kapitalstock) oder dass die Einkünfte derjenigen, die eine spezialisierte Arbeit verrichten, mit zunehmendem Alter viel höher ansteigen als die Einkünfte anderer, die keine spezialisierte Arbeit ausüben (Schultz 1983: 184 - 185). Infolge von Schultz' Arbeiten, später auch von denen Mincers (1958) und Beckers u.a. (1965, 1974, 1995c), wuchs insgesamt das Interesse an der Bildungsökonomie. In den folgenden Jahren gab es immer mehr theoretische und empirische Belege für die Bedeutung des Humankapitals für die Wettbewerbsfähigkeit und das Wachstum. Diese Studien erklären so verschiedenartige Phänomene wie personen- und gebietsabhängige Einkommensunterschiede, sie bestimmen die Form des Profils des Bezugs zwischen Alter und Einkommen, und sie erlauben es, die Auswirkungen der beruflichen Spezialisierung und Qualifikation auf das jeweilige Einkommensniveau einzuschätzen (Becker 1995c: 78 - 79). Ende der 80er Jahre des 20. Jahrhunderts erschienen die Arbeiten von P. Romer

---

5 Riboud und Hernández (1983: 318) verstehen unter Humankapital alle Erfahrungen, Kenntnisse, Fähigkeiten und Fertigkeiten, die ein Individuum im Laufe seines Lebens durch Erlernen erwirbt und über die es durch Vererbung verfügt.

(1990) und R. Lucas (1988), in denen die Bedeutung des technologischen Fortschritts und seiner Verbreitung unterstrichen und die Anhäufung von Humankapital durch Investition in die Bildung in herkömmliche Wachstumsmodelle eingefügt wird. Später wurden auch Modelle entwickelt, die – anstatt Bildung dem Produktionsprozess als zusätzlichen Faktor zuzuordnen – auf der Idee beruhen, die Erfindung und Aneignung neuer Technologien, die Anhäufung von Humankapital und die wirtschaftlichen Bedingungen seien jeweils voneinander abhängig und somit als endogene Variablen zu betrachten (Sala-I-Martin 2002: 7).

Ein Großteil der Studien zum Humankapital konzentriert sich auf das Gebiet der Betriebswirtschaft und dies nicht nur, weil die empirischen Studien einem konkreten ökonomischen Interesse entsprächen, sondern weil sie den Einfluss von Humankapital auf Lohn, Arbeit und andere Wirtschaftsvariablen für theoretische Zwecke klarer fassen (Becker 1995c: 38). Auf makroökonomischer Ebene sind in vielen Ländern empirische Studien durchgeführt worden, die den Beitrag des Humankapitals zum Wirtschaftswachstum verdeutlichen. Die Investition in Humankapital wird gegenwärtig als eine Notwendigkeit nicht allein zur Steigerung der Produktivität, sondern, im weiteren Sinne, zur Steigerung des individuellen und gesellschaftlichen Wohlstands betrachtet. Allerdings ist das Verhältnis Humankapital - Wirtschaftswachstum gleichzeitig offensichtlich und diffus. Hinter der vordergründigen Einstimmigkeit verbergen sich offene Fragen und Meinungsverschiedenheiten. Einerseits gibt es zwischen Volkswirtschaften Produktivitätsunterschiede, andererseits haben nicht alle Komponenten des Humankapitals gleichermaßen Einfluss auf das Wirtschaftswachstum, da diese auch von bestimmten Charakteristika der Bevölkerung, dem Spektrum der vorhandenen Wirtschaftszweige und der Struktur des Arbeitsmarkts abhängen. Seit den 90er Jahren des 20. Jahrhunderts wird versucht, neue Erkenntnisse über die Beziehung zwischen Humankapital und Wirtschaftswachstum zu erlangen. Es wurden einerseits Datenbanken von verschiedenen Ländern und über einen langen Zeitraum angelegt, um Forschern die Möglichkeit zu bieten, ihre Theorien an empirischem Datenmaterial zu überprüfen (Summers und Heston 1988, 1991; Barro und Lee 1993, zit. nach Sala-I-Martin 2002: 5). Andererseits haben aktuelle Studien neue Elemente in ihre Modelle aufgenommen, von denen einige mit dem Humankapital in enger Beziehung stehen. Diese neuen Elemente, „Institutionen" genannt, beziehen sich auf unterschiedliche Aspekte der Gesellschaft, die die ökonomische Effizienz beeinflussen, wie u.a. politische Institutionen (Demokratie, politische Freiheit und Stabilität), staatliche Institutionen (Bürokratie, Korruption), Rechtssicherheit (Rechtssystem, Rechtsstaat, etc.), das Funktionieren der Märkte (Wettbewerbspolitik, Öffnung gegenüber externen Märkten, etc.), soziale Konflikte und Ungleichheiten, das Gesundheitssystem (Lebenserwartung) und das demographische Verhalten (Migration, Geburtenrate, Sterblichkeitsrate) (Sala-I-Martin 2002: 13). Obwohl diese neue Sichtweise sowohl wichtige theoretische als auch empirische Erkenntnisse befördert hat, konnte doch noch nicht quantifiziert werden, wie viel Humankapital nötig ist, um ein Wirtschaftswachstum in bestimmter Höhe zu bewirken, wie das Humankapital in der Gesellschaft verteilt sein muss, wie dieser Prozess organisiert werden muss und in welcher Beziehung das Humankapital zu Phänomenen wie Demokratie, Korruption, demographischem Verhalten, etc. steht. Aus diesem Grund werden Forschungen zum Verhältnis von Humankapital und Wirtschaftswachstum sowohl auf theoretischer als auch auf empirischer Ebene weiterhin von Bedeutung sein.

Auch wenn die Humankapitaltheorie auf makroökonomischer und betriebswirtschaftlicher Ebene für die vorliegende Arbeit von großer Bedeutung ist, richtet sich das Augenmerk doch besonders auf die Frage der Investition in Humankapital innerhalb der Familie. Jedes Individuum hängt während der Kindheit von seiner Familiengruppe ab, für seine soziale und wirtschaftliche Zukunft werden durch diese wesentliche Weichenstellungen vorgenommen. Innerhalb der Familie wird über die ersten Investitionen betreffend Gesundheit und Ausbildung entschieden. In einigen Gesellschaften sorgen Systeme sozialer Sicherheit dafür, dass auch Kinder aus sozial schwachen Familien eine Chance im Sinne sozialer Mobilität erhalten, trotzdem haben die familiären Rahmenbedingungen auch hier große Bedeutung.

Die Familienökonomie analysiert die Investition in Humankapital auf ähnliche Weise wie etwa Investitionen in verschiedenen Wirtschaftsbereichen. Der Ökonom und Nobelpreisträger G. Becker hat einen großen theoretischen Beitrag geleistet, indem er den Familienhaushalt als produktive Einheit analysierte, die sich nicht darauf beschränkt, Güter zu verbrauchen, sondern auch Inputs auf dem Markt zu erwerben, um eigene *commodities* zu produzieren. Auf diese Weise begründet Becker die quantitative Analyse der Familienökonomie und, obwohl seine Modelle in verschiedenen Aspekten hinterfragt worden sind, bilden seine Thesen immer noch den Ausgangspunkt für viele Analysen und Untersuchungen, sei es, um diese zu bestätigen oder um sie zu verwerfen.

Indem der Haushalt als produktive Einheit betrachtet wird, ersetzt Beckers Theorie die Voraussetzung, wonach Güter eine direkte Nutzquelle sind, durch die Vorstellung, dass Güter und Zeit Inputs für die Produktion von *commodities* im Haushalt darstellen und diese dem Individuum einen Nutzen verleihen. Die *commodities* besitzen keinen Marktwert, denn sie werden weder verkauft noch gekauft, aber sie besitzen einen Schattenpreis, der ihren Produktionskosten durch Verbrauch von Zeit oder Gütern entspricht. Nach Beckers Modell werden die Schattenpreise der *commodities* vom Preis der Marktgüter und vom Arbeitswert auf dem Arbeitsmarkt bestimmt, unabhängig von der Quantität der Nachfrage. Deswegen stehen die Einschränkungen, die ein Haushalt erfährt, sowohl mit dem wirtschaftlichen Aktivvermögen als auch mit der verfügbaren Zeit und ihrer Produktionsrentabilität im Haushalt und auf dem Markt in Beziehung. Berücksichtigt man die oben genannten Restriktionen, so setzt die Maximierung das Verhältnis der Grenznutzwerte mit dem Verhältnis der Schattenpreise gleich. Dieser neuartige Umgang mit der Nutzfunktion erlaubt, die Möglichkeit in Betracht zu ziehen, dass Güter und Zeit bei der Produktion erwünschter *commodities* voneinander ersetzt oder jeweils ergänzt werden (Becker 1981: 22 - 23).

Beckers Theorie der Familienökonomie basiert auf der Annahme, dass alle Familienmitglieder den Interessen der Familieneinheit Priorität einräumen, auf Kosten der eigenen persönlichen Interessen. Das Modell setzt voraus, dass alle Aktionen der Mitglieder einer Familie sich darauf richten, den Nutzen des Haushalts insgesamt zu steigern. Aus diesem Grund arbeitet das Modell mit einer einzigen Nutzfunktion. Diesem Modell zufolge ist der Haushaltsvorstand damit beauftragt, das Funktionieren der Familiengruppe zu organisieren, wobei vorausgesetzt wird, dass er sich immer altruistisch verhält und auf das Wohl der Familiengruppe bedacht ist („*Rotten Kid*"-Theorem), ohne seinen eigenen Interessen Vorrang zu gewähren (Becker 1981: 226 - 259).

Das Humankapital der Kinder wird als ein Gut betrachtet, das mit Hilfe von Marktgütern und -diensten und der Zeit der Eltern produziert wird. Die Investition der Eltern in Ausbildung und Gesundheit ihrer Kinder entspricht dem Bestreben nach Maximierung des Nutzens. Auf diese Weise lohnt sich die Investition in Humankapital bis zu dem Punkt, an dem die Grenzkosten einer zusätzlichen Investitionseinheit die Grenzerträge ausgleichen (Becker 1965: 494 - 495, 1981: 140 - 152).

Beckers Modell erläutert, dass Eltern über „Quantität" und „Qualität" der Kinder „verhandeln", weil die Haushaltsmittel konstant bleiben, unabhängig von der Anzahl der Kinder, die im Haushalt leben. Die Eltern müssen entscheiden, ob sie weniger Kinder haben wollen, in die sie jeweils mehr investieren können (Qualität), oder ob sie mehr Kinder haben wollen (Quantität), in die sie jeweils weniger investieren können. Diese These besagt also, dass in dem Maße, wie die Anzahl der Kinder zunimmt, die verfügbaren Mittel (sowohl Geldmittel als auch Zeit, Zuwendung und emotionale Investitionen von Seiten der Eltern) für jedes Kind abnehmen. Gleichzeitig geht die These davon aus, dass, wenn die realen Einkünfte des Haushaltes ansteigen, die Eltern diese Mittel in die „Qualität" der Kinder investieren werden, anstatt weitere Kinder zu zeugen. Theoretisch müsste ein Anwachsen der Einkünfte zur Steigerung sowohl der „Qualität" als auch der „Quantität" der Kinder führen, aber die Preiselastizität der „Quantität" der Kinder ist viel geringer als die Preiselastizität der „Qualität" der Kinder. Aus diesem Grund ist die Wahrscheinlichkeit größer, dass ein Anwachsen der Haushaltseinkünfte eine Steigerung der Investitionsmittel in die vorhandenen Kinder zur Folge hat (Becker 1995a: 244).

Obwohl Becker derjenige Ökonom war, der die wichtigsten theoretischen Beiträge zum Studium der Familienökonomie gemacht hat, ist sein Modell auch heftig kritisiert worden. Die bedeutendste Kritik betrifft die Tatsache, dass das Modell eine einzige Nutzfunktion für die ganze Familiengruppe verwendet. Es gibt andere Sichtweisen, denen zufolge auch innerhalb der Familien Interessenkonflikte bestehen. Es gibt sogar eine Annäherung an das Modell von Nash (*bargaining problem*), wobei behauptet wird, dass sich die innerfamiliären Beziehungen als ein konstanter Handel zwischen den Familienmitgliedern darstellen, bei der jeder Einzelne bestrebt ist, die beste Transaktion zu bekommen. Diese Perspektive unterstreicht den egoistischen Charakter der Menschen, die immer das eigene Wohl suchen, im Gegensatz zum altruistischen Charakter, den Becker hervorhebt und der seiner Meinung nach in Familienbeziehungen immer vorherrscht. Allerdings schließt diese Alternativperspektive zu Beckers Modell das Vorhandensein gemeinsamer Interessen und somit die Möglichkeit kooperativer Modelle auch nicht aus (Nash 1950: 155 - 158, Sen 1990: 67).

Amartya Sen (1990: 68 - 76) formuliert die These, dass Interessenkonflikte innerhalb der Familie oftmals zu ungleichen Lösungen führen und diese Ungleichheit häufig von sozial bedingten Wahrnehmungen des Wohls gerechtfertigt wird. Da nach Sen innerhalb der Familienbeziehungen die Koexistenz von Interessenkonflikten und Interessenkongruenz gegeben ist, kann die Verteilung innerhalb der Familie unter dem Aspekt des von Nash postulierten *bargaining problem* analysiert werden. Nash berücksichtigt allerdings nicht in ausreichender Weise, dass die Herausbildung individueller Interessen sozial, also durch komplexe soziale Situationen bedingt ist und sich mehr an der Gruppe ausrichtet als am persönlichen Wohl des Individuums. In einigen Kulturen existiert kein eindeutiges Konzept des individuellen Wohls, weil eher an das Wohl der gesamten Familie gedacht wird, unabhängig davon, wie viel und in welcher Form jedes Mitglied der Familie dazu beiträgt. Nach Sens Auffassung ist das Fehlen der Wahrnehmung von individueller Ungerechtigkeit oder Ausbeutung zweifellos ein in einigen Gesellschaften relevanter Aspekt. Tatsächlich trägt diese Unterschiedlichkeit der Wahrnehmung (*bias*) dazu bei, dass innerhalb der Familie Problemlösungen möglich werden, die von außen betrachtet ungerecht erscheinen, aber intern als angemessen und gerecht akzeptiert werden. In diesem Sinne wird es hier für wichtig erachtet, trotz aller Relativierung durch kulturelle Faktoren von persönlichem Wohl und ungleichen Beziehungen zu sprechen.

Ohne eine quantitative Hypothese zu spezifizieren, konzentriert sich Sens Sichtweise eher darauf, Variablen wie Wahrnehmung von Wohlstand und Beitrag zum

Familienwohl zu identifizieren, die einen großen Einfluss auf das Wohl der verschiedenen Familienmitglieder haben können (Sen 1990: 73).

Ein anderer, viel kritisierter Aspekt in Beckers Modell ist die beschränkte Bedeutung, die das Modell familienexternen Faktoren einräumt, die Einfluss auf elterliche Investitionen in das Humankapital der Kinder haben. Obwohl Becker in Aufsätzen, die nach seinem „A treatise on the family" erschienen sind, empfiehlt, der Tatsache Rechnung zu tragen, dass die Investition in Humankapital nicht nur von den verfügbaren Haushaltsmitteln abhängig ist, sondern auch von den öffentlichen Ausgaben für Bildung, vom Zinssatz auf dem Kapitalmarkt oder von den für die Bildungsinvestitionen erwarteten Ertragssätzen (Becker 1995e: 383), so hatte die These von „Qualität" gegen „Quantität" der Kinder vielfältige Reaktionen unter Wissenschaftlern wie unter Politikern zur Folge. Im folgenden Abschnitt werden verschiedene Arbeiten vorgestellt, die zeigen, wie die Investition in Humankapital von unterschiedlichen Faktoren wie öffentlichen Zuwendungen, sozialer Organisation, Verwandtschaftsverhältnissen, demographischem Verhalten der Bevölkerung oder der ökonomischen Entwicklung des entsprechenden Landes beziehungsweise der Region bestimmt wird.

2.2. Familienstruktur und Bildungsniveau der Kinder

2.2.1. Anzahl der Kinder

Zahlreiche Arbeiten, die das Verhältnis zwischen Anzahl der Kinder und Bildungsniveau untersuchen, stützen sich auf Beckers Theorie von der Alternativentscheidung der Eltern zwischen „Quantität" und „Qualität" der Kinder. Der Großteil dieser Studien zeigt eine negative statistische Beziehung zwischen Anzahl und Wohl der Kinder auf. Eine steigende Anzahl der Kinder ist häufig mit dem Abnehmen der Wahrscheinlichkeit des Schulbesuchs verbunden, auch nachdem die Auswirkung der Variablen „Region", „Bildung der Eltern" und „sozioökonomischer Status des Haushalts" überprüft wurde.

Trotzdem zeigen andere Studien, dass eine hohe Kinderzahl nicht immer eine negative Auswirkung auf die Ausbildung der Kinder hat. Diesen Studien zufolge ist es wichtig, verschiedene Aspekte der familienexternen Bedingungen zu berücksichtigen, wie zum Beispiel das Entwicklungsniveau des Landes oder die Bildungspolitik, die Einfluss auf die dem Haushalt zur Verfügung stehenden Mittel und die Art und Weise ihrer Verteilung haben (Desai 1992: 690 - 695, Sudha 1997: 147 - 148).

Eine negative statistische Beziehung zwischen Anzahl der Kinder und deren Ausbildung kommt nur in einer Entwicklungsphase zur Geltung, in der die Ausbildung so rentabel ist, dass die Eltern Anstrengungen unternehmen, um ihren Kindern den Schulbesuch zu ermöglichen. Mit anderen Worten: Der Umstand, eine Familie mit wenigen Kindern zu haben, hat nur dann einen positiven Effekt, wenn der Anstieg der für die Ausbildung verfügbaren Mittel groß genug ist, um die spätere Vergütung substanziell zu steigern. Ob eine Familie ein oder zwei Kinder mehr umfasst, hat zum Beispiel in ländlichen Gebieten, in denen es keine Schulen gibt, nur geringen Einfluss auf die Wahrscheinlichkeit, dass die Kinder zur Schule gehen, weil die Reduzierung der Kinderzahl nicht genügend Mittel freisetzt, um für Ausbildungskosten außerhalb der Gemeinde aufzukommen (Sudha 1997: 139 - 140).

Andererseits behaupten einige Autoren, dass eine höhere Entwicklung zu niedrigeren Geburtenraten führt, weil Veränderungen in der Wirtschaftsdynamik eine Lohnerhöhung bei den Frauen zur Folge haben. Je größer die Chancen von Frauen sind, höhere Einkommen zu erzielen, desto höher sind die Löhne, die sie aufgeben, wenn sie sich vom Arbeitsmarkt zurückziehen, um sich der Kindererziehung zu widmen. Dies bedeutet, dass, wenn die Löhne der Frauen steigen, die Kosten für Kindererziehung gleichfalls steigen. Umgekehrt haben Frauen in Gebieten mit niedrigeren Einkünften, wo der relative Marktwert der Arbeit niedrig ist, eine größere Anzahl von Kindern (Galor und Weill 1996 zit. nach Haussmann und Székel 1999: 8 - 9). Becker behauptet, dass in Bevölkerungsgruppen mit niedrigen Einkünften höhere Geburtenraten auftreten, weil die Investitionsrendite der Bildung der Frauen geringer ist als die Investitionsrendite der Kinder. Aus diesem Grund neigen Eltern mit niedrigen Einkünften dazu, als eine Art Sicherheitsvorsorge im Alter mehr Kinder zu haben. In diesem Fall werden die Kinder als eine Investition in die eigene Alterssicherung betrachtet. Umgekehrt hat die Bevölkerung in Ländern mit hohem Einkommensniveau, die durch einen entwickelten Kapitalmarkt und durch Systeme sozialer Sicherheit gekennzeichnet sind, wenig Anreiz, mehrere Kinder zu haben (Becker 1995e: 386).[6]

---

6 Trotz allem ist es wichtig klarzustellen, dass die negative Assoziation zwischen ökonomischen Mitteln und der Anzahl der Kinder nicht allgemein gültig ist. Diese Tendenz existiert, aber in einigen Fällen ist es auch möglich, dass Bevölkerungsgruppen mit hohem Einkommen mehr Kinder haben als Bevölkerungsgruppen mit niedrigem Einkommen. In Deutschland zum Beispiel ergaben die Daten des Mikrozensus von 1999, dass, während 11 Prozent der reichen Familien drei oder mehr Kinder und 30 Prozent zwei Kinder haben, 4 Prozent der armen Familien drei oder mehr Kinder und nur 17 Prozent zwei Kinder haben. Gleichzeitig haben 57 Prozent der armen Familien nur ein Kind, während von den reichen Familien 26 Prozent nur ein Kind haben. Zu diesen Zahlen ist zu berücksichtigen, dass kinderlose Paare in die Berechnung nicht einbezogen wurden. Die jeweils zur Gesamtheit von 100 Prozent verbleibenden prozentualen Anteile bezeichnen Familien mit ledigen Kindern, die nicht mehr im Haushalt der Eltern leben (Statistisches Bundesamt 2001).

Ein weiterer wichtiger Faktor im Verhältnis zwischen Kinderzahl und Bildungsniveau sind die öffentlichen Zuwendungen. Die zur Investition in das Humankapital der Kinder bereitgestellten Mittel kommen im Wesentlichen aus drei Quellen: elterliche Mittel, staatliche Mittel und von größeren Verwandtschaftsgruppen
oder sozialen Netzen übertragene (sowohl geliehene als auch geschenkte) Mittel.
In Gesellschaften, in denen der Staat einen Großteil der Ausbildung finanziert,
bestimmen die familiären Mittel das Bildungsniveau der Kinder in geringerem
Maße. So können öffentliche Zuwendungen, die sich an spezielle Bevölkerungsgruppen wenden, Veränderungen in deren Bildungsniveau bewirken. Zuwendungen an sozial schwache Familien sollen deren soziale Benachteiligung kompensieren und soziale Mobilität fördern. Ein gutes Beispiel, um sowohl die Bedeutung des Entwicklungsgrades eines Landes als auch die Wirkung öffentlicher Zuwendungen zu veranschaulichen, ist die Studie von S. Sudha (1997) über den Zusammenhang von Kinderzahl und Bildungsniveau der Kinder auf dem malaysischen Festland. Die Studie analysiert die Auswirkung der Familiengröße auf das
Bildungsniveau der Kinder im Rahmen des Entwicklungsprozesses des Landes
nach Erlangung der Unabhängigkeit 1957. Die Studie basiert auf Daten des *Mala-
sian Family Life Survey* aus den Jahren 1976 und 1988. Sudha argumentiert auf
der Grundlage einer von ihm vorgenommen Stichprobe, in deren Mittelpunkt als
„ältere Generation" diejenigen stehen, die ihre Ausbildung vor der Unabhängigkeit und damit auch vor der Wirtschafts- und Bildungsreform abgeschlossen hatten, sowie als „jüngere Generation" diejenigen, die erst danach in die Ausbil-
dungsphase eintraten. Um einschätzen zu können, ob staatliche Bildungsförde-
rung den negativen Zusammenhang zwischen Anzahl der Kinder und Bildungsniveau tendenziell kompensieren kann, wurden im Rahmen der Untersuchung die
drei wichtigsten ethnischen Gruppen in der malaysischen Bevölkerung – Malaien,
Chinesen und Inder – einbezogen und differenziert betrachtet.

Der bivariate Zusammenhang zwischen Anzahl der Kinder und Bildungsniveau
bei der älteren Generation weist leicht positive Korrelationskoeffizienten auf, aber
die Chi-Quadrat-Maßzahl weist eine statistische Beziehung mit niedrigem Signifikanzniveau auf. Bei der jüngeren Generation zeigen die Korrelationskoeffizienten und die Chi-Quadrat-Maßzahl eine negative statistische Beziehung mit hohem
Signifikanzniveau zwischen Anzahl der Kinder und Bildungsniveau für die Ge-
samtbevölkerungsanalyse auf. Allerdings zeigt die ethnisch differenzierte Analyse, dass der negative statistische Zusammenhang nur für die chinesische und für
die indische Bevölkerungsgruppe besteht, nicht aber für die malaiische Bevölkerungsgruppe. An dieser Stelle muss berücksichtigt werden, dass die malaysische
Regierung 1971 eine Wirtschaftspolitik einleitete, die nicht nur eine ökonomische
Entwicklungsdynamik bewirken, sondern auch die sozialen Ungleichheiten zwischen den ethnischen Gruppen des Landes beheben sollte. Vor allem wurde ver-

sucht, die sozioökonomische Lage der bis dahin wirtschaftlich benachteiligten Bevölkerungsgruppe, der Malaien, zu verbessern. Deswegen wurde ein großer Anteil von Stipendien für den Sekundarbereich II (siehe Anhang 2) sowie für die universitäre Bildung für Malaien reserviert.

Die Unterschiede bei den Resultaten der beiden Generationen stützen die These, dass eine negative statistische Beziehung zwischen Familiengröße und Bildungsniveau nur in einer fortgeschrittenen Phase der ökonomischen Entwicklung einer Bevölkerungsgruppe auftritt, wenn Bildung zu einem unentbehrlichen Faktor für wirtschaftlichen Erfolg wird. Die ethnischen Unterschiede wiederum belegen den Einfluss, den öffentliche Zuwendungen auf die entsprechenden Entscheidungen der Familien haben (Sudha 1997: 147 - 148).

In Gesellschaften, in denen auf Verwandtschaft beruhende Netzwerke eine wesentliche Rolle bei der Kindererziehung spielen, steigen die elterlichen Mittel dank der Unterstützung des größeren Familienkreises an. Desai zeigt anhand einer in Westafrika durchgeführten Studie, dass die negative statistische Beziehung zwischen Familiengröße und Wohl der Kinder in denjenigen Gesellschaften geringer ist, in denen die Kindererziehung nicht allein den Eltern sondern einer größeren Verwandtengruppe überlassen ist und die Eltern die Erziehung eines oder zweier Kinder den Verwandten übertragen (Desai 1992: 10 - 11).

2.2.2. Familienstand der Mutter

Der Großteil derjenigen Arbeiten, die das Verhältnis zwischen Familienstand der Mutter und Bildungsniveau der Kinder zum Thema haben, konzentrieren sich auf drei Hauptaspekte: die Folgen des Zusammenlebens mit einer ledigen Mutter, die immer allein gelebt hat, die Konsequenzen einer Trennung der Eltern sowie die Unterschiede zu einer Familie, in der die Eltern verheiratet oder in einer nichtehelichen Lebensgemeinschaft verbunden sind.

Gemäß der Haushaltsproduktionstheorie ist das Bildungsniveau der Kinder ein Gut, das mit Marktgütern, Dienstleistungen und der Zeit der Eltern, die der Haushaltsnutzfunktion zugezählt wird, produziert wird. Dies bedeutet, dass familiäre Rahmenbedingungen wie der zeitliche Umfang der Zuwendung durch die Eltern, die Einkünfte der Familie und andere demographische Variablen in das Bildungsniveau mit einfließen. In diesem konzeptuellen Rahmen sind die Konsequenzen des Aufwachsens in einer Familie mit nur einem Elternteil gegenüber einer Familie mit zwei Elternteilen offensichtlich. Die Abwesenheit des Vaters verringert meistens den Umfang seiner den Kindern gewidmeten Zeit, ebenso aber auch die der Mutter für Zuwendung gegenüber den Kindern zur Verfügung stehende Zeit, da diese, um die Abwesenheit des Vaters zu kompensieren, ihre Zeit zwischen

Familie und Arbeit neu verteilen muss (Beller 1992: 42 - 43).[7] Zusätzlich verringern sich durch die Abwesenheit des Vaters die Einkünfte der Familie, auch wenn der Vater den gesetzlich festgelegten Kindesunterhalt zahlt, denn es kann von den ökonomischen Vorteilen der Skalenwirtschaft, die das Zusammenleben als Paar begünstigt, nicht Gebrauch gemacht werden.

Studien, welche die ungünstigen Auswirkungen einer Trennung der Eltern auf das Bildungsniveau der Kinder untersuchen, berücksichtigen meistens unterschiedliche Erfahrungen, je nach Alter des Kindes zum Zeitpunkt der Trennung, nach der Häufigkeit dieser Erfahrung, der in einer bestimmten Familienstruktur verlebten Zeitspanne oder der Art der Veränderung in der Familienstruktur. Aber die meisten dieser Arbeiten stützen die These, dass die Trennung der Eltern ein Absinken des Bildungsniveaus der Kinder zur Folge hat (Bogges 1998: 220 - 221, Jonsson 1997: 289 - 291, Wojkiewics 1993: 71). Die Resultate zeigen zuverlässig, dass diejenigen Kinder, die ihr Leben lang mit beiden Elternteilen in demselben Haushalt gelebt haben, im Durchschnitt länger die Schule besuchen als diejenigen, deren Eltern sich getrennt haben, insbesondere länger als diejenigen Kinder, die immer nur mit der Mutter zusammengelebt haben. Wie schon erwähnt, besteht ein Teil der negativen Auswirkung, die ein Haushalt mit nur einem Elternteil hat, in der Verringerung der verfügbaren Mittel (Zeit und Geld). Aber auch unter Berücksichtigung der Auswirkungen dieser Faktoren verbleibt ein signifikanter negativer Zusammenhang, der im Allgemeinen dem psychischen Stress zugeschrieben wird, den eine Trennung verursacht (Beller 1992: 56 - 57).

Es gibt Studien, hauptsächlich im afrikanischen oder afro-karibischen kulturellen Kontext, die die vorhin erläuterte These widerlegen. Eine Studie von Bronte-Tinkew zum Beispiel zeigt, wie in Trinidad und Tobago Kinder, die mit einem weiblichen Familienoberhaupt zusammenleben, mit größerer Wahrscheinlichkeit die Schule besuchen als Kinder aus Haushalten mit zwei Elternteilen, seien beide die biologischen Eltern oder nur einer von ihnen. In diesem Fall wird behauptet, dass es einen deutlichen positiven Einfluss auf das Wohl der Kinder ausübt, wenn sich die ökonomischen Mittel in den Händen von Frauen befinden (Bronte-Tinkew 1998: 29). Allerdings muss der Tatsache Rechnung getragen werden, dass, im Unterschied zu einigen entwickelten Ländern, in Trinidad und Tobago viele Frauen, die ihre Kinder alleine aufziehen müssen, unabhängig davon, ob sie sich vom Kindesvater getrennt oder nie mit ihm zusammengelebt haben, als Überlebensstrategie in erweiterten Haushalten leben. Nur Frauen, die genügend Haushaltsmittel zur Verfügung haben, leben in unabhängigen Haushalten. Deswegen

---

7   Man spricht von Abwesenheit des Vaters, weil es normalerweise die Mutter ist, die mit den Kindern zusammenlebt. In manchen Fällen ist es selbstredend auch der Vater, der mit den Kindern zusammenlebt.

stellen diejenigen Haushalte, die als Haushalte mit weiblichem Familienoberhaupt klassifiziert werden, nur eine Teilgruppe der Bevölkerung mit günstigen ökonomischen Bedingungen dar. Dies widerspricht allerdings nicht der These, dass die Investition in das Humankapital der Kinder deutlich begünstigt wird, wenn sich die wirtschaftlichen Mittel in den Händen von Frauen befinden.

Eine besondere Situation ist die einiger westafrikanischer Gesellschaften (Mali, Senegal, Ghana), in denen der Familienstand der Mutter wenig Auswirkung auf das Wohl der Kinder hat. Ein charakteristischer Zug in der Organisation einiger dieser Gesellschaften ist es, Kinder als Bestandteil der ganzen Gruppe zu betrachten, so dass ein weites Verwandtschaftsnetz die Verantwortung für das Wohl der Kinder übernimmt. Auf diese Weise hängt die Investition in das Humankapital der Kinder nicht ausschließlich von den elterlichen Mitteln ab, und die Abwesenheit eines Elternteils hat somit auch nicht die Konsequenzen, die sie in anderen Gesellschaften haben kann, in denen die Kernfamilie als unabhängige Einheit funktioniert (Desai 1992: 708).

Studien, die suggerieren, dass es Unterschiede beim Wohl der Kinder gibt, abhängig davon, ob die Eltern in einer nichtehelichen Gemeinschaft oder in einer Ehe zusammenleben, basieren auf zwei wichtigen Überlegungen, von denen eine theoretischer Natur, die andere empirischer Natur ist. Die Erstgenannte hat ihren Ursprung in einer Antwort auf Beckers Modell von der Familienökonomie, die zweite beruht auf dem bivariaten Zusammenhang zwischen Familienstand der Mutter und Bildungsniveau der Kinder in verschiedenen Gebieten und Ländern.

Wie an anderer Stelle schon erwähnt, basiert Beckers Theorie über die Familienökonomie auf der Annahme, dass das Familienoberhaupt das Funktionieren der familiären Gruppe organisiert, sich immer altruistisch verhält und um das Wohl der Familiengruppe bemüht ist, ohne seinen eigenen Interessen Priorität einzuräumen. Auf diese Weise erklärt Becker das Verhalten von Familien in Bezug auf soziale Phänomene wie Arbeitsteilung im Haushalt, Erwerbstätigkeit der Familienmitglieder, Scheidung und/oder Investition in das Wohl der Kinder.

Arbeiten, die versuchen nachzuweisen, dass innerhalb der Familie auch Interessenkonflikte auftreten, beruhen dagegen auf der Annahme, eine nichteheliche Gemeinschaft könne sich als eine Form der Familienstruktur darstellen, in der das Paar oder zumindest einer der Partner nicht gewillt ist, die einer Ehe eigenen Verpflichtungen und die Verantwortung auf sich zu nehmen und somit seine Unfähigkeit beweist, den Interessen der Familiengruppe vor seinen eigenen Priorität einzuräumen. Mit anderen Worten setzt eine nichteheliche Gemeinschaft von Seiten des Paares weniger Bereitschaft zu Verpflichtungen und Entbehrungen zugunsten der Familie voraus und damit auch eine geringere Bereitschaft, alle verfügbaren Mittel in diese zu investieren. Auch wenn es in den verschiedenen Ländern und Regionen unterschiedliche Haltungen gegenüber nichtehelicher Gemeinschaft und Ehe gibt, so weist doch einiges darauf hin, dass diese Analyse in manchen Gesellschaften der Wirklichkeit sehr nahe kommt.

Zum Beispiel hat Desai (1992: 690) in einigen Ländern Lateinamerikas (Brasilien, Kolumbien und die Dominikanische Republik) eine Studie durchgeführt, um die Hypothese zu überprüfen, wonach Paare, die in einer nichtehelichen Gemeinschaft zusammenleben, weniger Geld in Haushalt und Kinder investieren als Paare, die in Gemeinschaften mit einem höheren Verpflichtungsgrad zusammenleben. Die Studie zeigt, dass bei einem Vergleich des Ernährungsstandes von Kindern aus ehelichen und nichtehelichen Gemeinschaften mit unterschiedlichen sozioökonomischen Charakteristika die Letztgenannten mit größerer Wahrscheinlichkeit an Unterernährung leiden als Erstere; eine Ausnahme stellen nur Familien mit sehr niedrigen Einkünften dar.

In Kolumbien gibt es Anzeichen dafür, dass diese Analyse der Realität entspricht. Erstens zeigen Studien über die Nuptialität in Kolumbien, dass bei nichtehelichen Gemeinschaften die Anzahl der Trennungen deutlich höher liegt als bei Ehen (Goldmann 1981: 274 - 275, Zamudio und Rubiano 1991a: 138). Zweitens verweisen Daten über Klagen vor dem Familiengericht auf Probleme bei der Übernahme ökonomischer Verantwortung bei Eltern, die in einer nichtehelichen Gemeinschaft zusammenlebten (Consejo Superior de la Judicatura 1999: 82). Drittens darf nicht übersehen werden, dass es parallele nichteheliche Gemeinschaften neben den Ehen (oder anderen nichtehelichen Gemeinschaften) gibt.[8] Schon Gutiérrez de Pinedas Studie von 1963 über den historischen Hintergrund der kolumbianischen Familie erwähnt das Vorhandensein von Polygamie in Kolumbien seit der vorspanischen und der Kolonialzeit sowohl bei der eingeborenen als auch bei der afrikanischen Bevölkerung. Diese Form von Familienstruktur wurde in beiden Ethnien praktiziert, auch als Konsequenz des komplexen Eroberungs- und Kolonisationsprozesses auf dem amerikanischen Kontinent und der ethnisch begründeten und geschlechtsspezifischen Dominanzverhältnisse dieses Prozesses (De Vos 1998: 8 - 10, McCaa 1994: 11 – 12, 24 - 26). Neuere Studien über die Familienstruktur in der Kolonialzeit belegen, dass Illegitimität und Konkubinat in der damaligen Gesellschaft weit verbreitet waren (Dueñas 1997: 205 - 243).

---

8 Die Häufigkeit von Polygamie ist schwer einzuschätzen, denn es gibt keine Untersuchung über Eheschließungen, die ausführliche Informationen dazu liefert. Im Fragebogen des NDHS über die Häufigkeit der Eheschließung gibt es eine Frage zum Thema, aber offensichtlich weigerten sich die Befragten, darüber Auskunft zu geben.

2.2.3. Alter der Mutter bei der ersten Geburt

Verschiedene Studien untersuchen die positive statistische Beziehung zwischen dem Alter der Mutter bei der Geburt ihres ersten Kindes und dem Bildungsniveau der Kinder (Ahn 1994: 17 - 21, Greenstein 1989: 375 - 379). Die Geburt eines Kindes in einem frühen Alter, vor dem Abschluss der Schul-, Universitäts- oder Berufsausbildung, hat häufig einen Ausbildungsabbruch zur Folge. Dieser Umstand hat für die Frauen auf dem Arbeitsmarkt eine Benachteiligung zur Folge, weil sie eine geringe Qualifikation und damit ein so niedriges Einkommen haben, dass eine Erwerbstätigkeit nicht das zum Lebensunterhalt notwendige Einkommen einbringt. Das Auftreten dieses Sachverhalts im Leben einer Frau hindert diese nicht unbedingt daran, zu einem späteren Zeitpunkt die Ausbildung weiterzuführen, aber die Wahrscheinlichkeit wird geringer, dass sie ein höheres Ausbildungsniveau erlangt als Frauen, die nicht in so frühem Alter Mutter werden. Andererseits hat das Bildungsniveau der Eltern und speziell der Mutter einen großen Einfluss auf das Bildungsniveau der Kinder. Das höhere Bildungsniveau der Eltern erfüllt in erster Linie eine pädagogische Vorbildfunktion für die Kinder, aber es kann auch ein höheres Familieneinkommen bedeuten. Im Falle der Mutter ist die Wahrscheinlichkeit, auf dem Arbeitsmarkt erfolgreich zu sein, größer, je höher ihr Bildungsniveau ist, und damit erhöht sich auch die Wahrscheinlichkeit eines Zweiteinkommens (Hausmann und Székel 1999: 9 - 16). Andererseits wird die Mutter, wenn sie entscheidet, sich ausschließlich um die Erziehung zu kümmern, den Kindern bei den schulischen Aktivitäten mehr Unterstützung geben können, wenn ihr Bildungsniveau höher ist, als Frauen mit niedrigerem Bildungsniveau (Kalmijn 1994: 260 - 62).

2.2.4. Zahl der ehelichen und nichtehelichen Gemeinschaften der Mutter

Der Großteil der Studien, die den Zusammenhang zwischen Zahl der ehelichen und nichtehelichen Gemeinschaften der Mutter und Bildungsniveau der Kinder analysieren, konzentriert sich auf zwei wesentliche Aspekte: zum einen auf die Konsequenzen, die das Aufwachsen mit einer alleinerziehenden Mutter für Kinder hat, zum anderen auf diejenigen, die für Kinder mit einer Trennung und dem Eingehen einer neuen Ehe oder nichtehelichen Gemeinschaft durch die Mutter verbunden sind.

Das Aufwachsen mit einer alleinerziehenden Mutter hat Konsequenzen vor allem bezüglich der verfügbaren Haushaltmittel, wie an anderer Stelle schon erörtert worden ist. Genauso werden die Folgen einer Trennung der Eltern im Rahmen der Haushaltsproduktionstheorie analysiert und die psychologischen Folgen berücksichtigt (siehe Kapitel 2.1).

Die Konsequenzen des Aufwachsens mit einer Mutter, die sich von einem Partner getrennt hat und eine neue Ehe oder nichteheliche Gemeinschaft eingeht, sind nicht eindeutig. Einige Autoren vertreten die Ansicht, die Anwesenheit eines neuen Partners im Haushalt steigere nicht notwendigerweise die für die Erziehung der Kinder aufgewendeten Zeit- und Geldmittel, da der Stiefvater, abgesehen davon, dass er selber Zeit der Mutter beansprucht, auch Verpflichtungen außerhalb der neuen Familie haben kann – wie zum Beispiel Kinder aus einer vorherigen Ehe –, die verhindern, dass er mehr Mittel in den neuen Haushalt einbringt (Bogges 1998: 267 - 268). Andere Autoren behaupten, die Mittel, die der Stiefvater in den neuen Haushalt mitbringt, so gering sie auch seien, verringerten die Zahl der Arbeitsstunden der Mutter auf dem Arbeitsmarkt, und somit habe diese mehr Zeit für die Kinder, trotz der Konkurrenz zwischen Kindern und Stiefvater um die Freizeit der Mutter (Beller 1992: 44). Diesem Argument zufolge verringert eine neue Lebensgemeinschaft der Mutter die negativen Auswirkungen einer Haushaltssituation, in der die Mutter und die Kinder zusammenleben.

Insgesamt lässt sich feststellen, dass kein Konsens zu der Frage besteht, ob sich eine neue Lebensgemeinschaft der Mutter positiv oder negativ auf das Wohl der Kinder auswirkt. Allerdings hat jede Trennung der Mutter negative Auswirkungen auf die kindliche Psyche.

2.2.5. Erwerbssituation der Mutter

Viele Studien haben sich darauf konzentriert, die Auswirkungen der Erwerbssituation der Mutter auf das Wohl der Kinder zu untersuchen. In erster Linie hat sich ein Großteil der Literatur damit beschäftigt zu erläutern, welche die wichtigen Faktoren sind, die dazu beitragen, ob eine Mutter eine Erwerbstätigkeit aufnimmt, diese auch dauerhaft betreibt und deswegen mehr oder weniger Zeit den Aufgaben der Kindererziehung widmet. Der Großteil der empirischen Studien weist eine klare negative statistische Beziehung zwischen den Opportunitätskosten ihrer Zeit und derjenigen Zeit auf, die sie für die Aufgaben der Kindererziehung aufwendet. Mit anderen Worten: Der Umfang der Zeit, die eine Frau für die Kindererziehung aufbringt, steht teilweise in Funktion der Opportunitätskosten ihrer Zeit (Zick 2001: 26 - 27, Hausmann und Szèkel 1999: 9 - 10).

Andererseits zeigen die Studien, die die Erwerbssituation der Mutter und das Bildungsniveau der Kinder in Zusammenhang bringen, sehr unterschiedliche Resultate auf. Manche Studien in den Vereinigten Staaten und Europa weisen eine negative statistische Beziehung zwischen erwerbstätiger Mutter und Bildungsniveau der Kinder auf, während andere Studien eine positive statistische Beziehung anzeigen (Kalmijn 1994: 259). Der Großteil der Studien für Lateinamerika zu diesem Thema zeigt eine positive statistische Beziehung zwischen erwerbstätiger

Mutter und Schulbesuch der Kinder an (Hausmann und Székel 1999: 25 - 26). Im Hintergrund der Diskussion steht die Frage, was für das Wohl der Kinder wichtiger sei: Geld oder Zeit. Dazu gibt es unterschiedliche Forschungsergebnisse und Meinungen. Einige Studien belegen, dass im frühen Kindesalter Zeit wichtiger ist, da die ständige Unterstützung von Seiten der Eltern für die Lernprozesse in diesem Alter von großer Bedeutung ist. Ab demjenigen Zeitpunkt, in dem das Kind den schulischen Sekundarbereich (siehe Anhang 2) besucht, sind die ökonomischen Mittel für den Haushalt von größerer Bedeutung (Kalmijn 1994: 261). Andererseits gibt es auch Studien, die zeigen, dass, wenn die Mutter nicht erwerbstätig ist, dies nicht unbedingt bedeutet, dass sie ihren Kindern mehr Zeit widmet, um sie beim Lernen zu unterstützen. Häufig verwenden Frauen, die nicht außer Haus arbeiten, den Großteil ihrer Zeit für Haushaltstätigkeiten und investieren wenig Zeit in Spiel- oder Lernaktivitäten mit ihren Kindern. Umgekehrt nutzen Frauen, die auf dem Arbeitsmarkt tätig sind, ihre Freizeit mit den Kindern häufig bewusster. Gleichzeitig muss berücksichtigt werden, dass zumindest in einigen westlichen Gesellschaften der Vater immer mehr Zeit mit den Kindern verbringt, besonders wenn die Mutter arbeitet. Das bedeutet noch nicht, dass die Frauen nicht weiterhin diejenigen wären, die bei der Kindererziehung die Hauptverantwortung tragen, aber in den letzten Jahrzehnten ist eine Veränderung eingetreten (Bianchi 2000: 402, Joshi 1998: 178 - 180).

Ein weiterer zu berücksichtigender Faktor sind externe Dienstleistungen, die für die Kindererziehung in Anspruch genommen werden können. Die Größe des Angebots und der Preis dieser Dienstleistung beeinflussen die Entscheidung der Frau zu arbeiten oder nicht zu arbeiten. Die Großfamilie spielt in diesem Sinne in Lateinamerika eine wichtige Rolle, denn sie bietet eine billige Möglichkeit, andere Personen mit der Kindererziehung zu beauftragen, damit die Mutter weiterhin erwerbstätig bleiben kann. Auch haben die niedrigen Lohnkosten nicht qualifizierter Arbeitskräfte und soziale Programme für Frauen mit niedrigen Einkünften eine große Auswirkung auf die Entscheidung der Frau, auf dem Arbeitsmarkt zu verbleiben. Öffentliche Zuwendungen haben ebenfalls einen starken Einfluss auf die entsprechenden Entscheidungen der Haushalte. Auch wenn Frauen mit niedrigem Bildungsniveau durch ihre Erwerbstätigkeit nur ein sehr geringes Einkommen erzielen, kann es Situationen geben, in denen die prekäre Einkommenssituation des Partners oder das völlige Fehlen eines Einkommens des Partners keine Alternative zulassen.

In dieser Hinsicht lässt sich auch die Qualität der von Verwandten oder Personen ohne pädagogische Ausbildung ausgeführten Betreuung hinterfragen. Studien in den Vereinigten Staaten zeigen, dass die Auswirkungen der Erwerbstätigkeit der Mutter auf das Bildungsniveau der Kinder nur in denjenigen Familien positiv sind, in denen das Einkommen der Frau sehr hoch ist (Kalmijn 1994: 267). Es ist anzunehmen, dass nur Familien mit sehr hohem Einkommen ausgebildetes Personal für die Betreuung der Kinder bezahlen können, dessen Unterstützung sich auf die Ausbildung der Kinder positiv auswirkt. Im Allgemeinen kann behauptet werden, dass die Beziehung zwischen Erwerbssituation der Mutter und Bildungsniveau der Kinder besonders stark vom kulturellen und ökonomischen Kontext abhängig ist, da auch Faktoren wie Familienzusammenhalt, öffentliche Zuwendungen und verschiedene allgemeine wirtschaftliche Aspekte eine starke Auswirkung auf diese Beziehung haben.

2.2.6. Komplexität des Haushalts

Mit unterschiedlichen sozialwissenschaftlichen Ansätzen ist die Struktur von Haushalten in verschiedenen Gesellschaften untersucht worden, in vielen Fällen mit dem Ziel, die Beziehung zwischen Haushaltsgröße und sozioökonomischem System zu erklären. Die Vorstellung, dass komplexe Haushalte[9] für vorindustrielle Agrargesellschaften, einfache Haushalte[10] dagegen für einfache (Jäger und Sammler, Wanderfeldbau) oder entwickelte Gesellschaften typisch sind, ist weit verbreitet. Komplexe Haushalte sind in vorindustriellen Gesellschaften einerseits deshalb funktional, weil in der landwirtschaftlichen Produktion viele Arbeitskräfte gebraucht werden, andererseits aber auch, weil in schwierigen Lebensphasen (während Kindererziehung, Alter, Krankheit, etc.) nur die Familie Unterstützung und Hilfe bieten kann. In entwickelten Gesellschaften übernehmen Systeme der sozialen Sicherheit viele derjenigen Funktionen, die früher der Großfamilie zufielen, komplexe Haushalte werden damit zur seltenen Ausnahme. Allerdings haben Studien zur Geschichte der Demographie in Europa gezeigt, dass, obwohl in einigen vorindustriellen Gesellschaften Europas komplexe Haushalte existierten, die Kernfamilie eine weit verbreitete Haushaltsform war (Laslett 1988: 153 - 175, Schlumbohm 1994: 146). Andererseits gibt es auch heutzutage vorindustrielle Agrargesellschaften, in denen die Kernfamilie die typische Haushaltsform ist. Dieser Umstand zeigt, wie schwierig es ist, jedem Gesellschaftstyp eine einzige Haushaltsform und/oder Familienstruktur zuzuordnen. Obwohl die Gesellschaften Lateinamerikas einen Modernisierungsprozess (Urbanisierung, Industrialisierung, demographische Transition, etc.) durchlaufen haben, sind – genau wie in einigen vorindustriellen europäischen Gesellschaften – beide Haushaltsformen, komplexe und Kernfamilienhaushalte, gleichzeitig zu finden.

In seiner Studie zu sechs lateinamerikanischen Ländern kommt De Vos (1995: 31) zur Schlussfolgerung, dass in den 70er Jahren des 20. Jahrhunderts ein Viertel bis

---

9 Haushalte, in denen die Kernfamilie (kinderlose Paare, Paare mit Kindern, Elternteil mit Kindern) mit anderen Personen, Familienangehörigen oder nicht, zusammenlebt.

10 Haushalte, in denen die Kernfamilie (kinderlose Paare, Paare mit Kindern, Elternteil mit Kindern) allein lebt.

ein Drittel der Haushalte als komplex zu bezeichnen sind. An diesem Punkt muss unterschieden werden, ob der komplexe Haushalt in einer Gesellschaft Folge einer bewussten Entscheidung der Beteiligten ist, ob es schlichtweg als normal gilt, den Großteil des Lebens in einem solchen Haushalt zu verbringen, oder ob es sich um den jeweiligen Umständen geschuldete sozioökonomische Strategien handelt. Verschiedene Studien in lateinamerikanischen Ländern zeigen, dass, obwohl individuell eine Präferenz für die Kernfamilie besteht, komplexe Haushalte in bestimmten Situationen zur Überlebensstrategie werden, um die Lebenshaltungskosten zu verringern und sich gegenseitig bei den Haushaltstätigkeiten und der Kindererziehung zu helfen. Dementsprechend ist in ökonomischen Krisenzeiten häufig ein Ansteigen der komplexen Haushalte zu beobachten (Bañuelos und Paz 1997: 24 - 25).

Es muss auch berücksichtigt werden, dass es unterschiedliche Herangehensweisen gibt, um die Komplexität des Haushalts zu messen. Es gibt metrische Messungen wie das Verhältnis zwischen der Anzahl der Erwachsenen und der Anzahl der Haushaltsmitglieder, das Verhältnis zwischen der Anzahl der verheirateten Männer und der Anzahl von Haushalten in einer Grundgesamtheit oder der Anzahl von Ehepaaren pro Haushalt. Daneben existieren unterschiedliche Typologien, um die Komplexität von Haushalten zu klassifizieren, in denen die ehelichen Lebensgemeinschaften innerhalb des Haushalts und die Beziehung der Mitglieder zum Vorstand des Haushaltes berücksichtigt werden. Eine der bekanntesten Typologien ist diejenige von Hammel und Laslett (1974), die entwickelt wurde, um die vorindustriellen Gesellschaften Europas zu untersuchen. Diese Typologie ist folgendermaßen aufgebaut:

1. Einpersonenhaushalte (Witwen/Witwer oder Einzelpersonen);
2. Nichtfamiliäre Haushalte (Geschwister, ledige Verwandte oder andere ledige Personen);
3. Einfache Haushalte (kinderlose Paare, Paare mit Kindern, Elternteil mit Kindern);
4. Erweiterte Haushalte (Paare mit Kindern und Enkelkindern, Paare mit einem Elternteil eines der Partner oder mit Geschwistern eines der Partner);
5. Mehrfachhaushalte (mehr als ein Paar pro Haushalt: die Eltern eines der Partner oder der Partner eines der Kinder oder ein Bruder/eine Schwester eines der Partner mit seinem/ihrem Partner);
6. Unbestimmte Haushalte.

Die von den Vereinten Nationen vorgeschlagene Typologie (United Nations 1998: 67 - 68) zum Sammeln von demographischen und haushaltsbezogenen Daten schließt die Kategorien 4. und 5. von Hammel und Laslett zu einer Kategorie zusammen (erweiterter Haushalt). Andererseits wird die Kategorie des „zusammengesetzten Haushalts" eingeführt, die die Kategorie 2. von Hammel und Laslett und andere Haushalte umfasst, in denen eine oder mehrere Kernfamilien mit Familienangehörigen oder anderen Personen zusammenleben. Die Kategorie „zusammengesetzter Haushalt" umfasst eine ganze Reihe von Formen des Zusammenlebens, die es vor allem in einigen westlichen, aber auch anderen Gesellschaften gibt, sie ist damit universeller anwendbar als diejenige von Hammel und Laslett.

Je nach kulturellem Kontext, zu untersuchenden Aspekten der Haushaltsstruktur und je nach Ziel und speziellen Charakteristika der Untersuchung werden verschiedene Haushaltstypologien angewandt. In der vorliegenden Studie wird die Komplexität des Haushalts nach drei Kategorien klassifiziert:

1. Kein zusätzliches Mitglied im Haushalt;
2. Ein zusätzliches Mitglied im Haushalt;
3. Zwei oder mehr zusätzliche Mitglieder im Haushalt.

Der Begriff „zusätzliches Mitglied" bezieht sich auf Personen, die nicht zur Kernfamilie gehören, unabhängig davon, ob sie Familienangehörige sind oder nicht, die aber ständig im Haushalt leben. Die Kategorien zwei und drei können nach der Typologie der Vereinten Nationen erweiterte oder zusammengesetzte Haushalte sein, abhängig von der Anwesenheit nicht verwandter Personen im Haushalt. Die in der vorliegenden Studie verwendete Typologie benutzt keine Kategorien zur Unterscheidung zwischen horizontalen, vertikalen oder anderen Verwandtschaftsverhältnissen, weil ihr Hauptaugenmerk auf die verschiedenen Formen des Zusammenlebens, die in bestimmten Situationen soziale oder ökonomische Überlebensstrategien sein können, und auf ihre mehr oder weniger ungünstigen Rahmenbedingungen gerichtet ist. Gleichzeitig ist es nicht ratsam, die Information in viele verschiedene Kategorien aufzuspalten, wenn komplexe statistische Modelle erstellt werden sollen.

Die Untersuchungen über die Auswirkung der Haushaltsform auf das Wohl der Kinder beschränken sich auf diejenigen Gebiete, in denen der komplexe Haushalt eine wichtige Funktion innerhalb der Gesellschaft einnimmt. In den Vereinigten Staaten, Kanada und Westeuropa sind komplexe Haushalte sehr selten, deswegen erscheint diese Variable in den Untersuchungen über die Familienstruktur nicht. Im Gegensatz dazu sind komplexe Haushalte in Lateinamerika häufiger und haben eine lange historische Tradition. Hinzu kommt, dass diese Haushalte in ökonomischen Krisenzeiten an Bedeutung gewinnen. Studien in Mexiko haben zum Beispiel gezeigt, dass Familien in Krisenzeiten auf verschiedene Überlebensstrategien zurückgreifen wie die Nutzung der Arbeitskraft von Frauen und Kindern oder das Zusammenschließen von Haushalten (eine Kernfamilie zieht zum Beispiel mit den Eltern eines der Partner zusammen), um Haushaltskosten zu sparen und sich gegenseitig bei den Haushaltsarbeiten und der Kinderbetreuung zu helfen. Das bedeutet, dass komplexe Haushalte oftmals an den Umstand der Armut gebunden sind, aber es ist zu berücksichtigen, dass sie gleichzeitig noch schlimmere Umstände verhindern.

Die Folgen des Lebens in einem komplexen oder in einem einfachen Haushalt sind schwer zu definieren. Berücksichtigt man den Durchschnitt von Erwachsenen pro Kind und nimmt dabei an, dass mehr Erwachsene besser sind für die gesundheitliche und erzieherische Betreuung des Kindes, dann hat ein komplexer Haushalt eine positive Auswirkung auf das Wohl der Kinder. Allerdings können sich gleichermaßen auch ungünstige Bedingungen im Zusammenleben ergeben. Auch empirische Studien zu diesem Thema geben keinen Aufschluss über klare Tendenzen (De Vos 1995).

2.3. Das Bildungsniveau der Kinder: ein multikausales Problem

Die hier diskutierte Literatur führt zu der Schlussfolgerung, dass die Schaffung von Humankapital und das Bildungsniveau der Kinder als multikausale Probleme analysiert werden müssen. Eine Reihe von untereinander verketteten Faktoren beeinflussen die Kindererziehung auf so komplexe Art und Weise, dass es schwer ist, die spezifischen Auswirkungen eines jeden Faktors zu erkennen. Das allgemeine Modell (Abbildung 1), das in der vorliegenden Arbeit vorgeschlagen wird, weist dreizehn Hauptfaktoren auf – einige komplexer als andere –, die sich auf das Bildungsniveau der Kinder auswirken. Diese Faktoren sind:

1. Das Entwicklungsniveau der Region oder des Landes;
2. Der Arbeitsmarkt;
3. Die wirtschaftliche Stellung der Frau in der Gesellschaft;
4. Die Investitionsrendite der Bildung;
5. Die Bildungspolitik;
6. Die Bevölkerungspolitik;
7. Der kulturelle Kontext;
8. Die sozialen Netze;
9. Die Verwandtschaftsnetze;
10. Die Familienstruktur;
11. Die Einkünfte der Familie;
12. Das Bildungsniveau der Eltern;
13. Die intellektuellen Fähigkeiten des Individuums.

Die Faktoren, die das Bildungsniveau einer Person bestimmen, können in zwei Hauptgruppen eingeteilt werden: endogene Faktoren, welche die Fähigkeiten des

Individuums und seiner familiären Umgebung betreffen, und exogene Faktoren, welche die Umgebung der Person und der Familie betreffen. Innerhalb der ersten Kategorie erscheinen Aspekte wie die intellektuellen Fähigkeiten des Individuums, die sozioökonomischen Charakteristika der Familie, die Familienstruktur und die Verwandtschaftsnetze. Die exogenen Faktoren sind diejenigen, welche die Familie nicht direkt kontrollieren oder beeinflussen kann, wie das Entwicklungsniveau der Region oder des Landes, die Bildungs- und Bevölkerungspolitik, die Charakteristika des Arbeitsmarktes, die Investitionsrendite der Bildung, die wirtschaftliche Stellung der Frau in der Gesellschaft, der kulturelle Kontext, die sozialen Netze. Dieser weite und komplexe äußere Rahmen beeinflusst die endogenen Variabeln insofern, als er die speziellen Charakteristika des Haushalts und seiner Mitglieder, deren Verhalten und Entscheidungen über Bildungsniveau der Kinder im Besonderen bestimmt.

Abbildung 1: Determinierende Faktoren der Bildungsniveau der Kinder

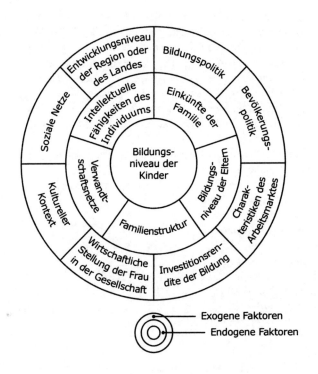

Exogene Faktoren
Endogene Faktoren

3. DATEN UND METHODEN

3.1. Datenquellen

In dieser Studie werden bei der empirischen Analyse hauptsächlich Daten aus zwei Befragungen verwendet: aus dem *National Fecundity Survey* 1976 (NFS1976) sowie aus dem *National Demographic and Health Survey* 2000 (NDHS2000). Der NFS1976 war Teil des *World Fecundity Survey* (WFS), einer Befragung, die 1976 vom *International Statistical Institute* in Voorburg (Niederlande) koordiniert und finanziert wurde. Die Befragung wurde in 41 Entwicklungsländern mit dem Ziel durchgeführt, das reproduktive Verhalten der Bevölkerung zu untersuchen. In Kolumbien wurde der NFS1976 an einer Teilstichprobe der Ausgangsstichprobe des staatlichen kolumbianischen Gesundheitsinformationssystems durchgeführt.[11] Die Grundgesamtheit der Stichprobe umfasst die Privathaushalte aller *departamentos*, ungefähr 95,1 Prozent der Gesamtbevölkerung des Landes. Die *intendencias* und *comisarías* wurden aufgrund ihrer niedrigen Bevölkerungsdichte und der durch die mangelhafte Infrastruktur bedingten forschungspraktischen Probleme nicht in die Stichprobe einbezogen. Die Grundgesamtheit wurde in fünf Regionen mit mindestens je drei Millionen Bewohnern eingeteilt. Vier der fünf Regionen verfügen über vergleichsweise homogene ökologische Charakteristika (Atlántica, Central, Oriental und Pacífica). Die fünfte Region entspricht der Hauptstadt Bogotá, die wegen ihrer Besonderheiten im NFS1976 separat behandelt wurde (siehe Anhang 1).

Um eine höhere regionale Repräsentativität sowie eine Schichtung zu schaffen, wurden die fünf Regionen in zwölf Subregionen, bestehend aus benachbarten *departamentos* mit ein bis zwei Millionen Einwohnern, eingeteilt.

Die auf der Volkszählung von 1973 basierende Ausgangsstichprobe ist in ungleichmäßige Cluster geschichtet und besteht aus 225 primären Auswahleinheiten (PA). Die PA bestehen aus *municipios* (die kleinste politisch-administrative Einheit) mit 3 000 oder mehr Einwohnern. Die insgesamt 37 *municipios* mit 60 000 oder mehr Einwohnern wurden als PA mit Auswahlwahrscheinlichkeit eins behandelt. Diese stellen gleichzeitig die 37 Schichten mit Auswahlwahrscheinlichkeit eins dar. Die *municipios* mit weniger als 3 000 Einwohnern wurden mit ähnlichen benachbarten *municipios* zusammengelegt, um eine PA zu bilden. Insgesamt wurden 854 PA bestimmt. Die PA mit Auswahlwahrscheinlichkeit niedriger

---

11 Das Gesundheitsinformationssystem ist ein System zur periodischen Erlangung von Informationen über Bedarf und Nachfrage der kolumbianischen Bevölkerung im der Bereich Gesundheit, mit Schwerpunkt auf denjenigen Aspekten, die nicht regelmäßig von den staatlichen Gesundheitsinstitutionen erfasst werden.

als eins (*municipios* mit weniger als 60 000 Einwohnern) wurden zu insgesamt 188 Schichten mit durchschnittlich 60 000 Einwohnern zusammengeschlossen. Um die PA mit Auswahlwahrscheinlichkeit niedriger als eins in Schichten zu klassifizieren, wurde – außer dem Kriterium Subregion – das Konzept der maximalen Homogenität in den zusammengeschlossenen PA und der maximalen Heterogenität zwischen den Schichten angewendet. Für die Klassifizierung wurden folgende Kriterien berücksichtigt:

1. Größe der Bevölkerung;
2. Teil der Gesamtbevölkerung, der in der *cabecera municipal*[12] lebt;
3. Höhenlage der *cabecera municipal* (in Metern über dem Meeresspiegel).

Aus der Ausgangsstichprobe wurden sechs Teilstichproben (mit je 50 PA) gebildet, die sowohl für das ganze Land als auch für die fünf Regionen repräsentativ sind.

Der NFS1976 besteht aus zwei Fragebögen, einem Haushalts- sowie einem Personenfragebogen. Der Haushaltsfragebogen enthält Informationen zu jedem Haushaltsmitglied über Verwandtschaft, Wohnort, Geschlecht, Alter, Bildung (für Personen ab fünf Jahren), Beschäftigung (für Personen ab zehn) und Fertilität[13] (für Frauen ab fünfzehn). Der Personenfragebogen wurde nur auf diejenigen Frauen im gebärfähigen Alter (15 - 49 Jahre) angewendet, die zum Teilauswahlsatz gehörten und die in der Nacht zuvor in diesem Haushalt übernachtet hatten, unabhängig davon, ob es ihr ständiger Wohnsitz war oder nicht. Der Personenfragebogen beinhaltet sieben Module:

1. Persönliche Daten der Befragten;
2. Geschichte der Schwangerschaften;
3. Kenntnisse und Gebrauch von empfängnisverhütenden Mitteln und Methoden;
4. Geschichte der ehelichen und nichtehelichen Gemeinschaften;
5. Familienplanung;
6. Beschäftigungsgeschichte der Frau;
7. Persönliche Daten der Partner.

Die Stichprobe des Haushaltsfragebogens umfasst 55 759 Personen. Die Stichprobe des Personenfragebogens umfasst 5 378 Frauen im gebärfähigen Alter. Der Haushaltsfragebogen enthält eine Identifizierungsvariable, die es ermöglicht, eine

---

12 Die *cabecera municipal* ist der Ort, an dem sich der Sitz der Munizipalverwaltung befindet, in der Regel gleichzeitig das bedeutendste Gemeinde dieser kleinsten administrativen Einheit.
13 Die Fertilität bezeichnet die tatsächliche Geburtenhäufigkeit einer Einzelperson, eines Paares, in einer bestimmten Gruppe oder einer gesamten Bevölkerung.

Verbindung zwischen Kindern und ihren Müttern herzustellen, wenn sie in einem gemeinsamen Haushalt leben. Da die Auswahlwahrscheinlichkeit aller Frauen gleich war, sind auf der Ebene der Befragten alle Arten von Schätzung zulässig. Da aber die Auswahlwahrscheinlichkeit der Haushalte nicht gleich war, muss die Haushaltsstichprobe gewichtet werden.

Der NDHS2000 ist Teil des Weltbefragungsprogramms *Demographic and Health Survey*, bekannt als „Measure DHS+", koordiniert von Macro International Inc.,[14] das seit 1985/86 alle fünf Jahre durchgeführt wird. Die Stichprobe des NDHS2000 ist eine Teilstichprobe der von der gemeinnützigen kolumbianischen Organisation Profamilia[15] entwickelten Ausgangsstichprobe; Letztere basiert auf der Volkszählung von 1985. Die Ausgangsstichprobe von Profamilia ist eine mehrstufige und geschichtete Wahrscheinlichkeitsstichprobe der Privathaushalte Kolumbiens. Diese Stichprobe ist so angelegt, dass die Auswahlwahrscheinlichkeit aller Frauen, Haushalte und Segmente gleich ist. Die Grundgesamtheit der Stichprobe entspricht ungefähr 97 Prozent der Gesamtbevölkerung. Ähnlich wie beim NFS1976 wurden die *intendencias* und *comisarías* bei der Stichprobe nicht berücksichtigt. Außerdem unterscheidet sich die politisch-administrative Gliederung Kolumbiens von 1976 in mehreren Aspekten von jener des Jahres 2000. Die Zusammensetzung der Regionen unterscheidet sich bei den zwei Stichproben in einigen Details. Erstens umfasste das *departamento* Boyacá beim NFS1976 auch das Gebiet des heutigen Casanare, das dementsprechend einbezogen war. Obwohl seit 1991 alle *intendencias* und *comisarías* zu *departamentos* erhoben wurden, blieb beim NDHS2000 das Gebiet des heutigen Casanare unberücksichtigt, da die Befragung sich auf die vor 1991 existierenden *departamentos* beschränkte und Casanare schon vor 1991 nicht mehr Teil des *departamento* Boyacá war, sondern schon eine selbstständige *intendencia*. Zum zweiten ist die *intendencia* Caquetá – im Gegensatz zum NFS1976 – im NDHS2000 einbezogen, weil dieses Gebiet schon vor 1991 als *departamento* galt (siehe Anhang 1).

Die Grundgesamtheit ist in sechs Regionen mit je mindestens vier Millionen Einwohnern und zwölf Subregionen mit je mindestens 800 000 Einwohnern eingeteilt. Die Information kann aber den fünf traditionellen Regionen (Atlántica, Central, Oriental, Pacífica und Bogotá) zugeordnet werden, was die beiden Befra-

---

14 Macro International Inc. ist ein privates Unternehmen, das sich unter anderem der Forschung und Evaluierung im Gesundheitswesen widmet. Macro International Inc. bietet technische Unterstützung bei der Erhebung, Analyse, Verbreitung und Verwendung demographischer Daten. Die DHS 1986, 1990, 1995 und 2000 wurden von Macro International Inc. im Auftrag der *United States Agency for International Development* (USAID) geleitet.

15 Profamilia ist eine 1965 gegründete gemeinnützige Organisation, spezialisiert auf die Förderung von Familienplanung und reproduktiver Gesundheit in Kolumbien. Profamilia ist Mitglied der *International Planned Parenthood Federation* (IPPF).

gungen vergleichbar macht. Der einzige Unterschied ist, dass beim NFS1976 das *departamento* Caquetá nicht in der Region Central eingeschlossen ist und beim NDHS2000 das *departamento* Casanare nicht der Region Oriental zugeordnet ist.

Die PA des NDHS2000 bestehen aus *municipios* mit 7 000 oder mehr Einwohnern. Die *municipios* mit weniger als 7 000 Einwohnern wurden mit ähnlichen benachbarten *municipios* zusammengelegt, um eine PA zu bilden. Die Ausgangsstichprobe besteht aus 311 PA und die Teilstichprobe aus 61 PA. Die elf größten *municipios* des Landes wurden als PA mit Auswahlwahrscheinlichkeit eins behandelt, da sie der Größe der Schichten entsprachen oder größer waren als diese. Für die optimale Auswahl der PA mit Auswahlwahrscheinlichkeit kleiner als eins wurden 50 Schichten gebildet. Die ähnlichsten PA wurden auf Subregionsebene zusammengelegt. Für die Schichtenbildung wurden folgende Kriterien berücksichtigt:

1. Größe der Bevölkerung;
2. Anteil der Gesamtbevölkerung, der in der *cabecera municipal* lebt;
3. Anteil der ländlichen Bevölkerung;
4. Das departamento;
5. Die sozioökonomischen Eigenschaften.

Um in jede Schicht mit willkürlich gesetzten Auswahlwahrscheinlichkeiten eine PA einzufügen, wurde die Technik der gesteuerten Auswahl angewendet. Diese Technik erhöht die Präzision der Stichprobe durch den Einsatz zusätzlicher Kontrollen oder Schichtungsvariablen. Die auf Regionsebene angewendeten Kontrollvariablen waren das *departamento*, zu dem die entsprechende PA gehört, und ein Indikator der sozialen Entwicklung, der sich aus folgenden Variablen ergibt: „Bildungsniveau der Bevölkerung", „Verfügbarkeit von Gesundheitsressourcen" und „Elektrizität". Die elf größten *municipios* des Landes wurden als PA mit Auswahlwahrscheinlichkeit eins behandelt, da sie der Größe der Schichten entsprachen oder größer waren als diese. Sie stellen gleichzeitig die elf Schichten mit Auswahlwahrscheinlichkeit eins dar.

Aus der Ausgangsstichprobe wurden sechs Teilstichproben (mit je 61 PA) gebildet, die sowohl für das ganze Land als auch für die fünf Regionen und die zwölf Subregionen repräsentativ sind.

Ähnlich wie der NFS1976, besteht der NDHS2000 grundsätzlich aus zwei Fragebögen: dem Haushalts- und dem Personenfragebogen.[16] Der Haushaltsfragebogen

---

16 Der NDHS2000 beinhaltete noch zwei weitere Fragebögen: einen über die Sehfähigkeiten und einen anderen über das Vorkommen von Altersstar.

enthält Informationen über Wohnbedingungen, Verwandtschaft, Wohnort, Geschlecht, Alter, Früherziehung (für Kinder zwischen drei und fünf Jahren), Bildung (für Personen ab sechs Jahren), Familienstand (für Personen ab zwölf), Beschäftigung (für Personen zwischen sechs und 17 Jahren), Mitgliedschaft im Sozialversicherungssystem, Krankheit der Haushaltsmitglieder im letzten Monat und Krankenhausaufenthalt von Haushaltsmitgliedern im letzten Monat. Der Personenfragebogen (Frauen im Alter 15 - 49 Jahren) besteht aus zehn Modulen:

1. Persönliche Daten der Befragten;
2. Reproduktives Verhalten;
3. Empfängnisverhütung;
4. Schwangerschaft, Entbindung, Wochenbett und Stillzeit;
5. Nuptialität;
6. Gewünschte Familiengröße;
7. Persönliche Daten des Partners und Erwerbstätigkeit der Frau;
8. HIV und andere sexuell übertragbare Krankheiten;
9. Gewalt in der Familie;
10. Gewicht und Größe (der Frau und der Kinder unter fünf Jahren).

Die Stichprobe der Haushaltsfragebögen umfasst 47 520 Personen. Die Stichprobe der Personenfragebogen umfasst 11 585 Frauen im gebärfähigen Alter. Da die Auswahlwahrscheinlichkeit aller Frauen, Haushalte und Segmente gleich ist, weisen die Stichprobenwerte im Prinzip keine Verzerrung auf. Wegen einiger Unvollkommenheiten im Rahmen der Stichproben, wegen fehlender Werte oder der manchmal nicht flächendeckenden Befragung und wegen der Angleichung an die Bevölkerungsprojektionen (in Bezug auf das Verhältnis Stadt-Land) zur Zeit der Befragung sind aber Veränderungen in der Auswahlwahrscheinlichkeit entstanden, und die Stichproben müssen trotzdem gewichtet werden (Profamilia 2000: 222).[17] Bei allen Berechnungen in der empirischen Analyse dieser Arbeit wurde die Gewichtung der Fälle berücksichtigt.

Einer der wichtigsten Unterschiede zwischen den beiden Befragungen liegt darin, dass der NFS1976 keine Informationen über die Wohnbedingungen enthält. Die im NDHS2000 vorhandenen Informationen über die Wohnbedingungen erlauben im Prinzip, einen Lebensbedingungs-Index zu schaffen, der auf Variablen wie „Baumaterial der Wohnung", „Zugang zu Trinkwasser", „Elektrizität", „Kanalisation" und „Besitz von Konsumgütern wie Radio, Fernseher, Kühlschrank und

---

17 Die Gewichtung ist eine Berechnung mit dem Ziel einer Bewertung von Elementen oder Teilgruppen. Um zum Beispiel in Stichproben auftretende Verzerrungen zur Grundgesamtheit richtigzustellen, werden einzelne Personensegmente ihrer Bedeutung entsprechend gewichtet. In der vorliegenden Arbeit wird durch die Gewichtung erreicht, dass die verschiedenen geographischen Gruppen wieder der Grundgesamtheit entsprechen.

eigenem Verkehrsmittel" beruht. Leider enthält der NDHS2000 für Kolumbien keine Informationen über den Besitz eigener Verkehrsmittel (Auto, Motorrad, Fahrrad u.a.), was die Anwendung des Indexes verhindert. Der Zugang zu Trinkwasser, Elektrizität, Kanalisation und der Besitz von Konsumgütern wie Radio, Fernseher und Kühlschrank sind in Kolumbien immer häufiger. Der Besitz eines Verkehrsmittels und das Bodenmaterial des Hauses sind dann die einzigen Merkmale, die die Bevölkerung nach dem sozioökonomischen Status unterscheiden. Wenn man den Lebensbedingungs-Index anwendet, ohne die Variable eigener Verkehrsmittel zu berücksichtigen, scheinen 68 Prozent der Bevölkerung einen hohen sozioökonomischen Status zu haben. Dies weicht zu sehr von der kolumbianischen Realität ab. Aus diesem Grund wird der Lebensbedingungen-Index von einer Proxyvariablen, den Schuljahren der Mutter, ersetzt. Außerdem sind im NFS1976 die Schuljahre der Mutter auch die einzige zu diesem Thema verfügbare Variable.

Andererseits enthält der NFS1976, im Gegensatz zum NDHS2000, mehr Informationen über die Geschichte der ehelichen und nichtehelichen Gemeinschaften der Frau. Allerdings ist nur die Variable „Zahl der ehelichen und nichtehelichen Gemeinschaften der Mutter" für beide Befragungen kompatibel.

3.2. Datenqualität

Im Folgenden werden zwei Aspekte diskutiert, die die Datenqualität betreffen: Zum einen geht es um die Genauigkeit und die Konsistenz der Daten, einschließlich des Problems der fehlenden Werte bei einigen Variablen. Zum zweiten stehen im Mittelpunkt die Probleme der für diese Arbeit vorbereiteten Stichprobe.

3.2.1. Genauigkeit und Konsistenz der Daten

Besonders problematisch für die Datenverarbeitung waren im NFS1976 die fehlenden Werte für die Variable „Bildungsniveau der Kinder". Für 4,9 Prozent der Kinder aus der für diese Studie angefertigten Stichprobe gab es keine Werte über das Bildungsniveau. Durch Spaltung der Gesamtheit in zwei Gruppen (eine Gruppe mit vollständigen Werten und eine andere mit fehlenden Werten) wurde die Struktur der fehlenden Werte analysiert; das Ergebnis zeigte kein aleatorisches Muster der fehlenden Werte. Von der Gruppe mit fehlenden Werten lebten 69,1 Prozent der Personen in ländlichen Gebieten, während von der Gruppe mit vollständigen Werten nur 36,4 Prozent Bewohner ländlicher Gebiete waren. Andererseits stammen bei der Gruppe mit fehlenden Werten 50,4 Prozent der Personen aus der Region Atlántica, bei der Gruppe mit vollständigen Werten waren nur 16,4 Prozent Bewohner dieser Region. In der Gruppe mit fehlenden Werten betrug der Bildungsgrad der Mutter 1,32 Schuljahre, in der Gruppe mit vollständigen Werten 3,26 Schuljahre (Tabelle 1).

Da das von den fehlenden Werten gezeigte Muster dem MAR Typus (*missing at random*) entspricht, wurde eine Schätzung der fehlenden Werte mit Hilfe der EM-Methode (*expectation-maximization*) durchgeführt. Diese Schätzung wurde in den folgenden Analysen weiter benutzt.

Tabelle 1: Merkmale der Datengruppe mit fehlenden Werten und der Datengruppe mit vollständigen Werten bei der Variablen „Bildungsniveau der Kinder" im NFS1976

	Fehlende Werte			Vollständige Werte		
	N	M	SD	N	M	SD
Lebend geborene Kinder	139	8,75	3,00	2725	7,40	3,16
Noch lebende Kinder	139	7,35	2,57	2725	6,56	2,70
Schuljahre der Mutter	139	1,32	1,86	2725	3,26	2,71
Alter der Mutter bei der ersten Geburt	139	19,01	3,79	2725	20,20	3,73

Quelle: NFS1976.

Die Unstimmigkeiten bei der Variablen „Familienstand" im NFS1976 stellen ein zusätzliches Problem in Bezug auf die Datenqualität dar. Die Frage nach dem Familienstand wurde sowohl bei der Haushaltsbefragung als auch bei der Frauenbefragung gestellt. Trotzdem gibt es in der Datenbank der Frauenfragebögen, im Gegensatz zu der Datenbank der Haushaltsfragebögen, nur eine einzige Kategorie für verheiratete Frauen und für Frauen in nichtehelichen Gemeinschaften. Beim Vergleich der beiden Datenbanken erkennt man große Unterschiede.

Tabelle 2: 25- bis 49-jährige Frauen in der Haushaltsbefragung und in der Frauenbefragung des NFS1976 nach Familienstand in Prozent

	Haushaltsbefragung NFS1976
Familienstand	Prozent
ledig	18,5
verheiratet	58,8
in nichtehelicher Gemeinschaft	14,6
verwitwet	3,3
getrennt	4,6
Insgesamt	100

Familienstand	Prozent
ledig	14,0
verheiratet/in nichtehelicher Gemeinschaft	73,0
verwitwet	3,4
getrennt	9,6
Insgesamt	100

Quelle: NFS1976.

Die größte Unstimmigkeit besteht darin, dass die Prozentsätze von ledigen und geschiedenen Frauen kaum übereinstimmen (Tabelle 2). Dabei ist zu berücksichtigen, dass die Kodifizierung des Familienstandes 1976 relativ undeutlich war. Die unterschiedlichen Kategorien wie „ledig", „verheiratet", „nichteheliche Gemeinschaft", „verwitwet", „getrennt" und „geschieden" waren nicht präzise genug definiert. Außerdem war das Team von Interviewerinnen zu jenem Zeitpunkt noch unerfahren. Diese Umstände führten zu Unklarheiten, so konnte zum Beispiel eine in einer stabilen Beziehung lebende Frau, deren Partner aus verschiedenen Gründen (Erwerbstätigkeit oder eine andere Ehe) nicht ständig ihre Wohnung teilte, sowohl in die Kategorie „ledig", als auch in „nichteheliche Gemeinschaft" eingeordnet werden. Genauso konnte eine Frau, die jahrelang in einer nichtehelichen Gemeinschaft gelebt und sich dann von ihrem Partner getrennt hatte, als „ledig" oder als „getrennt" klassifiziert werden. Durch einige Kontrollfragen wie nach der Zahl der ehelichen (oder nichtehelichen) Gemeinschaften, dem Status der ersten Lebensgemeinschaft oder ob die Person jemals in einer Lebensgemeinschaft gelebt hat, ließ sich feststellen, dass der Prozentsatz der ledigen und getrennten Frauen bei der Frauenbefragung eher übereinstimmte als bei der Haushaltsbefragung. Infolgedessen wurde nur die Information über verheiratete und in nichtehelicher Gemeinschaft lebende Frauen aus der Haushaltsbefragung übernommen. Obwohl die gleiche Kodifizierung verwendet wurde wie beim NFS1976, kommt dieses Problem beim NDHS2000 nicht vor, weil die bei den NDHS-Befragungen (1986/1990/1995) gesammelten Erfahrungen zur genaueren Definition der Kategorien und zur besseren Vorbereitung der Interviewerinnen geführt hatte.

Andererseits gibt es im NFS1976 in Bezug auf die Erwerbssituation der Frau ein schweres Problem bezüglich der Gestaltung der Fragen. Dieses besteht darin, dass die Beschäftigung der Frauen vor und nach der Hochzeit oder der Aufnahme einer nichtehelichen Gemeinschaft den Schwerpunkt der Befragung bildete und die ledigen Frauen zum Thema Beschäftigung nicht befragt wurden. So gibt es keine Informationen über die Erwerbssituation eines Teils der weiblichen Bevölkerung. Dieser Mangel kann nicht aufgehoben werden, deswegen ist nur ein Vergleich zwischen „nicht ledigen" Frauen möglich. Außerdem waren die Fragen zur Erwerbssituation in den beiden Befragungen unterschiedlich. Es war nötig, beim NFS1976 die Antworten auf die Frage nach dem Arbeitsort zu rekodieren, um die beiden Befragungen kompatibel zu machen. Die Antworten „zu Hause" und „auf dem Familienlandgut" wurden zusammengelegt und unter „häusliche Erwerbstätigkeit" kodiert. Andererseits wurden die Antworten „außer Haus" und „auf einem anderen Landgut" zusammengelegt und unter „außerhäusige Erwerbstätigkeit" kodiert. Die Antwort „arbeitet nicht, seitdem sie geheiratet hat" wurde als „nicht erwerbstätig" kodiert.

Abschließend muss noch der Stichprobenfehler berücksichtigt werden. Jede Stichprobe stellt nur eine der unendlich vielen Stichproben dar, die von der Grundgesamtheit hätten ausgewählt werden können, und jede Stichprobe hätte andere Resultate ergeben. Der Stichprobenfehler ist die Abweichung eines Stichprobenergebnisses von dem wahren, jedoch in der Regel unbekannten Wert der Grundgesamtheit. Der Stichprobenfehler wird mit Hilfe des Standardfehlers gemessen und ist ein Streuungsmaß. Berechnungen, um den Standardfehler von komplexen Befragungen wie dem NFS1976 oder dem NDHS2000 zu analysieren, werden mit dem Statistikprogramm CLUSTERS (*Computation and Listing of Useful Statistics on Errors of Sampling*) durchgeführt.

Die Analyse des NFS1976 mit CLUSTERS zeigt, dass die Standardfehler insgesamt klein sind. Man kann die Stichprobe als genau bezeichnen (Corporación Centro Regional de Población 1977: 34). Die Analyse des NDHS2000 mit CLUSTERS zeigt, dass die Standardfehler insgesamt, und speziell bei der Frauenstichprobe, sehr klein sind. Man kann die Stichprobe als sehr genau bezeichnen (Profamilia 2000: 229).

3.2.2. Probleme der für diese Studie vorbereiteten Stichproben

Für diese Studie wurden aus der Haushaltsdatenbank die Kinder im Alter von 10 bis 15 Jahren[18] und aus der Frauendatenbank ihre Mütter ausgewählt. Leider konnte nicht von allen Kindern aus der Haushaltsdatenbank die Mutter gefunden werden (besonders beim NFS1976), da diese nicht im Haushalt wohnte oder älter als 49 Jahre alt war und deswegen nicht in die Frauenstichprobe einbezogen worden war. Die Endstichprobe des NFS1976 umfasst 2 864 Kinder, diejenige des NDHS2000 umfasst 3 949 Kinder (Tabelle 3).

---

18 Das Höchstalter ist 15 Jahre, weil beim NFS1976 keine vollständigen Informationen über ältere Jugendliche vorhanden waren.

Tabelle 3: Frauen und Kinder nach Altersgruppen und Präsenz der Mutter im Haushalt im NFS1976 und im NDHS2000

	NFS1976	NDHS2000
Frauen im Alter von 15 - 49	5 378	11 585
Kinder im Alter von 10 - 15	9 478	5 861
Kinder im Alter von 10 - 15, deren Mutter im Haushalt lebt	8 007	4 845
Frauen im Alter von 15 - 49 mit mindestens einem Kind im Alter von 10 - 15	1 580	3 213
Frauen im Alter von 15 - 49 mit mindestens einem Kind im Alter von 10 - 15 im Haushalt	1 368	2 926
Kinder im Alter von 10 - 15, denen man die Mutter zuordnen konnte	2 864	3 949

Quelle: NFS1976 und NDHS2000.

Das Hauptproblem der Stichprobe ist, dass ein großer Teil der Jugendlichen das Bildungssystem noch nicht verlassen hat. Demzufolge ist es nicht möglich, bei allen Kindern mit Genauigkeit anzugeben, welchen Bildungsgrad sie erreichen werden. Angesichts dieses Problems beschränkt sich die Analyse in dieser Studie auf drei Indikatoren: der durchschnittliche Schulbesuch in Jahren, der altersgemäße Schulbesuch und der Eintritt in den Sekundarbereich (siehe die Definition der Variablen in Kapitel 3.5.1.).

Darüber hinaus gibt es unter den Kindern aus der Endstichprobe Geschwister, folglich sind manche Mütter überrepräsentiert.[19] Nur ein Kind aus jedem Haushalt auszuwählen, wäre eine Möglichkeit gewesen, dieses Problem zu umgehen. Dann wäre die Stichprobe jedoch sehr klein geworden. Deshalb wurde es vorgezogen, die Geschwister in der Stichprobe zu belassen und den Huber-White-Schätzer auf das Modell anzuwenden, um die Interkorrelation der Kinder mit bestimmten Gruppen innerhalb der Stichprobe zu korrigieren.

Ein anderes Problem der Stichprobe ist der Umstand, dass die Mütter sich noch im Reproduktionsalter befinden. Demzufolge kann sich die Familie in Zukunft vergrößern. Immerhin beträgt das Durchschnittsalter der Mütter beim NFS1976 38,18 Jahre (Standardabweichung 5,78), und beim NDHS2000 37,79 Jahre (Standardabweichung 5,47). Dies bedeutet, dass ein großer Teil der Mütter sich am Ende ihres Reproduktionsalters befindet. Außerdem gaben beim NFS1976 88

---

19 Die Geschwisterhäufigkeit beim NFS1976 ist höher als beim NDHS2000. Beim NFS1976 haben nur 35 Prozent der Kinder in der Stichprobe keine Geschwister, während 32,5 Prozent ein Geschwisterkind und 22,4 Prozent zwei Geschwister haben. 8,3 Prozent haben drei Geschwister und 1,8 Prozent haben vier Geschwister. Beim NDHS2000 haben 65 Prozent der Kinder in der Stichprobe keine Geschwister und 35 Prozent haben nur ein Geschwisterkind. Dieser Unterschied hängt mit der demographischen Transition zusammen.

Prozent der Frauen an, keine Kinder mehr haben zu wollen; beim NDHS2000 waren es 91 Prozent der Frauen.

3.3. Techniken der deskriptiven Statistik

Die empirische Analyse zeigt zuerst die Tendenzen der unabhängigen Variablen zwischen 1976 und 2000 sowie die Korrelation dieser Variablen mit den Bildungsniveauindikatoren. In diesem Teil der Studie werden Techniken der deskriptiven Statistik angewendet wie Häufigkeitsverteilung, Lage- und Streuungsmaße, Assoziationskoeffizienten, Kontingenztabellen und Drittvariablenkontrolle.

3.4. Technik der multivariaten Regression

In der zweiten Phase der empirischen Analyse werden multivariate Regressionsmodelle verwendet, um die Auswirkung der unabhängigen Variablen auf den Bildungsgrad der Kinder zu untersuchen. Das Ziel der statistischen Technik der Regression ist, den Durchschnittswert einer Variablen auf der Basis der festgelegten Werte anderer Variablen zu schätzen. Die logistische Regression ist eine spezielle Technik, die für diejenigen Fälle angewendet wird, in denen die abhängige Variable dichotom ist. Mit Hilfe der logistischen Regressionsmodelle wird die Wahrscheinlichkeit, dass ein Individuum sich in einer der beiden möglichen Gruppen befindet, in Abhängigkeit von bestimmten individuellen Charakteristika (den Prädiktoren oder Einflussvariablen) geschätzt.

Die logistischen Regressionsmodelle benutzen als Schätzverfahren die Maximum-Likelihood-Methode. Diese Methode vergrößert die Wahrscheinlichkeit, dass ein Ereignis vorkommt, bis zum Maximum. Der Vorteil dieser Methode ist, dass – im Unterschied zur Methode der kleinsten Quadrate – die Homoskedastizitäts-, Normalitäts- und Linearitätsannahmen nicht nötig sind. Die Formulierung der Modelle wird im Chancenverhältnis (*odds ratio*, OR), also dem Verhältnis zwischen der Wahrscheinlichkeit von Status 1 und Status 0 festgelegt.[20]

---

20 Normalerweise wird der Wert 1 dem Interessenereignis gegeben.

3.5. Variablen

3.5.1. Abhängige Variable

Bildungsniveau der Kinder

Das Bildungsniveau der Kinder wird mithilfe von drei Indikatoren gemessen: der durchschnittliche Schulbesuch in Jahren, der altersgemäße Schulbesuch und der Eintritt in den Sekundarbereich. Der zweite Indikator wurde auf der Basis des kolumbianischen Schulbildungsgesetzes (*Ley 30*, 1992) festgelegt, wonach zehnjährige Kinder fünf Jahre Schulbildung haben sollten. Allerdings wurde das Niveau zwei Jahre niedriger gesetzt, weil 1976 das Bildungsniveau der Bevölkerung in Kolumbien viel niedriger war als im Jahr 2000. Auf diese Weise wird ein altersgemäßer Schulbesuch erhalten, wenn:

Alter = 10 und Schulbildungsgrad ≥ 3;
Alter = 11 und Schulbildungsgrad ≥ 4;
Alter = 12 und Schulbildungsgrad ≥ 5;
Alter = 13 und Schulbildungsgrad ≥ 6;
Alter = 14 und Schulbildungsgrad ≥ 7;
Alter = 15 und Schulbildungsgrad ≥ 8.

Den dritten Indikator kann man nur auf 14- und 15-jährige Kinder anwenden, da erst ab diesem Alter mit hoher Wahrscheinlichkeit von Schulabbruch und folglich von „Eintritt" oder „kein Eintritt in den Sekundarbereich" gesprochen werden kann.

3.5.2. Unabhängige Variablen

Anzahl der Kinder

Diese Variable bezieht sich auf die Anzahl der lebenden Kinder; sowohl auf jene, die im Haushalt der Mutter wohnen, als auch auf diejenigen, die in einem anderen Haushalt leben.

Familienstand der Mutter

Der Familienstand der Mutter wurde ursprünglich nach folgenden Kategorien klassifiziert: „ledig" (Personen, die nie verheiratet waren oder nie in nichtehelicher Gemeinschaft gelebt haben), „verheiratet" (Personen, die entweder standesamtlich oder kirchlich verheiratet sind und mit dem Partner zusammenleben), „in nichtehelicher Gemeinschaft lebend" (Personen, die einen festen Partner haben, mit dem sie eine Wirtschafts-, Wohn- und Sexualgemeinschaft führen, aber nicht verheiratet sind), „verwitwet" (Personen, die verheiratet waren oder in einer nichtehelichen Gemeinschaft lebten und deren Partner gestorben ist), „getrennt" (Personen, die verheiratet waren oder in nichtehelicher Gemeinschaft gelebt haben, zur Zeit aber nicht mehr mit dem Partner leben und nicht gesetzlich geschieden sind), „geschieden" (Personen, die verheiratet waren und gesetzlich geschieden sind). Da der Kategorie „geschieden" in beiden Befragungen weniger als zwei Prozent der Bevölkerung entsprach, wurden die Kategorien „getrennt" und „geschieden" zusammengelegt.

Alter der Mutter bei der ersten Geburt

Das Alter der Mutter bei der ersten Geburt wird aufgrund des Geburtsdatums des ersten lebend geborenen Kindes (CMC - *Century Month Code*) und des Geburtsdatums der Mutter (CMC) errechnet.[21]

Zahl der ehelichen und nichtehelichen Gemeinschaften der Mutter

Die Zahl der ehelichen und nichtehelichen Gemeinschaften der Mutter wird in drei Gruppen klassifiziert:

1. Keine eheliche oder nichteheliche Gemeinschaft;
2. Eine eheliche oder nichteheliche Gemeinschaft (unabhängig davon, ob sie noch mit einem Partner zusammenlebt, sich getrennt hat, geschieden oder verwitwet ist);
3. Zwei oder mehr eheliche oder nichteheliche Gemeinschaften (unabhängig davon, ob sie zum gegebenen Zeitpunkt mit einem Partner zusammenlebt oder alleine lebt).

Obwohl diese Variable beim NFS1976 als metrische Variable kodiert wurde, repräsentiert der NDHS2000 diese Information nur in den drei oben genannten Kategorien.

---

21 Die CMC ist eine Methode, um ein Datum in der Form von Monaten seit Anfang des 20. Jahrhunderts zu kodifizieren. Zum Beispiel bezeichnet CMC 1 den Januar 1900, CMC 13 den Januar 1901 und CMC 961 den Januar 1981. Der CMC eines bestimmten Datums wird folgendermaßen berechnet: CMC=(YY*12)+MM. Das Alter der Mutter bei der ersten Geburt wird folgendermaßen berechnet: (CMC des ersten Kindes - CMC der Mutter)/12.

Erwerbssituation der Mutter

Die Erwerbssituation der Mutter wird in drei Gruppen geteilt:

1. Häusliche Erwerbstätigkeit;
2. Außerhäusige Erwerbstätigkeit;
3. Nicht erwerbstätig.

Wie schon im Kapitel über die Qualität der Daten erwähnt wurde, gibt es im NFS1976 keine Informationen über die Erwerbssituation der ledigen Frauen. Folglich werden die ledigen Frauen in dem Kapitel über die Erwerbssituation der Frauen vernachlässigt, um die beiden Befragungen vergleichen zu können.

Komplexität des Haushalts

Die Komplexität der Haushalte wird in dieser Studie in drei Kategorien klassifiziert:

1. Kein zusätzliches Mitglied im Haushalt;
2. Ein zusätzliches Mitglied im Haushalt;
3. Zwei oder mehr zusätzliche Mitglieder im Haushalt.

Der Begriff „zusätzliches Mitglied" betrifft diejenigen Personen, sowohl Verwandte als auch Nichtverwandte, die nicht zur Kernfamilie gehören. Es wird kein Unterschied zwischen Lebensgemeinschaften mit vertikalen Verwandten, horizontalen Verwandten, anderen Verwandten und Freunden gemacht, weil die Klassifikation primär zur Untersuchung der wirtschaftlichen und sozialen Überlebensstrategien vorgenommen wird. Es wird auch nicht zwischen „beide Elternteile leben im Haushalt" und „nur ein Elternteil lebt im Haushalt" unterschieden, weil eine hohe Korrelation mit der Variable „Familienstand der Mutter" existiert.[22]

3.5.3. Kontrollvariablen

Schuljahre der Mutter

Das Bildungsniveau der Mutter wird in Schuljahren gemessen. Das Bildungsniveau des Vaters wird aufgrund der Unzuverlässigkeit der Informationen nicht berücksichtigt, da sich nicht eindeutig unterscheiden lässt, ob die Frauen etwa über den biologischen Vater oder den gegenwärtigen Lebenspartner Informationen ge-

---

22 Wegen der Stichprobengröße ist es nicht ratsam, die Information in zu viele Kategorien zu zerlegen.

ben. Einerseits ist es beim NFS 1976 nicht möglich, den Vater eines Kindes direkt zu identifizieren. Andererseits enthält die Frauendatenbank Informationen über das Bildungsniveau der gegenwärtigen Partner, aber die ledigen, verwitweten und getrennten Frauen verfügen nicht immer oder nur ungenau über die entsprechenden Informationen über frühere Partner.

Wohnort

Diese Variable differenziert den Wohnort entsprechend den Kategorien „städtisch" und „ländlich". 1976 wird die Bevölkerung, die in Ortschaften von 1 500 und mehr Einwohnern lebt, als städtisch bezeichnet. Die Bevölkerung von kleineren Dörfern und außerhalb der Dörfer befindlicher Gehöfte wird als ländlich bezeichnet. 2000 wird nur der Hauptort, in dem das Rathaus steht, als städtisch bezeichnet, während alle weiteren Ortschaften und Gehöfte als „ländlich" gelten. Obwohl sich die Definitionen von 1976 und 2000 unterscheiden, sind die beiden Kategorien vergleichbar, da die Zuordnung tatsächlich nahezu deckungsgleich ist.

Region

Das Gebiet Kolumbiens (ohne die östliche Tiefebene und das Amazonasgebiet) wird in fünf Regionen eingeteilt, die jeweils vergleichsweise homogene ökologische Bedingungen aufweisen: Atlántica, Central, Oriental, Pacífica und Bogotá. Die Hauptstadt des Landes wird aufgrund ihrer Bevölkerungsdichte und spezifischen Charakteristika als getrennte Region betrachtet.

4. DER KOLUMBIANISCHE KONTEXT

4.1. Die Familie in Kolumbien: historischer, kultureller und rechtlicher Hintergrund

Um die Vielfalt und die Unterschiede in der Familienstruktur in verschiedenen Regionen und sozioökonomischen Schichten der kolumbianischen Gesellschaft zu verstehen, muss man den spezifischen Charakteristika der Geschichte Kolumbiens und Lateinamerikas im Allgemeinen Rechnung tragen: dem Verschmelzen dreier Kulturen, der indigenen, der spanischen und der afrikanischen, die jeweils über eigene Ehe-, Verwandtschafts- und Filiationssysteme[23] verfügten. Aufgrund von kirchlichen Quellen, historischen Gesetzeswerken, Berichten von Chronisten und einigen historisch-demographischen Studien konnten die Familiensysteme der indigenen Bevölkerung und der spanischen Gesellschaft erforscht und eine Analyse der Akkulturationsprozesse vorgenommen werden, die Kirche und Staat vorantrieben, um der spanischen Ehekultur vor der indianischen Tradition Vorrang zu geben. Die Familienstruktur der afrikanischen Bevölkerung, die als Sklaven ins Land gekommen war, ist wegen der fehlenden Informationsquellen schwerer zu untersuchen. Außerdem muss beachtet werden, dass weder die in Afrika geborenen Schwarzen noch die in den Kolonien Geborenen ihre ursprünglichen Familiensysteme aufbauen konnten. Als Sklaven unterlagen die Schwarzen dem Willen ihres Herrn, der auch ihr Ehe- und Familienleben bestimmte. Nach der Abschaffung der Sklaverei konnte die afrikanischstämmige Bevölkerung zwar von gewissen Freiheiten betreffend der Ausübung einiger kultureller Bräuche ihrer ethnischen Gruppe Gebrauch machen, war aber vielen demographischen, rechtlichen und sozialen Beschränkungen unterworfen (Gutiérrez de Pineda 1997: 157).

Die erste und aus ethnohistorischer Sicht umfangreichste Studie zum Thema der Familie in Kolumbien wurde von der Anthropologin Virginia Gutiérrez de Pineda Anfang der 60er Jahre des 20. Jahrhunderts durchgeführt. Seither ist ein wachsendes Interesse an der Untersuchung von Sozial- und Familiengeschichte zu beobachten. Mehrere historiographische Studien sind die Folge (wie z. B. Dueñas 1997, Rodríguez 1997). Trotzdem gibt es noch viele unerforschte Themen und Regionen, und die historiographische Produktion ist – verglichen mit anderen lateinamerikanischen Ländern wie Brasilien oder Mexiko – relativ begrenzt.

---

23 Filiation ist die Regelung, die einem Individuum aufgrund seiner Geburt Identität und Status zuweist. Insbesondere regelt die Filiation die Zugehörigkeit zu einer Verwandtschaftsgruppe (Burguière et al. 1997: 449).

4.1.1. Die indigene Familie

Die indigenen Gemeinschaften, die bei der Ankunft der Spanier das Territorium des heutigen Kolumbien bewohnten, wiesen, obwohl sie keine einheitliche Kultur darstellten, gemeinsame Charakteristika bezüglich ihrer Filiations- und Verwandtschaftssysteme auf. Quellen belegen die Vorherrschaft eines unilinearen uterinen oder matrilinearen Filiationssystems. Der Kreis der Blutsverwandten einer Person wurde über die weibliche Linie bestimmt, während Blutsbande väterlicherseits nicht als Verwandtschaft betrachtet wurden. Verwandtschaft übertrug sich linear über die Mutter, Großmutter, Urgroßmutter etc. und kollateral[24] über die Geschwister der Mutter, Kinder der Mutterschwestern und alle Nachkommen der blutsverwandten Frauen. Der Mutterbruder ersetzte den Vater in der Abstammungsordnung, und die Beziehung zu seinen Nichten und Neffen war eng und wesentlich (Gutiérrez de Pineda 1997: 6 - 7).

Die Eheregelung wurde vom Inzestverbot bestimmt, das nicht nur die Zugehörigkeitsgemeinschaft einschloss, sondern auch alle anderen Gemeinschaften, mit denen man Beziehungen pflegte. Alle sexuellen Beziehungen mit Blutsverwandten mütterlicherseits, einschließlich der entferntesten Verwandtschaftsgrade, galten als inzestuös. Allerdings war Endogamie unter Blutsverwandten in einigen Stämmen innerhalb der Herrschaftsgruppe erlaubt. Dieses Phänomen scheint mit einem Prozess der Machtzentralisierung in den jeweiligen Stämmen zusammenzuhängen (Gutiérrez de Pineda 1997: 19 - 20).

Da das unilineare uterine Filiationssystem Verwandtschaftsverhältnisse der väterlichen Linie außer Acht ließ, waren Eheschließungen unter Geschwistern väterlicherseits und sogar zwischen Vater und Tochter möglich. Den gegebenen Vorstellungen von Verwandtschaft zufolge waren solche Ehen erlaubt, weil die beiden Partner in ihrer Verwandtschaftsstruktur nicht als Blutsverwandte galten (Gutiérrez de Pineda 1997: 21).

In einigen Gruppen mit Klanstruktur betrachteten sich die in demselben Gebiet lebenden Mitglieder als Familieneinheit, weshalb sie als Verwandte galten. Dementsprechend musste jedes Mitglied seinen Ehepartner außerhalb des Klans suchen. Gleichzeitig aber verpflichtete die Stammesstruktur die Klanmitglieder, einen Partner aus einem anderen Klan seines Stammes auszusuchen. Im Falle der *chibchas* und einiger Gruppen vom Magdalena-Fluss waren auch Eheschließun-

---

24 Kollaterale Verwandte (auch Seitenverwandte genannt) sind Blutsverwandte, die nicht in direkter Linie mit Ego verwandt sind. So zum Beispiel die Tante, der Onkel, der Vetter, die Nichte etc. Eltern werden von Tanten und Onkeln unterschieden, Geschwister von Cousins und Cousinen. Die Betreffenden haben also gemeinsame Vorfahren, stammen aber nicht direkt voneinander ab (Burguière et al. 1997: 453).

gen außerhalb des Stammes erlaubt, solange sie innerhalb einer Stammeskonföderation stattfanden (Gutiérrez de Pineda 1997: 20).

Eine andere gemeinsame Charakteristik der indigenen Völker auf dem Gebiet des heutigen Kolumbien war die Polygynie. Diese war der gesamten Bevölkerung erlaubt, in der Praxis aber hatten nur Inhaber von Macht und Einfluss Zugang dazu. Diese Form der Familienstruktur war eng mit den kriegerischen Aktivitäten der indigenen Völker verbunden, sowohl mit den Vernichtungskriegen zwischen den Karib-Gruppen als auch mit den Konföderationskriegen zwischen den *chibchas* und Stämmen aus dem Westen Kolumbiens. In beiden Fällen, obwohl unter unterschiedlichen Voraussetzungen, erhielten die Sieger Frauen aus der besiegten Gruppe. Polygynie entstand auch aufgrund von politischen Verbindungen oder aufgrund des Levirats, einem Brauch, durch den ein Mann die Frauen seines Mutterbruders nach dessen Tod erbte. In diesem Kontext stellten die Frauen ein Prestigesymbol dar. Im Allgemeinen gab es eine Wechselbeziehung zwischen der Zugehörigkeit zu einer höheren Schicht und dem Besitz einer größeren Anzahl von Frauen (Gutiérrez de Pineda 1997: 84 - 99).

Weitere allgemeine Charakteristika der Polygynie in den indigenen Gemeinschaften waren die patrilokale Wohnfolgeordnung, die Hierarchisierung unter den Ehefrauen, das Sororat und die Kompaktation.[25] Obwohl das indigene Verwandtschaftssystem matrilinear war, galt die patrilokale Wohnfolgeordnung. Die Frau verließ das Gebiet ihrer Erzeuger, um auf dem Land des Mannes ihre eigene Familie zu gründen. Allerdings kehrte sie in dem Fall, dass diese Beziehung zerbrach, mit ihren Kindern in das Gebiet der Verwandten mütterlicherseits zurück. Eine andere Charakteristik der einheimischen Polygynie war die Hierarchisierung unter den Ehefrauen eines Mannes. Die erste Ehefrau hatte sozial und ökonomisch den höchsten Status inne, während alle weiteren nur die Rolle der zweiten Ehefrau oder Konkubine einnehmen konnten. Im Allgemeinen stammte die erste Ehefrau bezüglich ihres sozialen Status aus ähnlichen Verhältnissen wie ihr Mann, während die weiteren Ehefrauen Kriegsbeute (Gefangene) waren oder aus niedrigen Schichten stammten. Die sororale Polygynie, die dem Mann erlaubte, auch die Schwestern der Ehefrau oder ihre Verwandten (Cousinen, Tanten mütterlicherseits und sogar auch ihre Mutter) zur Frau zu nehmen, war unter den *chibchas* und den Gruppen vom Magdalena-Fluss ebenfalls eine weit verbreitete Praxis. Im Großteil Kolumbiens war das Zusammenleben des Mannes mit allen seinen Ehefrauen unter einem Dach (Kompaktation) ein allgemeiner Brauch. Dieser verstärkte die ökonomische Einheit rund um den gemeinsamen Ehemann (Gutiérrez de Pineda 1997: 106 - 114).

---

25 Kompaktation im ethnologischen Sinn bedeutet das Zusammenleben des Mannes mit allen seinen Ehefrauen unter einem Dach (Gutiérrez de Pineda 1997: 113).

Im kolumbianischen Kontext existierte eine Vielfalt von Hochzeitsriten und von Formen der Brautsuche. Das am meisten verbreitete System innerhalb der indigenen Gesellschaften war die Kaufheirat. Der Verkaufspreis einer Frau hatte gleich zwei Bedeutungen, zum einen war er eine Entschädigung für das verlorene „Gut" und andererseits eine Möglichkeit für die blutsverwandten Männer, Frauen zu finden. Allerdings waren die Ehesysteme meistens von den kriegerischen Aktivitäten des Stammes beeinflusst. In diesen Fällen waren die Frauen Kriegsbeute und erhielten einen speziellen Status in der Gemeinschaft. Die Zeremonien, durch die die Eheschließung in der Gemeinschaft bekannt gegeben wurde, variierten sehr stark von einer Gruppe zur anderen. Von komplexen und prunkhaften Zeremonien bis hin zu minimalen konventionellen Zeichen waren alle Varianten vertreten (Gutiérrez de Pineda 1997: 70 - 83).

Bezüglich der Stabilität der ehelichen Verbindung ist festzustellen, dass das Eheabkommen zwar auf unbegrenzte Zeit geschlossen wurde, ebenso scheint aber die Möglichkeit der Scheidung durch Verstoßung oder aus anderen Gründen im Laufe des Erwachsenenlebens jeder Person gegeben gewesen zu sein. Die Trennung oder Scheidung (man kannte keinen Unterschied) wurde nur dann negativ bewertet, wenn die Ehefrau des Ehebruchs bezichtigt wurde. Allerdings gab es für einen Mann im Allgemeinen keinen Grund, sich von seiner Frau zu trennen, da er einen beachtlichen Betrag für sie bezahlt hatte und ihm ihre Arbeitskraft und notfalls auch die ihrer Angehörigen zu Gute kam. Gegebenenfalls konnte auch die Frau die Trennung beantragen, besonders wenn sie von ihrem Mann nicht schwanger wurde und deswegen den „Mutterstatus" nicht erlangen konnte. In manchen Regionen, wie zum Beispiel bei den *chibchas*, gab es eine Probezeit in der Ehe. Diese Probezeit konnte ein oder zwei Jahre dauern, nach denen die Ehe bestätigt wurde. Wenn es aber Unstimmigkeiten gab, wurde die Ehe ohne weitere Probleme aufgelöst (Gutiérrez de Pineda 1997: 126 - 128).

4.1.2. Die spanische Familie

Die spanische Familie hatte zur Zeit der Entdeckung Amerikas hauptsächlich romanische und katholische Wurzeln mit Einflüssen aus westgotischen Traditionen. Obwohl die Iberische Halbinsel sieben Jahrhunderte lang unter arabischer Herrschaft gestanden hatte, bestand doch eine gewisse Kontinuität der rechtlichen, kirchlichen und kulturellen Traditionen. Zur Zeit der Entdeckung Amerikas wurde die kastilische Gesetzgebung im Großteil der Halbinsel, außer in wenigen, südlich der Pyrenäen gelegenen Gebieten angewandt. Die Gesetze von Toro[26] vereinten unterschiedliche mittelalterliche Traditionen und bildeten ein Familienrechtssys-

---

26 Die Gesetze von Toro wurden 1505 während der *Cortes de Toro* erlassen.

tem, das sich während der nächsten vier Jahrhunderte sehr wenig verändern sollte (Reher 1996: 72).

Die Grundlagen der spanischen Familie liegen im Rechtssystem und in religiösen Werten. An erster Stelle erklärte die kirchliche Autorität ebenso wie der Staat durch seine rechtlichen Normen die Monogamie zur einzigen Eheform. Sowohl der Mann als auch die Frau konnten nur eine Ehegattin beziehungsweise einen Ehegatten nehmen. Die Ehepartner mussten sich gegenseitig treu sein, Ehebruch von Seiten des Mannes oder der Frau wurde von der religiösen Moral verurteilt. Allerdings wurde die Ehebrecherin auf der Grundlage der Gesetze von Toro zum Tode verurteilt, während im Falle des Mannes Ehebruch nicht als Verbrechen galt, was einer stillschweigenden Genehmigung des Konkubinats gleichkam (Gutiérrez de Pineda 1997: 148).

Ein anderer charakteristischer Aspekt der spanischen Familie war die Unauflösbarkeit der Ehe. Das Paar konnte sich de facto trennen, aber keiner der beiden Ehepartner durfte wieder heiraten, bevor der andere verstorben war. In wenigen Ausnahmefällen war die Annullierung der Verbindung möglich, wenn einer der Ehepartner an einer ansteckenden Krankheit litt, den Partner Grausamkeiten aussetzte oder Ehebruch begangen hatte (Gutiérrez de Pineda 1997: 146 - 147).

Das Verwandtschaftssystem war bilinear, wobei die väterliche Linie dominierte. Das Heiratsverbot traf gleichermaßen auf Verwandtschaftsgrade beider elterlichen Linien zu und umfasste ausnahmslos alle linearen Verwandtschaftsgrade und alle kollateralen Verwandten bis zum vierten Grad (Gutiérrez de Pineda 1997: 149).

Laut Erbrecht waren Kinder zwangsläufig Erben beider Eltern oder umgekehrt, wenn die Kinder weder verheiratet waren noch Nachkommen hatten. Das kastilische Erbrecht basierte auf einer beschränkten Übertragung. 80 Prozent des Vermögens, *legítima* genannt, gehörte den zwangsläufigen Erben. Zwei Drittel der *legítima* mussten den rechtmäßigen Nachkommen, unabhängig von Alter oder Geschlecht, zu gleichen Teilen überlassen werden. Das letzte Drittel der *legítima*, *mejora* genannt, konnte per Testament jedem der zwangsläufigen Erben zugesprochen werden. Der frei verfügbare Teil des Erbes (20 Prozent) konnte an Verwandte oder andere Personen vergeben werden. Das kastilische Erbrecht unterstützte die Teilbarkeit der Erbschaft und war dabei flexibel: Es erlaubte sowohl die Bevorzugung eines Erben als auch die gleichmäßige Verteilung des Vermögens. Obwohl in einigen Epochen versucht wurde, die Unaufteilbarkeit des Erbes mit Hilfe des Majorats zu fördern, brachten die üblichen Praktiken eine Reihe verschiedener Arten von Vererbung und somit auch verschiedene familiäre Organisationsformen hervor (Reher 1996: 72 - 73).

Im restlichen Spanien, wo die kastilischen Rechtstraditionen nicht galten, waren die Familien- und Erbrechtssysteme nicht einheitlich. In Katalonien zum Beispiel, wo hauptsächlich das römische Recht angewandt wurde, war im Unterschied zum restlichen Spanien der frei verfügbare Anteil des Eigentums mit 75 Prozent wesentlich höher. In der Praxis wurde dieses System so gehandhabt, dass ein einziger Erbe ernannt wurde, meistens der Erstgeborene, und dieser musste auch nach der Heirat im Elternhaus verbleiben, sich um seine Eltern kümmern und das Familieneigentum verwalten. Die anderen Kinder hingegen mussten das Elternhaus nach ihrer Heirat verlassen und erhielten nur einen kleinen Teil des Erbes, entweder vorgestreckt in Form einer Mitgift oder auch erst nach dem Tode der Eltern. Auf diese Weise wurde dafür gesorgt, dass das Familieneigentum über mehrere Generationen intakt blieb (Reher 1996: 83 - 84).

In denjenigen Gegenden, in denen die Erbschaft relativ gleichmäßig aufgeteilt wurde, bedeutete eine Heirat im Allgemeinen auch den Aufbau eines neuen Heimes (Neolokalität). Die Haushalte umfassten meistens wenige Mitglieder und eine Kernfamilie. In den Gegenden, in denen die Unteilbarkeit des Erbes Vorzug gegeben wurde, war das Zusammenleben der Familie des Erben mit seinen Eltern bis zu deren Tod üblich. Der Prozentsatz der komplexen Haushalte war in diesen Gegenden relativ hoch und ausschließlich vom Erbrecht der Familienoberhäupter abhängig (Reher 1996: 102).

Die Mitgift stellt eine weitere wichtige Charakteristik des spanischen Ehesystems dar. Sie bestand aus Gütern und Rechten, welche die Frau in die Ehe einbrachte. Der Vater der Braut, der Großvater oder Urgroßvater väterlicherseits hatten die Pflicht, für die Mitgift der Frauen der Familie aufzukommen. Diese wurde als Teil der Erbschaft betrachtet, der schon zu Lebzeiten der Eltern weitergegeben wurde. Nach dem Tode der Eltern, wenn ihr Vermögen zur Aufteilung unter den Erben gelangte, wurden alle Erbschaftsvorschüsse, darunter auch die Mitgift, ausgeglichen (Reher 1996: 78).

Innerhalb des spanischen Familiensystems wurde zwischen Ehe und familienähnlicher Lebensgemeinschaft klar unterschieden. Dies ist sowohl aus dem Filiationssystem als auch aus seiner Terminologie ersichtlich. Es gab unterschiedliche Formen des Hochzeitsritus – abhängig vom religiösen Charakter konnten sie mehr oder weniger zeremoniell ausfallen – aber alle waren gesetzlich anerkannt, und Kinder, die aus legitimierten Lebensgemeinschaften hervorgingen, waren eheliche Kinder. Am Rande dieser Ehesysteme existierte die de-facto-Familienbeziehung, *barraganía* genannt, die weder zivilrechtlich noch kirchlich bestätigt und somit nicht als eheliche Lebensgemeinschaft anerkannt war. Kinder aus diesen nichtehelichen Gemeinschaften galten als uneheliche Kinder. Die Gesellschaft unterschied sehr streng eheliche von unehelichen Nachkommen, und es gab weit reichende Regelungen und Katalogisierungen für die unehelichen Kinder, so dass davon ausgegangen werden kann, dass dieses Phänomen häufig vorkam. Im Erbrecht hatten uneheliche Kinder keinen Anspruch auf das Erbe ihrer Eltern und konnten an diesem nur in dem Fall teilhaben, wenn der Erzeuger ihnen im Testament explizit einen Teil des frei verfügbaren Erbteils vermachte (Gutiérrez de Pineda 1997: 151 - 155).

4.1.3. Die afroamerikanische Familie

Es ist sehr schwierig, über die afroamerikanische Familie in Kolumbien oder über das Vermächtnis der afrikanischen Kulturen in der Entstehung der kolumbianischen Familie zu sprechen. Obwohl die ethnische Herkunft der Sklavenbevölkerung, die seit den Anfängen der Kolonialzeit ins Land kam, bestimmt werden kann (hauptsächlich *yoruba* und *bantu*), kann man aufgrund von primären Informationsquellen dennoch nur sehr wenig über das Verwandtschaftssystem dieser Bevölkerung bei ihrer Ankunft in Amerika erfahren (Smith 1986: 236).

Einige Studien haben in dem Vorhandensein gemeinsamer familiärer Phänomene in verschiedenen amerikanischen Regionen mit einem großen Anteil an schwarzer Bevölkerung die Existenz eines gemeinsamen afrikanischen Vermächtnisses erkannt. Diese Studien zeigen, dass sporadische Beziehungen, nichteheliche Gemeinschaften und Polygynie, aber auch erweiterte Familien ein Erbe der afrikanischen Ehe- und Verwandtschaftssysteme sind. Diese These wird durch das Vorhandensein gleicher Familienformen in den afrikanischen Herkunftsvölkern bekräftigt (Roberts 1999: 78 - 81).

Allerdings muss beachtet werden, dass die afrikanische Bevölkerung als Sklaven auf den neuen Kontinent gekommen ist und bis zur Mitte des 19. Jahrhunderts in diesem Status verblieb, ohne jemals ihr Familiensystem in der Kolonie wiederaufbauen zu können. Es stimmt zwar, dass sporadische Beziehungen, nichteheliche Gemeinschaften, Polygynie und erweiterte Familien in Gegenden mit einem großen Anteil an schwarzer Bevölkerung sehr verbreitet sind, aber diese Formen können auch ein Resultat ähnlicher sozioökonomischer Rahmenbedingungen sein: Die Sklavenbevölkerung hatte kein Recht auf freie Fortbewegung, es gab nur einen geringen Prozentsatz an schwarzen Frauen, und es bestand ein Verbot für zwischenrassische Ehen. Die Sklaven mussten ihren körperlichen und seelischen Bedürfnissen über Jahrhunderte auf rechtlich unsichere Weise nachgehen und hatten keinen Anspruch darauf, dass diese Bedürfnisse sich in den familiären Kontext einordnen, dem die Sklaven entstammten. Wahrscheinlich ist es das Zusammenspiel beider Faktoren, das zu diesen Formen der Familienstruktur führte. Allerdings muss auch berücksichtigt werden, dass die indigene Bevölkerung ebenfalls die Polygynie und das Zusammenleben in erweiterten Haushalten praktizierte und dass heutzutage diese familiären Formen, zwar weniger häufig, auch in Gegenden ohne schwarze Bevölkerung vorkommen.

4.1.4. *Mestizaje*[27] und Akkulturation

In den Anfangszeiten der Eroberung war der Vermischungsprozess der verschiedenen Bevölkerungsgruppen von der Herrschaft der Eroberer über die indigenen Völker bestimmt. Die Männer aus den Truppen der Eroberer gingen entweder sporadische Beziehungen zu den indigenen Frauen ein, oder sie erhielten, gemäß den Bräuchen der einheimischen Völker, mehrere Frauen aus besiegten Stämmen als Geschenk, so dass es auch zu Formen der Polygynie kam. Bald aber schon ließ der Königshof seine Besorgnis über die „Ungesetzlichkeit und Unordnung der ehelichen Angelegenheiten" in den neuen Ländern erkennen und befürwortete die Erlaubnis von Eheschließungen zwischen Spaniern und indigenen Frauen. Besonders politisch vorteilhafte Eheschließungen mit Töchtern oder Enkeltöchtern von Kaziken waren gern gesehen (Konetzke 1972: 75 - 76, Gutiérrez de Pineda 1997: 181). Trotz allem blieben nichteheliche Gemeinschaften zwischen Spaniern und indigenen Frauen und in manchen Fällen auch die Polygynie weiterhin bestehen. Der Großteil der Spanier empfand die Heirat mit einer indigenen Frau als beschämend, auch wenn er mit dieser als seiner Konkubine zusammenlebte (Konetzke 1972: 80, Mörner 1969: 32 - 33).

Die Institution der *encomienda*[28] förderte diese Art von Verbindungen zusätzlich durch ein persönliches Dienstleistungssystem, da dem *encomendero* einheimische Frauen und Männer als Diener zur Verfügung standen. Dieser Umstand hatte in den entsprechenden Gebieten zahlreiche Kinder aus Verbindungen spanischer Männer mit indigenen Frauen zur Folge. Daraufhin bemühte sich der Königshof zu veranlassen, dass Spanier, die in die neuen Kolonien reisten, ihre Frauen und Kinder mitnahmen. In einigen Fällen wurde es sogar zur Bedingung, dass derjenige, der das Amt eines *encomendero* übernehmen wollte, verheiratet sein und mit seiner Familie seinen Wohnsitz vor Ort nehmen musste. Andererseits wurde die

---

27 *Mestizaje* bedeutet im lateinamerikanischen Kontext ursprünglich Rassenmischung. „Mestize" (spanisch *mestizo*) ist im biologischen Sinne zunächst die gebräuchliche Bezeichnung für Mischlinge mit einem europäischen und einem indianischen Elternteil. Von größerer Relevanz ist allerdings die Verwendung des Begriffs Mestize im sozialen und ideologischen Sinne der Inklusion oder Exklusion von Individuen in oder aus kulturell definierten gesellschaftlichen Bereichen. Angesichts der Tatsache, dass ohnehin in der Regel biologische „Anteile" europäischer oder indianischer Herkunft kaum präzise nachvollzogen werden können, hat sich die Verwendung des Begriffs *mestizaje* weitgehend von biologischen Kriterien gelöst.

28 Eine *encomienda* war eine Verwaltungsform, die das Recht beinhaltete, von den Einwohnern einer bestimmten Zahl indigener Dörfer Tribute in Form von Agrarprodukten, Arbeitskraft oder Geld zu erheben. Der *encomendero* war häufig ein verdienter Konquistador, dem die spanische Krone dieses Recht zusprach (Zavala 1973).

encomienda rechtmäßig vererbt, was wiederum für eine gesetzmäßige Ehe des *encomendero* sprach. Diese Maßnahmen konnten aber die Zeugung unehelicher Kinder, die nichtehelichen Gemeinschaften und das Konkubinat mit indigenen Frauen aus der Dienerschaft nicht verhindern, wie verschiedene Chronisten berichten und wie es auch der schnelle Mestizisierungsprozess in Neu Granada[29] bezeugt (Gutiérrez de Pineda 1997: 164 - 168).

Eheliche Beziehungen zwischen Weißen und Schwarzen sowie zwischen der indigenen und schwarzen Bevölkerung hingegen wurden vom Königshof viel weniger toleriert, denn die Vermischung so unterschiedlicher Gruppen wurde als unschicklich betrachtet. Allerdings sorgte sich der Königshof um die eheliche und familiäre Situation der schwarzen Bevölkerung und suchte Maßnahmen, um die Spanier zu veranlassen, Ehepartner für ihre Sklaven zu besorgen. Diese Forderung war sehr schwer zu erfüllen, da besonders in den Anfangszeiten der Kolonialherrschaft die schwarzen Frauen rar waren, aber auch weil die Spanier beträchtliche Investitionen vornehmen mussten, um Sklavinnen zu kaufen, die ihren Untergebenen als Partnerinnen dienten. Dementsprechend waren die familiären Beziehungen der schwarzen Bevölkerung sehr ungeregelt: Sie konnten weder die Beziehungen gemäß den Werten ihrer Herkunftskultur weiterführen noch die spanischen Formen annehmen. Also mussten sie sich mit sporadischen Beziehungen begnügen, um ihre sexuellen und emotionalen Bedürfnisse zu befriedigen. Weil mehr Männer als Frauen importiert wurden, entwickelte sich in manchen Fällen Polyandrie. Die Strukturen der Sklavenhalterei förderten außerdem die Reproduktion bei schwarzen Frauen mehr als jedes Ehesystem. Laut Gesetz war jedes Kind einer Sklavin auch ein Sklave und Eigentum seiner Herren. Aus diesem Grund wurden schwarzen Frauen faktisch alle denkbaren sexuellen Freiheiten zugestanden. So wurde die Vermischung zwischen Schwarzen und Weißen sowie Schwarzen und Angehörigen indigener Völker eine Realität, kam aber während den ersten Phasen der Kolonialzeit nur in nichtehelichen Gemeinschaften vor. Erst nach diesem Vermischungsprozess wurden stillschweigend Ehen zwischen Mulatten und Mulattinnen einerseits und Spaniern oder Spanierinnen sowie Angehörigen der indigenen Völker andererseits erlaubt (Konetzke 1972: 83 - 84, Gutiérrez de Pineda 1997: 185 - 187, 213, 281).

Um das Jahr 1778 wurde in den Kolonien die Pragmatische Sanktion Karls III. in Kraft gesetzt, die forderte, „die Unsitte, ungleiche Ehen einzugehen" zu vermeiden und die den Eltern des Brautpaares mehr Macht gab zu entscheiden, ob eine Ehe zwischen Personen unterschiedlicher ethnischer Herkunft eingegangen werden sollte oder nicht. Diese Maßnahme verfolgte die Absicht, die Resultate einer

---

29 Zum Vizekönigreich Neu Granada gehörten die Territorien der heutigen Staaten Kolumbien, Ecuador, Panama und Venezuela.

in ethnischen Angelegenheiten nachsichtigen Politik, die im Zusammenspiel mit der sexuellen Ausbeutung indigener Frauen in den Kolonien eine ethnisch stark vermischte Gesellschaft hervorgebracht hatte, zu ordnen und einzudämmen. Der Königshof fand es beunruhigend, dass Rassen- und Stellungsattribute in der Kolonialgesellschaft an Bedeutung verloren hatten. Allerdings kommen verschiedene Studien über die Auswirkungen dieser Maßnahme in den Kolonien zu dem Schluss, dass sie nicht auf großen Widerhall stieß. Zu diesem Zeitpunkt stimmten – im damaligen Verständnis – rassische beziehungsweise ethnische gesellschaftliche Grenzen nicht mehr notwendigerweise mit sozioökonomischen Grenzen überein, denn die starke ethnische Mischung in den Kolonien sowie Lücken im kolonialen Wirtschaftssystem hatten es der Mestizenbevölkerung ermöglicht, zu einem gewissen wirtschaftlichen Wohlstand aufzusteigen. Demzufolge erlaubten einige Spanier, dass ihre Kinder Mestizen oder Mestizinnen sowie Mulatten oder Mulattinnen heirateten, die eine vorteilhafte ökonomische Stellung inne hatten (Marre 1997: 239 - 244). Diese Tatsache darf aber nicht als totales Verschwinden der auf zugeschriebener Rassenzugehörigkeit beruhenden Diskriminierung in den Kolonien gedeutet werden; sogar heutzutage ist der „rassische" Faktor im Sinne einer Klassifizierung von Menschen aufgrund ihres Aussehens in Kolumbien noch von großer Bedeutung für gesellschaftliches Prestige oder Prestigeverlust. In jenem Zeitraum lag der Unterschied darin, dass Einheimische und in gewisser Weise auch Schwarze einen sozialen Aufstieg nicht nur durch Mischehen schafften, sondern auch durch eigene wirtschaftliche Leistungen.

Abgesehen von der Reglementierung der ehelichen Beziehungen zwischen Spaniern und Einheimischen, bemühte sich der spanische Königshof auch von Anfang an darum, den indigenen Völkern das spanisch-katholische Familiensystem mithilfe der politisch-administrativen Institutionen und denen der Kirche nahezubringen. Die Akkulturation der indigenen Völker stieß allerdings auf verschiedene Hindernisse, weil die beiden Familiensysteme sehr unterschiedlich und in einigen Fällen sogar antagonistisch waren. Die gänzliche Übernahme des spanischen Modells wurde selbst nach Jahrhunderten nicht erreicht. Die indigene Bevölkerung sträubte sich auf verschiedene Arten, das spanische Modell anzunehmen, und es mussten sowohl rechtliche als auch stillschweigende Konzessionen von Seiten des Königshofs gemacht werden.

Das erste Hindernis, auf das das spanische Familiensystem stieß, war die bei den indigenen Völkern übliche Polygynie. In einer Gesellschaft, in der ein System des Brautkaufs der Polygynie Ansehen verlieh, war die Einführung der Monogamie eine sehr schwere Aufgabe. In der indigenen Gesellschaft stellte der Kauf von Ehefrauen eine Investition dar, die der wirtschaftlich erfolgreiche Mann tätigte, um seinem Haushalt Prestige und Arbeitskraft zuzuführen. Der Unterschied zwischen diesem System und der Monogamie mit ihrer Mitgiftregelung konnte größer nicht sein. Anfangs musste die spanische Gesetzgebung erlauben, dass die Kaziken ihren Rang und damit ein Gefolge von Untergebenen beibehielten, ein Umstand, den die Einheimischen nutzten, um die Polygynie zu verbergen (Gutiérrez de Pineda 1997: 232, 238 - 246). Das Mitgiftsystem konnte vorerst bei der indigenen Bevölkerung kaum eingeführt werden und war somit nur in den spanischen Familien üblich. In einer späteren Phase der Kolonialzeit verbreitete sich dieser Brauch immer stärker (Rodríguez 1997: 192).

Ein weiteres großes Problem des Königshofs war, ob die indigene Ehe anerkannt werden konnte oder nicht. Besonders innerhalb der Kirche, die sich in dieser Angelegenheit als zuständig betrachtete, gab es unterschiedliche Positionen. Es wurde argumentiert, dass die einheimische Ehe weder die Reichweite eines Vertrages noch die Förmlichkeit einer sakramentalen Zeremonie besitze, und da in einigen Fällen mehrere Frauen an der Verbindung beteiligt seien, sei es unmöglich, ihre Legitimität anzuerkennen. Andere Kleriker argumentierten wiederum, der Großteil der Einheimischen besitze nur eine Frau, und auch wenn einige mehrere Frauen hätten, so gebe es immer eine als solche anerkannte Hauptfrau (Gutiérrez de Pineda 1997: 234).

Der Anerkennungsprozess der indigenen Ehen wurde mit großer Vorsicht durchgeführt. Im Allgemeinen war es eine stillschweigende Anerkennung, aber die Gültigkeit oder Ungültigkeit der indigenen Zeremonie wurde in jedem Einzelfall überprüft. Außerdem wurde durch die Christianisierung versucht, die Bevölkerung im katholischen Glauben zu unterweisen und ihr dadurch das entsprechende Familien- und Zeremonialsystem nahe zu bringen. Die im Rahmen der *encomienda* tätigen Priester waren beauftragt, die Familienbeziehungen innerhalb der *encomienda* „zu ordnen". Allerdings war dieser Prozess sehr aufwändig. Die Einheimischen trachteten immer danach, die monogamistische Eingrenzung durch die Kirche zu umgehen und fanden immer neue Strategien, um zu ihren Traditionen zurückzukehren (Gutiérrez de Pineda 1997: 233 - 237).

Eine Entscheidung von Papst Paul III. im Jahre 1537 legte fest, dass die Neubekehrten, die viele Frauen hatten, eine von ihnen, die Hauptfrau oder eine andere, heiraten sollten. Das Problem dabei bestand darin, dass es den Einheimischen schwer fiel, eine Wahl zu treffen und diese auch beizubehalten. Oft wählten sie eine Frau aus, behaupteten aber nachträglich, eine andere sei die Hauptfrau. Auf ähnliche Weise behielten sie auch ihre Heiratsbräuche bei: Sie feierten ihre Hochzeiten versteckt, und wenn sie kirchlich heiraten sollten, hatte das Brautpaar meistens schon mehrere Jahre zusammengelebt. Der Königshof kam zu dem Schluss, dass ein wirklicher Konvertierungsprozess und somit auch eine Akkulturation erst stattfinden könne, wenn die Kirche sich auf dem ganzen Kolonialgebiet durchgesetzt habe. Allerdings führten die geographischen Bedingungen und die unzureichenden Kommunikationswege dazu, dass diese Prozesse in jeder Region unterschiedlich verliefen (Gutiérrez de Pineda 1997: 234).

Im tropischen Pazifikgebiet zum Beispiel war die Kirche aufgrund der geographischen Bedingungen und der Bewirtschaftungsform der Region sehr wenig präsent. Die Bevölkerung dieser Region lebte nicht in Dörfern, weil es ein sumpfiges Waldgebiet war, sondern sie lebte entlang der Flussufer verstreut, betrieb Wanderbau mit Produkten wie Mais, Bananen und Zuckerrohr und verkaufte diese mithilfe des Transportes über die Flüsse in Bergbaugebiete und Dörfer. In den Bergbaugebieten war die Christianisierungsarbeit der Kirche ebenfalls sehr schwierig, denn die Interessen der Aufseher bezogen sich hauptsächlich darauf, die Arbeitskraft der Schwarzen und Angehörigen der indigenen Völker auszubeuten. Oft enthielten die Berichte der Priester Hinweise auf den Missbrauch von Schwarzen und Indios, die gezwungen wurden, in den für die Teilnahme an den Messen vorgesehenen Zeiten zu arbeiten (Gutiérrez de Pineda 1997: 215 - 223).

Die tropische Atlantikküste wies ebenfalls eine weit verstreute Bevölkerung und ungünstige geographische Bedingungen auf, die die bekehrende und erzieherische Arbeit der Kirche erschwerten. Mit Ausnahme der wichtigen Städte wie Cartagena de Indias, Santa Marta, Santa María la Antigua del Darién und deren Umkreis war diese Region geprägt durch unwirtliche Landschaften, die den Zugang der Spanier erschwerten. Viele Sümpfe entlang der Flüsse Magdalena und Cauca wurden von Schwarzen bewohnt, die aus Bergbaugebieten geflohen waren, ein Gebiet mit Pfählen eingezäunt hatten und dort autonom, ohne jeden spanischen Einfluss lebten. In diesen unzugänglichen und wirtschaftlich marginalen Regionen lebten auch vereinzelte indigene Gruppen, die von den Eroberern nicht erreicht worden waren. In fruchtbareren Regionen wie Valledupar hatte die spanische Bevölkerung und mit ihr auch die Kirche und die politisch-administrativen Institutionen eine größere Präsenz, allerdings waren die Erfolge beim Prozess der Christianisierung und der kulturellen Angleichung auch hier sehr unterschiedlich. In manchen Regionen und Dörfern wurden trotz beachtlicher Kirchenpräsenz keine Messen angeboten, und es wurde die Weiterführung einheimischer Familienbräuche beobachtet. In wieder anderen Gegenden war die Abneigung der indigenen Bevölkerung gegenüber den kirchlichen Auflagen so offen, dass entgegen aller Bemühungen von Seiten der Kirche keine Assimilierung der Religion oder von Bräuchen stattfand. In Dörfern aus den fruchtbaren Grenzgegenden des Magdalena-Flusses wie Chiriguaná, El Banco, Tamalameque, El Guamal und Santa Ana waren die Resultate der kirchlichen Bemühungen eindeutiger (Gutiérrez de Pineda 1997: 223 - 234).

In den Städten mit größerer Bevölkerungsdichte wie Bogotá oder Cartagena de Indias, wo die spanischen Einwohner zahlreicher waren und mit indigenen und/oder schwarzen Einwohnern zusammen lebten, verlief der Akkulturationsprozess nicht nur wegen der größeren Präsenz politisch-administrativer Institutionen schneller, sondern auch, weil die *mestizaje* größer war. Obwohl in den Anfangszeiten der Kolonialherrschaft ein Großteil der Vermischung aufgrund von sporadischen Beziehungen zwischen spanischen Männern und indigenen Frauen entstand, trug dieser Prozess viel zur Akkulturation der Bevölkerung bei. Die unehelichen Kinder verblieben normalerweise bei der Mutter und gehörten aufgrund der indigenen Bräuche zu ihrer Filiationsgruppe. Trotzdem erkannten die spanischen Männer in einigen Fällen ihre unehelichen Kinder an oder ließen ihnen eine Unterstützung zukommen, die es ihnen erlaubte, gesellschaftlich aufzusteigen und somit Verhaltensnormen der herrschenden Klasse anzunehmen (Dueñas 1997: 35 - 59). Im Laufe des Prozesses der ethnischen Vermischung wurden Eheschließungen nicht nur zwischen Weißen und Mestizen oder Mulatten, sondern auch innerhalb der Mischlingsbevölkerung häufiger. Aber trotz aller Bemühungen von Seiten der Kirche und des Staates, das katholische Ehesakrament und die Monogamie in den Kolonien zu verbreiten, blieb ein großer Teil der Bevölkerung von diesem Akkulturationsprozess ausgeschlossen, sei es aus kulturellen, religiösen, geographischen oder ökonomischen Gründen. Die kirchliche Eheschließung war somit zuerst ausschließlich in der europäischen und kreolischen Elite üblich und setzte sich erst später in den mittleren Schichten durch. Dazu trug auch die ständige Zuwanderung von Europäern in das Land bei. Andererseits behielt der Rest der Bevölkerung die eheähnlichen Lebensgemeinschaften als Norm bei (De Vos 1998: 8 - 10, McCaa 1994: 38 - 40).

4.1.5. Familienrechtliche Grundlagen

Nach Erlangung der Unabhängigkeit galten in Kolumbien bis 1859 das spanische Recht und damit auch jene spanischen Gesetze, die Ehe und Filiation betrafen. In diesem Jahr trat in den damals existierenden so genannten „souveränen Staaten" Cundinamarca, Santander und Bolívar, die zusammen mit Antioquia, Boyacá, Cauca, Magdalena und Panamá etwa das Gebiet des heutigen Kolumbien und Panama ohne das östliche Tiefland und das Amazonasgebiet umfassten, das von Andrés Bello entworfene Bürgerliche Gesetzbuch in Kraft, das zuvor schon von Chile angenommen worden war. Im Familienrecht erlaubten diese Gesetze als einzige Eheform die Monogamie und machten einen klaren Unterschied zwischen ehelichen und nichtehelichen Gemeinschaften, der sich hauptsächlich in der Diskriminierung der unterschiedlichen Kinderarten im Erb- und Unterhaltsrecht ausdrückte. Die Kinder wurden nach dem Familienstand der Eltern klassifiziert. Eheliche Kinder waren solche, die innerhalb der Ehe gezeugt wurden, während Kinder, deren Eltern nach der Zeugung heirateten, legitimierte Kinder genannt wurden. Alle Kinder, die außerhalb der vorher genannten Verhältnisse gezeugt und geboren wurden, waren uneheliche Kinder. Innerhalb der unehelichen Kinder konnte man zwischen zwei Kategorien unterscheiden: „natürliche" Kinder (*hijos naturales*) und Kinder „aus verdorbenem Beischlaf" (*de dañado ayuntamiento*). Die ersten waren außerehelich geborene und von einem Elternteil anerkannte Kinder, deren Eltern zum Zeitpunkt der Zeugung hätten rechtmäßig heiraten können. Kinder „aus verdorbenem Beischlaf" waren solche, deren Eltern Ehebruch (Ehebruchkinder) oder Inzest (Inzestkinder) begangen hatten. Die Rechte und Pflichten zwischen Eltern und Kindern wurden aufgrund der vorher genannten Kategorien festgelegt, es gab aber in jedem „souveränen Staat" spezifische Gesetze. Im Allgemeinen hatten uneheliche Kinder nur in dem Fall das Recht zu erben, wenn es kein eheliches Kind gab. In diesem Fall galt folgende Erbregelung: ein Fünftel, wenn Ehegatte, Ehegattin und legitime Nachkommen die Erben waren; ein Drittel, wenn sie nur mit Ehegatte, Ehegattin und Geschwistern um die Erbschaft konkurrierten; die Hälfte, wenn sie nur mit Ehegatte, Ehegattin oder Geschwistern konkurrierten. Ein uneheliches Kind, das im Testament als solches erwähnt wurde, hatte Anspruch auf Unterhalt durch die Erben (Verbel 2001: 7 - 8).

In den folgenden Jahren wurden mehrere Gesetze im Bereich des Familienrechts aufgehoben, so zum Beispiel das Gesetz Nr. 153 von 1887, das die rechtliche Anerkennung der Elternschaft beider Eltern von Ehebruchkindern verbot. Spätere Gesetze verbesserten die Rechtslage der unehelichen Kinder und der nichtehelichen Gemeinschaften immer mehr. Das Gesetz Nr. 45 von 1936 bedeutete eine wichtige Veränderung im Familienrecht. Dieses Gesetz beseitigte die Bezeichnungen Ehebruch- und Inzestkinder. Die Klassifikation unterschied also nur noch eheliche, innerhalb der Ehe ihrer Eltern gezeugte Kinder, „natürliche", außerhalb der Ehe gezeugte Kinder, zu denen auch die früher als Ehebruchkinder Bezeichneten gehörten, und uneheliche Kinder, deren Vater oder Mutter unbekannt war. Gleichzeitig veranlasste das Gesetz die rechtliche Bestimmung der Vaterschaft. Dadurch wurden die rechtliche Ermittlung der Vaterschaft und gegebenenfalls die Ausübung der väterlichen Gewalt (*patria potestas*) über das „natürliche Kind" anerkannt. Dieses Gesetz erteilte den „natürlichen Kindern" das Recht zu erben, auch wenn es eheliche Kinder gab. Obwohl „natürliche Kinder" nur die Hälfte des Erbanteils ehelicher Kinder bekamen, bedeutete dieses Gesetz für seine Zeit eine Steigerung ihres Wohlergehens (Durán 2000: 444, Verbel 2001: 13 - 14).

Im Jahr 1946 wurde das Gesetz Nr. 83 – auch Organstatut für den Kinderschutz genannt – erlassen, dessen Ziel der Schutz der Minderjährigen war. Dieses Statut behandelte Themen wie Unterhaltsbeiträge, Adoption und Aussetzung der väterlichen Gewalt, falls diese eine Gefahr für das Kind bedeutete. Es entstanden Gerichte für Minderjährige, und zum ersten Mal behandelte man Themen wie Kinderarbeit und Umerziehung von Minderjährigen, die strafbare Handlungen begangen hatten (Verbel 2001: 15).

Das Gesetz Nr. 75 von 1968 betonte die Bedeutung der Vaterschaftsfeststellung und der Erfüllung väterlicher Pflichten für das öffentliche Interesse und erlaubte die Intervention eines staatlichen Kinderverteidigers bei Verfahren zur Klärung der Abstammung. Dank dieses Gesetzes wurde auch das Kolumbianische Institut für Familienwohlfahrt ICBF (*Instituto Colombiano de Bienestar Familiar*) eingerichtet, dessen Aufgabe es war, Beistand, Orientierung und Weiterbildung in allen für Minderjährige relevanten Bereichen zu erteilen. Auch wurde im Strafgesetzbuch die Vernachlässigung der Ernährungspflicht seitens der Eltern als Delikt eingeführt (Verbel 2001: 16).

Die Adoption wurde über Jahrzehnte benutzt, um die Lebensbedingungen der „natürlichen Kinder" zu verbessern. Bis 1975 hatte ein Adoptivkind, wenn kein Testament vorlag, im Erbrecht die gleiche Stellung wie ein „natürliches Kind". Das Gesetz Nr. 5 von 1975 führte das Konzept der Volladoption ein. Das Gesetz sah die Möglichkeit der Voll- und der Einfachadoption vor und gab den voll adoptierten Kindern ähnliche Erbrechte wie den ehelichen Kindern. Einfach adoptierte Kinder hingegen hatten weiterhin einen ähnlichen Status wie „natürliche Kinder", besaßen aber außerdem Zugang zur *mejora* und das Recht, von ihrer eigenen legitimen Nachkommenschaft vertreten zu werden (Verbel 2001: 17).

Das Gesetz Nr. 29 von 1982 beendete alle Ungleichheiten im Erbrecht. Unabhängig vom Ehestand des Verstorbenen wurde die Erbfolge vereinheitlicht. Nach diesem Gesetz sind alle Kinder gleichberechtigt an erster Stelle in der Erbfolge. Obwohl das Gesetz Nr. 29 das Thema der unehelichen Kinder behandelt, beschäftigt es sich kaum mit dem Thema der nichtehelichen Gemeinschaften (Durán 2000: 602).

1989 erschien das Gesetzbuch für Minderjährige, das wichtige Aspekte der Minderjährigen- und Familienrechte behandelt. Im Allgemeinen legt dieses Gesetzbuch fest, dass jeder Minderjährige ein Recht auf Schutz und die notwendige Betreuung hat, um eine adäquate physische, mentale und soziale Entwicklung zu erreichen (Durán 2000: 114 - 139).

Das Gesetz Nr. 54 von 1990 erkennt die nichteheliche Gemeinschaft als eine ausschließliche und dauerhafte Lebensgemeinschaft zwischen einem Mann und einer Frau an, die nicht miteinander verheiratet sind. Obwohl dieses Gesetz voraussetzt, dass Mann und Frau nicht nur zusammenleben, sondern auch ein gemeinsames Vermögen aufbauen, spricht es dem Lebenspartner oder der Lebenspartnerin kein Recht auf Unterhaltsbeiträge oder Erbschaft zu (Durán 2000: 266 - 267, 359 - 361, Verbel 2001: 24 - 27).

Die Verfassung von 1991 legt in Artikel 42 die Gleichstellung der Familie fest, unabhängig davon, ob die Rechtsform der Ehe besteht oder nicht: „…die Familie ist der Hauptkern der Gesellschaft, sie wird durch natürliche oder juristische Verbindungen gebildet, durch die freie Entscheidung eines Mann und einer Frau, eine Ehe zu schließen oder durch den verantwortlichen Entschluss, eine Familie zu gründen" (*Constitución Política de Colombia* 1991). Da die Verfassung höchste Quelle der Rechtsordnung ist, ist auch bei Fehlen konkreter gesetzlicher Regelungen die Berufung in einer gerichtlichen Auseinandersetzung auf die Verfassung möglich. So legt die Verfassung von 1991 trotz nicht ausreichender Gesetze die Grundlagen für die Anwendung des Gleichberechtigungsgrundsatzes bezüglich der Familie, und die Grundrechte (*derechos fundamentales*) müssen vom Richter anerkannt und geschützt werden, obwohl sie noch nicht in einer positiven Norm bestätigt sind (Uribe 2000: 44 - 46).

Andererseits wurde ab 1991 die Gesetzgebung im Bereich des Familienrechts geändert, um Artikel 42 der Verfassung in die Praxis umzusetzen. Unter den zu diesem Zweck erlassenen Gesetzen ist auch das Scheidungsgesetz (Gesetz Nr. 25 von 1992), das neue Modalitäten für die Scheidung standesamtlicher Eheschließungen festlegt und trotz kirchlicher Eheschließung die Scheidung ermöglicht. Das Gesetz erkennt gegenseitiges Einvernehmen und zweijährige Haushaltstrennung als Scheidungsgrund an (Durán 2000: 236 - 53).

Das Gesetz Nr. 258 von 1996 oder Familienwohnraumgesetz wurde als Schutzmaßnahme des Grundrechts der Familie auf einen menschenwürdigen und angemessenen Wohnraum eingeführt. Das Gesetz legt fest, dass der Familienwohnraum nur mit Einverständnis beider Ehegatten oder Lebenspartner veräußert werden kann (Durán 2000: 369 - 373).

Das Gesetz gegen die Gewalt in der Familie (Gesetz Nr. 294 von 1996, im Nachhinein durch das Gesetz 575 von 2000 reformiert) bestraft Gewalttaten innerhalb der Familie, einschließlich der sexuellen Gewalt zwischen Ehegatten oder Lebenspartnern als selbstständige Straftat. Das Gesetz stellt Mechanismen bereit, um die angegriffene Person zu schützen und sieht kurzfristig einen mündlichen Prozess vor, um einen schnellen rechtskräftigen Beschluss zu ermöglichen (Uribe 2000: 238).

Nach dem Erlass des Gesetzes Nr. 311 von 1996 wurde das Nationalregister für Familienschutz geschaffen, in dem Name, Personalausweisnummer und Wohnort jener Personen aufgelistet werden, die die Unterhaltsbeiträge für minderjährige oder behinderte Kinder nicht zahlen.

Nach der Verfassung von 1991 gab es mehr als einen Gesetzentwurf, um eine breite und komplexe Regulierung der Rechte nichtehelicher Gemeinschaften zu bewirken, bisher allerdings hat noch keiner dieser Entwürfe zu einem Gesetzesbeschluss geführt (Uribe 2000: 297 - 328).

In den letzten 30 Jahren des 20. Jahrhunderts wurde die kolumbianische Gesetzgebung über das Familienrecht wesentlich verändert. Die Einführung rechtlicher Maßnahmen wie das Gesetz gegen Gewalt in der Familie oder das Minderjährigengesetzbuch bedeuteten selbstredend nicht eine sofortige Lösung von Problemen wie die Gewalt gegen Frauen und Kinder[30] und die Verletzung ihrer Grundrechte. Dies ist wenig wahrscheinlich in einem Land, das sich in einem sehr komplexen bewaffneten Konflikt befindet, in dessen Folge ungefähr 1,9 Millionen Personen – 1,1 Millionen davon Kinder – aufgrund der Auseinandersetzungen zwischen Guerillaeinheiten, paramilitärischen Verbänden und staatlichen Sicherheitskräften zwischen 1985 und 1999 Opfer der Vertreibung von ihrem Land oder aus solchen Dörfern waren, wo Kinder häufig die Schule unterbrechen müssen und Frauen Opfer von Gewalt und Armut sind (Grijales 1999: 20). Die neuen Gesetze bedeuten in diesem Kontext bestenfalls eine Mindestbasis und ein Hilfsmittel, um diese Rechte einzuklagen, schließen aber die Notwendigkeit zusätzlicher politischer Maßnahmen nicht aus.

Was die Rechtsprechung zu Ehe und Familie betrifft, wurden hauptsächlich gesellschaftliche Realitäten wie die Existenz nichtehelicher Gemeinschaften und unehelicher Kinder anerkannt und eine entsprechende Anpassung der gesetzlichen Normen an diese Realität vorgenommen. Mit der neuen Gesetzgebung versuchte man nicht, ein bestimmtes soziales Verhalten zu fördern, sondern dem Problem der rechtlichen Schutzlosigkeit eines großen Anteils der kolumbianischen Bevölkerung gerecht zu werden. Wahrscheinlich haben diese Maßnahmen dazu beigetragen, dass der Anteil an nichtehelichen Gemeinschaften gestiegen ist, aber im Grundsatz kann sich die Situation dieser Paare und ihrer Kinder aufgrund der neuen Rechtslage verbessern.

4.2. Zur Bildungspolitik von 1960 – 2000

Etwa seit den 30er Jahren des 20. Jahrhunderts, als sich in der westlichen Welt die Vorstellung von der staatlichen Verantwortung für die Gewährleistung eines allgemeinen Rechts auf Bildung durchsetzte, leiten auch die kolumbianischen Regierungen entsprechende Schritte ein. So plante die kolumbianische Regierung Schritt für Schritt den Aufbau und die Organisation des Bildungssystems, erst im

---

30 Frauen und Kinder sind statistisch gesehen diejenige Bevölkerungsgruppe, die am häufigsten von physischen Verletzungen bertroffen ist.

Primarbereich und später auch in anderen Bereichen (siehe Anhang 2). Aufgrund der hohen Kosten im privaten Bildungssystem konzentrierten sich die öffentlichen Anstrengungen auf diejenigen Bevölkerungsschichten, die sonst keinen Zugang zu Bildung hatten. Die Kirche dagegen behielt sich die Aufgabe vor, die Eliten des Landes auszubilden (MEN 1990: 23 - 25, Alfonso et al. 1987: 14). Trotz der Fortschritte im Aufbau eines öffentlichen Bildungssystems entstanden doch grundsätzliche Unterschiede zwischen öffentlichen und privaten Bildungseinrichtungen: die Erstgenannten blieben, weil kostenlos, für die unteren Schichten offen, die Letztgenannten waren für die mittleren und höheren Schichten reserviert.

Ende der 50er Jahre des 20. Jahrhunderts entstand der erste Fünfjahresplan für den Bildungssektor aufgrund von zwei Studien, die von internationalen Gutachtern durchgeführt worden waren. Die Erweiterung und Verbesserung des Primarbereiches wurde als erste Priorität der Bildungspolitik festgelegt. Zusätzlich sollten berufsbildende Bildungsgänge im Sekundarbereich gefördert werden (MEN 1990: 27 - 29, Alfonso et al. 1987: 22 - 27).

Im Primarbereich wurden verschiedene Strategien eingesetzt, um die Ungleichheiten zwischen ländlichen und städtischen Gebieten zu reduzieren. Durch eine neue Gesetzgebung wurde 1963 eine fünfjährige Grundschulzeit sowohl für die ländlichen als auch für die städtischen Schulen eingeführt. Der so genannte „Dringlichkeitsplan" (*Plan de Emergencia*) von 1967 sah verschiedene Maßnahmen vor, um die Reichweite und Qualität des Grundschulwesens zu erhöhen. So wurden einige Schulen auf intensive Leistung umgestellt: Durch die Reduzierung des Wochenstundenplans der Schüler konnten die Lehrer ihre verbleibende Arbeitszeit anderen Schülern widmen. Es wurden ländliche Schulen gefördert, an denen ein einziger Lehrer die fünf Jahrgänge des Primarbereichs nach einem flexiblen Stundenplan unterrichtete (*escuela nueva*). Außerdem wurden Doppelschicht-Schulen eingerichtet, um die gegebene Infrastruktur auszunutzen, indem vor- und nachmittags unterschiedliche Schülergruppen betreut wurden. Gleichzeitig wurde das Kolumbianische Institut für Schulbau ICCE (*Instituto Colombiano de Construcciones Escolares*) gegründet, das für den Bau neuer Schulen verantwortlich war. (Helg 1989: 149 - 150).

Diese Maßnahmen haben zweifellos zum Ausbau des Grundschulwesens beigetragen. Von 2 213 400 Schülern, die 1964 eingeschrieben waren, ist die Anzahl der eingeschriebenen Schüler 1977 auf 4 254 300 gestiegen. Das bedeutet einen Zuwachs von 92 Prozent zwischen 1964 und 1977, während die Anzahl der grundschulpflichtigen Kinder in derselben Zeit einen Zuwachs von nur 36 Prozent verzeichnete (DNP 1980: 12). Aber trotz aller Fortschritte in der Verbesserung der

Reichweite von Bildungsangeboten konnten die Ungleichheiten zwischen ländlichen und städtischen Gebieten nicht überwunden werden (Tabelle 4).

Tabelle 4: Schulbesuchsraten im Primarbereich in Kolumbien 1964 - 1977 nach Wohnort[1]

Jahr	Insgesamt	Davon	
		städtisch	ländlich
1964	56,6	71,2	41,9
1968	63,6	79,0	46,2
1972	72,7	86,6	54,6
1977	80,0	90,8	65,0

Quelle: DNP (1980: 14). Dabei entstammen die Zahlen für 1964 – 1972: *Anuario General de Estadística* 1964 und *Boletines Mensuales* N°. 288 und 311. Die Zahlen für 1977: Hochrechnung DNP.

[1] Die Schulbesuchsrate wurde in den 70er Jahren des 20. Jahrhunderts als das Verhältnis zwischen der Bevölkerung im schulpflichtigen Alter und der tatsächlichen Anzahl immatrikulierter Schüler definiert. Das schulpflichtige Alter für den Primarbereich war von 7 bis 14 Jahre festgelegt. In den 90er Jahren des 20. Jahrhunderts wurde begonnen, zwischen den zwei Indikatoren Brutto- und Nettoschulbesuchsrate zu unterscheiden. Die Bruttoschulbesuchsrate bezieht sich auf die Anzahl der Schüler in einer gewissen Klassenstufe im Verhältnis zur Zahl derjenigen, für die diese Klassenstufe altersgemäß ist. Die Nettoschulbesuchsrate bezieht sich auf die Anzahl der Schüler eines gewissen Alters, die eine Klassenstufe besuchen, im Verhältnis zur Zahl derjenigen, für die diese Klassenstufe altersgemäß ist. Seit den 90er Jahren des 20. Jahrhunderts ist das schulpflichtige Alter für den Primarbereich von sieben bis elf Jahre beziehungsweise sechs bis zwölf Jahre festgelegt. (DNP 1998a: 235).

Externe Berater unterstrichen in ihren Berichten in den 50er Jahren des 20. Jahrhunderts die Notwendigkeit, die kolumbianische Regierung solle berufsbildende Bildungsgänge im Sekundarbereich II fördern, das Land brauche diese für eine erfolgreiche ökonomische Entwicklung. Auf diese Weise wurden landesweit berufsbezogene Sekundarschulabschlüsse in den Bereichen Industrie, Handel und Landwirtschaft gefördert. Das Anliegen war, einer größtmöglichen Anzahl von Schülern eine gute Allgemeinbildung und gleichzeitig eine grundlegende berufliche Bildung zu geben, um diesen nach Beendigung des Schulbesuchs einen direkten Übergang in die Erwerbstätigkeit zu ermöglichen.

Parallel dazu wurde 1957 der Nationale Ausbildungsdienst SENA (*Servicio Nacional de Aprendizaje*) gegründet. Der SENA sollte, finanziert durch steuerliche Abgaben aus der privaten Wirtschaft, Arbeitskräfte entsprechend der Nachfrage aus der Wirtschaft ausbilden. Seit seiner Gründung bietet der Nationale Ausbildungsdienst SENA unterschiedliche Ausbildungsmodalitäten: vierjährige Ausbildungsprogramme für Arbeit suchende Jugendliche, Weiterbildungskurse für Berufstätige, Förder- und Fortbildungskurse für den Industrie-, Handels- und Agrarsektor. Zusätzlich berät der SENA kleine und mittlere Betriebe, und seit den 70er

Jahren des 20. Jahrhunderts werden Ausbildungsprogramme für Betriebe im Bereich der informellen Wirtschaftsstrukturen jenseits der formal registrierten Unternehmen entwickelt (MEN 1990: 85 - 87, Alfonso et al. 1987: 37 - 39, Helg 1989: 145 - 148).

Da der SENA immer dem Arbeitsministerium zugeordnet war und keine direkte institutionelle Verbindung zum kolumbianischen Bildungssystem hatte, versuchte das Bildungsministerium, parallel zum SENA berufspädagogische Angebote im Sekundarbereich II anzubieten. In den 70er Jahren des 20. Jahrhunderts wurden die Nationalinstitute für diversifizierte Sekundarbildung INEM (*Instituto Nacional de Enseñanza Media Diversificada*), die Zentren für ländliche Entwicklung CDR (*Concentración de Desarrollo Rural*) und die Dienstzentren für Lehrer CASD (*Centro Auxiliar de Servicios Docentes*) gegründet (MEN 1990: 97 - 103, Alfonso et al. 1987: 27 - 36, Helg 1989: 145 - 148).

Trotz der mehr als 25 Jahre andauernden Bemühungen der Regierung, den berufsbildenden Bildungsgängen im Sekundarbereich einen Platz im Bildungssystem zu schaffen, fanden diese Angebote in der kolumbianischen Bevölkerung wenig Akzeptanz. Im Gegenteil, der Schüleranteil in berufsbildenden Bildungsgängen wurde zwischen 1955 und 1985 immer kleiner (Tabelle 5). Diese negative Bilanz hatte zur Folge, dass die Berufsbildung ab den 80er Jahren des 20. Jahrhunderts keine Priorität staatlicher Politik mehr darstellte.

Tabelle 5: Schüler und Schülerinnen im Sekundarbereich in Kolumbien 1955 - 1985 nach Bildungsgängen in Prozent

Schulische Bildungsgänge	1955	1965	1975	1985
Klassische Sekundarbildung	58,8	63,3	75,2	74,7
Lehrerausbildung	8,9	13,6	6,1	3,6
Handel	16,9	11,7	9,8	11,8
Industrie	5,7	4,4	3,6	3,6
Landwirtschaft	1,2	0,9	1,7	1,7
Kunst	3,1	1,2	-	-
Andere	5,4	5,1	3,6	4,6
Insgesamt	100	100	100	100

Quelle: Alfonso et al. (1987: 71). Dabei entstammen die Zahlen für 1955 und 1965: DANE, *Anuario General de Estadísticas Culturales*. Die Zahlen für 1975 und 1985: MEN, *División de Estadísticas y Sistemas*. Prozentberechnungen von der Autorin.

Das Ziel, den Schülern einen direkten Übergang von der Schule in die Erwerbstätigkeit zu ermöglichen, scheiterte hauptsächlich aufgrund der geringen Wertschätzung, den diese Art von Ausbildung auf dem Arbeitsmarkt genoss. Der Prestigeunterschied zwischen klassischer und berufsbezogener Sekundarbildung konnte nicht überwunden werden. Verschiedene Studien zeigen den Niedergang der Investitionsrendite des Sekundarbereichs, während die Rentabilität des Universitätsstudiums auf einem viel höheren Niveau blieb (DNP 1998a: 256). Aus diesem Grund verstärkte sich die Motivation, ein Hochschulstudium abzuschließen. Der Druck der Studenten- und Lehrerbewegung von 1972 und 1973 hatte schon die Hochschulzugangsberechtigung für Absolventen der berufsbezogenen Bildungsgänge bewirkt. Auf diese Weise wurde das ursprüngliche Ziel der Berufsbildung als unabhängige Alternative zur traditionellen Bildungslaufbahn verhindert (Puig 1989: 14). Andererseits konnten Schüler mit einem berufsbezogenen Abschluss dank der guten Qualität ihrer Ausbildung mit Schülern aus privaten Bildungseinrichtungen an den Universitäten konkurrieren, was eine gewisse soziale Mobilität erlaubte.

Da der Staat sich auf die berufliche Bildung im Sekundarbereich II konzentriert hatte, engagierten sich die privaten (freien und kirchlichen) Bildungseinrichtungen eher im klassischen, akademischen Bildungsbereich. So erreichten die privaten Bildungseinrichtungen eine Führungsposition, besonders bezüglich der Qualität der Bildungsangebote. Eine 1981 vom Kolumbianischen Institut für die Förderung des Hochschulstudiums ICFES (*Instituto Colombiano de Fomento a la Educación Superior*) an 2 107 Schulen, davon 50 Prozent private und 50 Prozent öffentliche, durchgeführte Studie über die Resultate der allgemeinen staatlichen Hochschulaufnahmeprüfung ergab, dass von den 100 bestplatzierten Schulen 77 Prozent private Bildungseinrichtungen waren (Helg 1989: 143).

Tabelle 6: Schüler und Schülerinnen im Primar- und Sekundarbereich in Kolumbien 1954 - 1997 nach Art der Bildungseinrichtung in Prozent

Jahr	Primarbereich			Sekundarbereich		
	insgesamt	davon		insgesamt	davon	
		öffentlich	privat		öffentlich	privat
1954	100	86,8	13,2	100	41,3	58,7
1964	100	85,8	14,2	100	42,0	58,0
1974	100	85,4	14,6	100	52,0	48,0
1984	100	86,3	13,7	100	61,0	39,0
1986	100	86,4	13,6	100	61,6	38,4
1993	100	78,1	21,9	100	64,3	35,7
1997	100	78,7	21,3	100	66,6	33,4

Quelle: Alfonso et al. (1987: 16). Dabei entstammen die Zahlen für 1954 –1986: MEN, *División de Estadísticas y Sistemas*. Sánchez und Núñez (1995: 78). Die Zahlen für 1993: *Encuesta Casen*. Sarmiento et al. (2001: 30). Dabei entstammen die Zahlen für 1997: *Encuesta de Condiciones de Vida*. Zusammengestellt von der Autorin.

Die Bildungsverbreitung im Sekundarbereich I und II wurde in den 70er und 80er Jahren des 20. Jahrhunderts prozentual stark erweitert, die Qualitätsunterschiede zwischen privater und öffentlicher Bildung wurden allerdings immer deutlicher.

Mitte der 80er Jahre konzentrierte sich die Bildungspolitik wieder auf die flächendeckende Ausweitung des Primarbereichs. Um diese Ziele zu erreichen, wurde das pädagogische Modell *escuela nueva* ausgewählt. Die Auswertung dieses pädagogischen Modells zeigte eine deutliche Überlegenheit der *escuela nueva* bezüglich Qualitätsniveau, Schulabbruchs- und Schulbesuchsraten.

Ende der 80er Jahre konzentrierte sich die Bildungspolitik einerseits auf die Verwaltungs- und Finanzreform im Bildungssektor im Zuge eines Dezentralisierungsprozesses, andererseits stand die Suche nach Bildungsgerechtigkeit zwischen Regionen, zwischen Stadt und Land sowie zwischen verschiedenen Einkommensschichten im Mittelpunkt.

Die Dezentralisierung als politischer, administrativer und finanzieller Prozess, der die Übertragung von politischen Verantwortlichkeiten und auch politischer Macht von der Hauptstadt an die Regionen anstrebte, basierte auf der Vorstellung, demokratische und partizipative Verwaltungsstrukturen auf lokaler Ebene aufzubauen, eine regionale Finanzautonomie einzurichten und auf der Entscheidung, die bisher zentralisierten Verwaltungsaufgaben teilweise zu dezentralisieren. Die Dezentralisierung eröffnete neue Möglichkeiten bezüglich der Partizipation der Gesellschaft an politischen Entscheidungen. In einigen *departamentos* begünstigte die Dezentralisierung eine bessere Beziehung zwischen dem privaten und dem öffentlichen Sektor und eine größere Effizienz der öffentlichen Verwaltung. Trotzdem zeigte der Dezentralisierungsprozess auch tief greifende Probleme auf, insbesondere in der Funktions- und Zuständigkeitsverteilung, in der institutionellen Kapazität und im Ressourcenverteilungssystem (DNP 1998b: 65). Aufgrund der vorher genannten Probleme wurde das Gesetz Nr. 715 von 2001 erlassen, das die Normen im Bereich der Ressourcen- und Zuständigkeitsverteilung für den Bildungs- und Gesundheitssektor neu strukturiert.

Zur Verbesserung der Bildungsgerechtigkeit wurde unter der Bezeichnung *Paces* ein Programm eingerichtet, das sich ausschließlich auf den Sekundarbereich I und II konzentriert, da für im Vergleich zum Primarbereich die entsprechenden Indikatoren für die Reichweite von Bildung zurückgeblieben waren. Es wurden verschiedene Strategien angewandt, so die gemeinsame Finanzierung des Schulbaus aus nationalen und regionalen Mitteln, die Verbesserung der materiellen Infrastruktur, Zuschüsse für bedürftige Schüler von privaten Schulen sowie die Fortbildung für Lehrer und der Erwerb von pädagogischem Material. Zusätzlich wurde eine Reform des Bildungswesens entworfen mit dem Ziel, die Reichweite der Bildung mittels einer wirksameren Verteilung von Lehrern auf die Regionen zu erweitern, diejenigen Gemeinden, die Schulbesuchsraten von gegen 100 Prozent erreichen (*Plan Caminante*) dafür auszuzeichnen und die Anwendung von nicht traditionellen pädagogischen Modellen in ländlichen Gebieten zu fördern (DNP 1998a: 291 - 296).

Die Erfolge dieser Programme und politischen Maßnahmen spiegeln sich insbesondere im Anstieg der Schulbesuchsraten im Sekundarbereich wider. Im Primarbereich sind die Fortschritte in den letzten Jahren geringer (Tabelle 7). Im Jahr 2000 wurde die flächendeckende Primarbildung nicht erreicht, und es besteht, wie auch im Sekundarbereich, großer Verbesserungsbedarf in den ländlichen Gebieten, in den Küstenregionen und in den Orinoko- und Amazonasregionen.

Tabelle 7: Nettoschulbesuchsraten in Kolumbien 1985 - 2000 nach Bildungsbereich

Bildungsbereiche	1985	1993	1997	1998	1999	2000	1993 - 2000 Veränderung in Prozent
Elementarbereich	.	31,6	37,5	38,5	40,5	40,5	8,9
Primarbereich	65,5	80,9	83,1	81,9	84,2	83,6	2,7
Sekundarbereich	30,5	44,8	62,1	60,5	62,2	62,7	17,9
Tertiärbereich	.	8,1	15,0	15,2	14,3	15,1	7,0

Quelle: Sarmiento et al. (2001: 27). *Encuesta Nacional de Hogares.*

Die Stagnation der Rate des Primarschulbesuchs ist darauf zurückzuführen, dass der marginale Zuwachs umso kleiner ist, je mehr sich die nationalen Indikatoren der totalen Bildungsdeckung annähern. Das hat auch damit zu tun, dass in schwer zugänglichen Urwaldgebieten und in Landesteilen, in denen bewaffnete Konflikte zu verzeichnen sind, viel höhere Investitionen erforderlich sind, um Bildungszugang zu schaffen.

Obwohl sich der Unterschied zwischen den Schulbesuchsraten in ländlichen und städtischen Gebieten in den letzten Jahren verringert hat, betrug 1997 der durchschnittliche Schulbesuch der Bevölkerung über 25 Jahre in den ländlichen Gebieten 3,3 Jahre und in den städtischen Gebieten 7,6 Jahre (Tabelle 8). Während in den sieben größten Städten ein flächendeckender Schulbesuch im Primarbereich praktisch schon erreicht wurde, liegt die Bildungsverbreitung in den ländlichen Gebieten und in den ärmsten Gemeinden weit unter dem Landesniveau (Tabelle 9). Der Schulbesuch im Sekundarbereich ist in den entwickelten *departamentos* und Gemeinden sowie in den höheren Einkommensdezilen[31] weiter verbreitet (DNP 1998a: 239).

Tabelle 8: Durchschnittlicher Schulbesuch der Bevölkerung über 25 Jahre in Kolumbien 1997 nach Wohnort in Jahren

Wohnort	1964	1973	1985	1993	1997
städtisch	3,1	4,2	5,7	6,9	7,6
ländlich	1,6	1,8	2,5	3,1	3,3
Insgesamt	2,4	3,3	4,6	5,9	6,5

Quelle: Sarmiento et al. (2001: 36). Volkszählungen von 1964, 1973, 1985, 1993, und *Encuesta de Condiciones de Vida* 1997.

Was das Geschlechterverhältnis angeht, sind die Schulbesuchsraten von Mädchen schon seit einigen Jahrzehnten gleich hoch oder höher als die der Jungen. Die Schulbesuchsraten von Mädchen im Primarbereich sind schon seit den 60er Jahren des 20. Jahrhunderts höher als die von Jungen. Im Sekundarbereich haben sich die Raten von Mädchen und Jungen Anfang der 70er Jahre des 20. Jahrhunderts angeglichen. Seither weisen Mädchen eine bis zu 5 Prozent höhere Schulbesuchsrate auf als Jungen (Tabelle 9).

Tabelle 9: Nettoschulbesuchsraten in Kolumbien 1991 - 1999 nach Altersgruppe, Geschlecht und Wohnort

Geschlecht/ Wohnort	7 - 11 Jahre				12 - 17 Jahre			
	1991	1995	1997	1999	1991	1995	1997	1999
männlich	90,7	92,6	91,6	92,5	67,8	72,7	75,9	74,6
weiblich	91,9	94,0	93,6	93,4	71,0	77,0	78,0	76,9
städtisch	93,6	95,5	94,7	94,8	80,4	83,9	83,7	82,6
ländlich	82,2	84,0	88,3	89,6	49,5	56,0	61,0	60,0
Insgesamt	91,3	93,3	92,5	92,9	69,4	74,8	76,9	74,6

Quelle: Sarmiento et al. (2001: 33). *Encuesta Nacional de Hogares.*

Die Bemühungen der letzten Jahrzehnte, Gerechtigkeit im Bildungszugang zu schaffen, hatten positive Resultate. Wenn man die Entwicklung der Schulbesuchsindikatoren in den 90er Jahren des 20. Jahrhunderts analysiert, ist festzustellen, dass der Bildungszugang für die drei untersten Dezile, also für den ärmsten Bevölkerungsanteil, begünstigt wurde (Tabelle 10).

---

31 Die Grundgesamtheit wird nach der Einkommensgröße von unten nach oben geordnet. Diese Rangfolge wird in zehn gleiche Teile (Dezile) unterteilt. Das unterste Dezil umfasst demnach die Gruppe der einkommensschwächsten 10 Prozent. Das oberste Dezil wären die einkommensstärksten 10 Prozent.

Trotz der Wirtschaftskrise Ende der 90er Jahre des 20. Jahrhunderts, die einen Rückgang des Schulbesuchs insgesamt verursachte, blieben diese Werte konstant, was unter anderem den positiven Einfluss der Dezentralisierung und der oben genannten politischen Maßnahmen bestätigt (Tabelle 10). Allerdings bestehen zwischen privaten und öffentlichen Bildungseinrichtungen noch tief greifende Unterschiede in der Qualität ihrer Bildungsangebote.

Tabelle 10: Nettoschulbesuchsraten in Kolumbien 1992 - 2000 nach Einkommensdezil und Altersgruppe

Dezil	6 bis 12			7 bis 11	13 bis 19	12 bis 17 Jahre
	1992	1997	2000	1992	1997	2000
1	76,0	91,6	88,3	44,0	69,4	59,7
2	83,0	93,5	90,0	58,0	72,6	59,4
3	86,0	96,7	89,0	60,0	83,5	65,1
4	86,0	92,7	94,4	55,0	79,5	66,3
5	88,0	89,5	94,2	56,0	61,3	67,1
6	92,0	92,2	94,1	61,0	71,4	70,4
7	94,0	90,2	96,0	63,0	72,9	74,1
8	96,0	88,8	96,4	67,0	65,4	73,8
9	96,0	92,1	96,8	76,0	70,3	79,2
10	96,0	94,3	97,8	75,0	70,4	83,6
Insgesamt	87,0	92,0	92,8	60,0	71,4	68,4

Quelle: Sarmiento et al. (2001: 32). *Encuesta Nacional de Hogares.*

Obwohl die staatlichen Bildungsausgaben in den 90er Jahren des 20. Jahrhunderts deutlich erhöht wurden, haben sich die Unterschiede zwischen öffentlicher und privater Bildung vergrößert. Während der Anteil der öffentlichen Bildungseinrichtungen mit niedriger Leistung im Sekundarbereich zwischen 1986 und 1999 von 36 Prozent auf 64 Prozent der öffentlichen Bildungseinrichtungen insgesamt anstieg, verringerte sich der Anteil der Bildungseinrichtungen mit mittlerer und höherer Leistung dementsprechend. Bei den privaten Schulen nahm der Anteil von Bildungseinrichtungen mit niedriger Leistung auch zwischen 1986 und 1996 von 30 Prozent auf 45 Prozent zu, tendiert aber seit 1996 zur Abnahme (Abbildungen 2 und 3).

Der Zugang zu privaten oder öffentlichen Bildungseinrichtungen ist immer noch vom Einkommensniveau abhängig. Die drei niedrigsten Einkommensdezile besuchen zu mehr als 90 Prozent öffentliche Schulen im Primarbereich und zu 84 Prozent im Sekundarbereich. Das höchste Einkommensdezil dagegen besucht hauptsächlich (zu 78 Prozent) private Bildungseinrichtungen, sowohl im Primar- wie im Sekundarbereich (Tabelle 11).

Abbildung 2: Durchschnittsnoten[1] der allgemeinen staatlichen Hochschulaufnahmeprüfung in Kolumbien 1992 - 1999 nach Art der Bildungseinrichtung

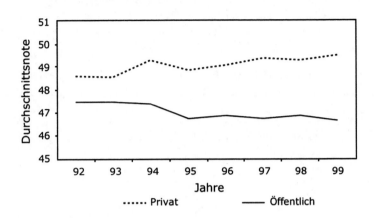

Quelle: DNP (2002: 125). ICFES.
[1] Die Punktuation bewegt sich zwischen 0 und 80.

Abbildung 3: Entwicklung der Durchschnittsnoten der allgemeinen staatlichen Hochschulaufnahmeprüfungen in Kolumbien 1992 - 1999 nach Art der Bildungseinrichtung und Leistungskategorie[1] in Prozent

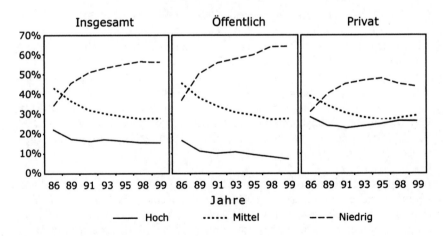

Quelle: DNP (2002: 125). ICFES.
[1] Die Leistung wurde in drei Kategorien nach der Durchschnittsnote klassifiziert: hoch, mittel und niedrig.

Tabelle 11: Schüler und Schülerinnen im Primar- und Sekundarbereich in Kolumbien 1997 nach Bildungssektor und Einkommensdezil in Prozent

Dezil	Primarbereich			Sekundarbereich		
	insgesamt	davon		insgesamt	davon	
		öffentlich	privat		öffentlich	privat
1	100	96,8	3,2	100	85,0	15,0
2	100	91,3	8,7	100	84,6	15,4
3	100	88,1	11,9	100	83,7	16,3
4	100	83,0	17,0	100	74,3	25,7
5	100	83,1	16,9	100	72,6	27,4
6	100	77,1	22,9	100	71,0	29,0
7	100	64,2	35,8	100	59,0	41,0
8	100	48,7	51,3	100	47,3	52,7
9	100	37,0	63,0	100	42,1	57,9
10	100	21,6	78,4	100	22,0	78,0
Insgesamt	100	78,7	21,3	100	66,6	33,4

Quelle: Sarmiento et al. (2001: 30). *Encuesta de Condiciones de Vida* 1997.

Das größte Problem des Bildungssektors in Kolumbien ist immer noch die ungleiche Verteilung von Bildung bezüglich der unterschiedlichen Regionen und Einkommensniveaus. Obwohl bezüglich des Zugangs zu Bildung in den letzten Jahren ein gewisser sozialer Ausgleich zu verzeichnen ist, kann von einem allgemeinen, flächendeckenden Bildungssystem noch nicht die Rede sein, weder im Primar- noch im Sekundarbereich. Gleichzeitig hat die Ungleichmäßigkeit der Bildungsqualität insbesondere zwischen öffentlicher und privater Bildung in den 90er Jahren des 20. Jahrhunderts deutlich zugenommen.

4.3. Zur Familienpolitik von 1960 – 2000

Die kolumbianische Regierung richtete durch das Dekret 118 am 21. Juni 1957 einen Familienzuschuss ein. In diesem Dekret wurde festgelegt, dass alle privaten Firmen und öffentlichen Einrichtungen 4 Prozent des monatlichen Gehalts ihrer Mitarbeiter in die Familienausgleichskassen (*Cajas de Compensación Familiar*) einzahlen müssen, die zuständig ist für eine Umverteilung nach sozialen Kriterien. Arbeiter mit mittlerem und niedrigerem Einkommen erhalten einen Familienzuschuss, der im Verhältnis zu der Kinderzahl steht, für die sie unterhaltspflichtig sind (Henao 2001: 1 - 2).

Die Familienausgleichskassen sind private Non-Profit-Einrichtungen und Teil des Sozialversicherungssystems. Ihr Ziel ist die Verbesserung der Lebensqualität sozial benachteiligter kolumbianischer Familien. Ihre Hauptaufgaben bestehen in der Einkommensumverteilung und im Aufbau einer Infrastruktur zur wirtschaftlichen und sozialen Unterstützung sozial benachteiligter Familien. Die Begünstigten erhalten nicht nur einen Familienzuschuss finanzieller Art, sondern auch Dienstleistungen im Gesundheits-, Bildungs-, Freizeit-, Kredit-, Kultur- und Wohnraumbereich (Henao 2001: 2 - 5).

Zielgruppe der Familienausgleichskassen sind die Arbeitnehmer und Arbeitnehmerinnen des formellen Wirtschaftssektors und ihre Familien, während die informell Tätigen und damit jedenfalls zu einem großen Teil eine der ärmsten und sozial am stärksten benachteiligten Bevölkerungsgruppen von den Vorteilen der Familienausgleichskassen völlig ausgeschlossen sind. Die arbeitslose Bevölkerung ist von den Dienstleistungen der Familienausgleichskassen ebenfalls ausgeschlossen. Auch innerhalb des Familienzuschussverteilungssystems gibt es Unstimmigkeiten, da jeder Arbeiter und jede Arbeiterin einzeln und nicht im Kontext der jeweiligen Familienstruktur berücksichtigt wird. Auf diese Weise erhalten beide Elternteile den Familienzuschuss für jedes Kind, wenn sie beide angestellt und in unterschiedlichen Familienausgleichskassen eingeschrieben sind. Einer alleinerziehenden Person hingegen, in deren Haushalt grundsätzlich weniger Mittel zur Verfügung stehen, kommt nur ein Familienzuschuss zu (Henao 2001: 8 - 9).

1968 wurde das Kolumbianische Institut für Familienwohlfahrt ICBF (*Instituto Colombiano de Bienestar Familiar*) eingerichtet, das kolumbianischen Familien Förderung, Vorsorge und Pflege zukommen lassen soll. Zielgruppe dieser Institution ist der wirtschaftlich, sozial schwächste und psychisch am schwersten verwundbare Bevölkerungsanteil des Landes. Die Programme sind hauptsächlich auf Kinder, Schüler, Jugendliche, Schwangere und Frauen in der Stillzeit ausgerichtet. Zu den wichtigsten Programmen der Einrichtung zählen die so genannten *Hogares Comunitarios de Bienestar*, in denen, selbst organisiert durch die Beteiligten, Betreuungsangebote bestehen, außerdem Kinderheime (*Hogares Infantiles*), gemeinschaftliche Kindergärten (*Jardines Comunitarios*) und Schulen für Eltern (*Escuelas de Padres*). Diese Programme bieten Betreuung, Ernährungsergänzung, Fortbildung und Beratung für Kinder und Eltern. Das ICBF reagiert auf die Schutzlosigkeit von Kindern und Jugendlichen durch Wohnheime (*Hogares Sustitutos*), Fürsorgeheime, Adoptionsprogramme, Teilzeitinternate und therapeutische Betreuung für Familien. Zusätzlich unternimmt die Institution Aktivitäten, um diejenigen Faktoren zu stärken, die zum Schutz von Kindern und Jugendlichen dienen, so zum Beispiel Schüler- und Jugendclubs.

Das ICBF hatte im Jahr 2000 eine Landesstelle, 28 Regionalstellen, fünf Zweigstellen auf *departamento*-Ebene und 199 Lokalzentren auf *municipio*-Ebene. Die

Verteilung der Einrichtung über das ganze Land, die Effizienz ihrer Infrastruktur und die hohe Bevölkerungs- und Territorialdeckung sind Vorteile der Institution bei der Durchführung ihrer Maßnahmen. Allerdings zeigen Auswertungen Probleme bei der Qualität der Programme und eine übermäßige Konzentration von Aufgaben und Zuständigkeiten.

Da die politischen Maßnahmen aus unterschiedlichen Sektoren wie Gesundheit, Bildung, Bevölkerung, Wohnraum, Arbeit und Justiz gleichermaßen Auswirkungen auf das Wohlergehen von Familien haben, wurde 1979 das Nationalsystem für Familienwohlfahrt SNBF (*Sistema Nacional de Bienestar Familiar*) eingerichtet. Sein Ziel ist es, Ministerien mit staatlichen und privaten Institutionen zusammenzubringen, um die Arbeit in der Familienpolitik zu koordinieren. Das Nationalsystem für Familienwohlfahrt leistet bis heute keine effiziente Arbeit (DNP 1998a: 353).

Seit den 60er Jahren des 20. Jahrhunderts wurden im Bereich der Bevölkerungspolitik und insbesondere in der Familienplanung Programme eher durch private Akteure als vom Staat durchgeführt. Die Vereinigung der kolumbianischen Medizinfakultäten ASCOFAME (*Asociación Colombiana de Facultades de Medicina*) war die erste Einrichtung, die 1964 anfing, Forschungsvorhaben und Veranstaltungen zu finanzieren. Später hat diese Vereinigung auch Dienstleistungsprogramme durchgeführt. 1965 entstand die private Einrichtung Profamilia, die der ärmsten Bevölkerung Informationen und Dienstleistungen im Bereich der Familienplanung anbietet. Profamilia hatte bei der Verbreitung von Familienplanung in Kolumbien eine große Rolle gespielt, die Organisation bietet nach eigenen Angaben etwa 70 Prozent der entsprechenden Dienste auf nationaler Ebene an (Profamilia 2000: 9 - 10).

Das Gesundheitsministerium bildete 1969 eine Arbeitsgruppe in der Abteilung für Gesundheitswesen, die neben anderen Aktivitäten im Bereich der Mutter-Kind-Fürsorge auch Familienplanungsaktionen durchführte. Allerdings war die Effizienz des Gesundheitsministeriums in diesem Bereich im Vergleich zu privaten Akteuren immer sehr begrenzt.

Die Verbreitung der Familienplanung in Kolumbien erhöhte bei Frauen im gebärfähigen Alter, die in einer Lebensgemeinschaft leben, den Gebrauch von Verhütungsmitteln von 40 Prozent im Jahr 1979 auf 76,9 Prozent im Jahr 2000. Gleichzeitig ist die Fruchtbarkeitsrate[32] von 6,8 Kindern pro Frau im Jahr 1965

---

32 Die Fruchtbarkeitsrate, auch zusammengefasste Geburtenziffer genannt, bezeichnet die durchschnittliche Anzahl der Kinder, die eine Frau im Laufe ihres Lebens (im Alter von 15 bis 49 Jahren) zur Welt bringen würde, wenn die Verhaltensweisen der Daten und Ziffern im jeweiligen Kalenderjahr anhielten.

auf 2,6 Kinder pro Frau im Jahr 2000 gesunken (DNP 1999b: 13 - 14, Profamilia 2000: 39 - 42).

5. FAMILIENSTRUKTUR UND BILDUNGSNIVEAU DER KINDER 1976 - 2000: EMPIRISCHE ANALYSE

5.1. Anzahl der Kinder

5.1.1. Entwicklung der Geburtenziffer

Der Geburtenrückgang ist wahrscheinlich das bedeutendste Merkmal des Strukturwandels der kolumbianischen Familie in den letzten drei Jahrzehnten des 20. Jahrhunderts. Verschiedene Indikatoren lassen dieses gesellschaftliche Phänomen deutlich werden, so unter anderem die allgemeine Geburtenziffer (Lebendgeborene je 1000 Einwohner), die allgemeine Fruchtbarkeitsziffer (Lebendgeborene je 1000 Frauen im gebärfähigen Alter zwischen 15 und 49 Jahren), die durchschnittliche Kinderzahl für eine spezifische Altersgruppe (die Niveaumessungen werden erst am Ende des gebärfähigen Alters realisiert) und die Gesamtfruchtbarkeitsrate.[33] Die Gesamtfruchtbarkeitsrate lässt sich als durchschnittliche Zahl der Kinder interpretieren, die eine Frau im Laufe ihres Lebens (im Alter von 15 bis 49 Jahren) zur Welt bringen würde unter der Voraussetzung, dass die derzeitigen altersspezifischen Geburtenziffern weiterhin gelten. Sowohl der NFS1976 als auch der NDHS2000 erlauben die Berechnung der Gesamtfruchtbarkeitsrate aufgrund der im Haushaltsfragebogen gestellten Fragen über Fertilität und der im Personenfragebogen gestellten Fragen über die Geschichte jeder Schwangerschaft. Die Gesamtfruchtbarkeitsrate ist der meistgebrauchte Indikator, da sie am präzisesten wiedergibt, wie viele Kinder Frauen im Durchschnitt zur Welt bringen.

Wie Tabelle 12 zeigt, betrug die Gesamtfruchtbarkeitsrate im Jahr 2000 2,6 Kinder. 1976 lag die Ziffer noch bei 4,4 Kindern. Bei der allgemeinen Fruchtbarkeitsziffer bemerkt man ebenso einen Rückgang und zwar von 132,6 auf 91,5 Geburten je 1000 Frauen.

---

33 Im deutschsprachigen Raum gibt es keine einheitliche Terminologie zur Benennung der unterschiedlichen Indikatoren. Die allgemeine Geburtenziffer wird auch allgemeine Geburtenrate genannt. Die durchschnittliche Kinderzahl ist auch als mittlere endgültige Kinderzahl bekannt. Die Gesamtfruchtbarkeitsrate hat mehrere Synonyme: zusammengefasste Geburtenziffer, totale Fruchtbarkeitsrate, zusammengefasste Fruchtbarkeitsziffer, Index der Gesamtfruchtbarkeit. Die Gesamtfruchtbarkeitsrate wird berechnet, indem man die altersspezifischen Fruchtbarkeitsziffern aller Frauen im gebärfähigen Alter eines Kalenderjahres addiert.

Tabelle 12: Allgemeine Fruchtbarkeitsziffer und Gesamtfruchtbarkeitsrate in Kolumbien 1976 - 2000 nach Wohnort

Jahr	Allgemeine Fruchtbarkeitsziffer			Gesamtfruchtbarkeitsrate		
	städtisch	ländlich	insgesamt	städtisch	ländlich	insgesamt
1976	106,2	188,5	132,6	3,5	6,3	4,4
1986	97,2	166,1	115,9	2,6	4,7	3,2
1990	95,4	133,5	105,0	2,5	3,6	2,8
1995	92,3	150,9	107,0	2,5	4,3	3,0
2000	80,3	131,0	91,5	2,3	3,8	2,6

Quelle: Hernández und Flórez (1979: 28, 39). Zahlen für 1976: Berechnungen aus dem Personenfragebogen NFS1976. Zahlen für 1986, 1990, 1995, 2000: Berechnungen der Autorin. NDHS1986, 1990, 1995, 2000.

Seit 1976 kann von einem konstanten Geburtenrückgang gesprochen werden. Auch vorübergehende, nur über wenige Jahre gegebene Steigerungen der Indikatoren wie zum Beispiel im Jahr 1995 ändern nichts an dieser Feststellung (Tabelle 12). Bei der Analyse dieser aktuellen Entwicklung des Geburtenrückgangs ist zu berücksichtigen, dass in Kolumbien schon zwischen 1960 und 1976 ein drastischer Rückgang der Gesamtfruchtbarkeitsrate zu verzeichnen war, nämlich von 7,0 Kindern im Zeitraum von 1960 bis 1964[34] auf 4,4 Kinder im Jahr 1976 (Hernández und Flórez 1979: 31). Hinter dem generellen Geburtenrückgang verbergen sich allerdings unterschiedliche Entwicklungen bezüglich der Familiengrößen in verschiedenen Bevölkerungsgruppen. So ist beispielsweise bei den altersspezifischen Fruchtbarkeitsziffern der Anstieg der Werte in der Gruppe der 15- bis 19-jährigen Frauen seit 1995 bemerkenswert (Tabelle 13). Dies hängt damit zusammen, dass kolumbianische Frauen seit den letzten Jahren des 20. Jahrhunderts immer früher sexuell aktiv werden, ohne hinreichend sexuell aufgeklärt zu sein. Dies gilt insbesondere auch für die Kenntnisse von Methoden der Familienplanung. Dabei gehen sie immer früher und häufiger nichteheliche Lebensgemeinschaften ein. Dadurch, dass die jungen Frauen immer früher sexuelle Beziehungen eingehen, erhöht sich zum einen die Wahrscheinlichkeit von Schwangerschaften, was zu einem Anstieg der Fruchtbarkeitsindikatoren führt, zum zweiten können die Chancen auf eine qualifizierte Schul- und Berufsausbildung sinken, je jünger die Frauen bei der Geburt ihres ersten Kindes sind. Dies kann grundsätzlich ihre Lebensqualität und die ihrer Kinder beeinflussen.

---

34 Die Daten für die Periode 1960 - 1964 stammen aus der Geschichte der Schwangerschaften im *National Fecundity Survey* 1969.

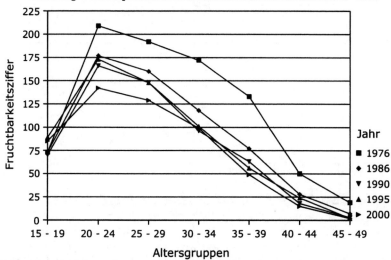

Abbildung 4: Altersspezifische Fruchtbarkeitsziffer in Kolumbien 1976 - 2000

Quelle: NFS1976 und NDHS1986/1990/1995/2000.

Zu den altersspezifischen Fruchtbarkeitsziffern ist zu bemerken, dass sich die höchsten Ziffern nicht zu den älteren Altersgruppen hin verschoben haben. Die Frauen gebären ihre Kinder nach wie vor am häufigsten zwischen ihrem 20. und 24. Lebensjahr. Die Streuung der Fertilität während des gesamten gebärfähigen Alters hat sich aber deutlich verändert. Der Rückgang der altersspezifischen Fruchtbarkeitsziffern in den Altersgruppen der über 24-Jährigen fiel 1976 deutlich geringer aus als 1986, 1990 und 1995. Im Jahr 2000 ähnelt der Verlauf der Kurve der altersspezifischen Fruchtbarkeitsziffern dem von 1976, allerdings mit durchweg niedrigeren Werten (Abbildung 4). Hinter diesem Verlauf verbergen sich unterschiedliche Verhaltensweisen der Bevölkerung. Im Jahr 1976 war aufgrund der hohen Fruchtbarkeitsziffern die Lebenszeitspanne, innerhalb derer die Frauen ihre Kinder gebaren, länger als im Jahr 2000. So erklären sich für das Jahr 1976 auch die relativ hohen Fruchtbarkeitsziffern in den Altersgruppen der 25- bis 29-, der 30- bis 34-, und der 35- bis 39-Jährigen. Im Jahr 2000 hatte sich dagegen das Alter bei der ersten Geburt für einen Teil der weiblichen Bevölkerung nach hinten verschoben.

Tabelle 13: Allgemeine und altersspezifische Fruchtbarkeitsziffer in Kolumbien von 1976 bis 2000

Jahr	Fruchtbarkeitsziffer							
	allgemeine	altersspezifische						
		15 - 19	20 - 24	25 - 29	30 - 34	35 - 39	40 - 44	45 - 49
1976	131	73	209	192	172	133	50	19
1986	116	73	177	160	118	77	28	7
1990	105	70	166	148	96	63	18	3
1995	107	89	173	148	101	56	24	2
2000	91	85	142	129	99	49	15	2

Quelle: NFS1976 und NDHS1986/1990/1995/2000.

Analysiert man die Gesamtfruchtbarkeitsrate im Stadt-Land-Vergleich, so ergibt sich ein relativ homogener Rückgang. Während 1976 die Frauen in den ländlichen Gebieten 1,8-mal mehr Kinder hatten als in den städtischen Gebieten (6,3 beziehungsweise 3,5), waren es im Jahr 2000 1,65-mal mehr Kinder (3,8 beziehungsweise 2,3) (Tabelle 12). Diese scheinbare Homogenität zwischen Land und Stadt ist jedoch in Frage zu stellen, wenn man andere Indikatoren wie die durchschnittliche Kinderzahl einer bestimmten Kohorte beobachtet. Die durchschnittliche Kinderzahl einer Kohorte liefert, im Gegensatz zu dem Periodenmaß „Gesamtfruchtbarkeitsrate", empirisch genau ermittelbare Werte, die allerdings nicht gegenwärtig, sondern retrospektiv sind. Der Vorteil gegenüber Periodenwerten wie der Gesamtfruchtbarkeitsrate besteht im Ausschluss von Timing-Effekten wie vorgezogenen, nachgeholten oder verschobenen Geburten, die beispielsweise auch mit der Migrationsgeschichte der Frauen in Zusammenhang stehen könnten. Bei der Analyse der durchschnittlichen Kinderzahl der 40- bis 49-jährigen Frauen im NFS1976 und im NDHS2000 ist ein deutlicher Unterschied bezüglich der Entwicklung der Fruchtbarkeitsraten zwischen Stadt und Land zu verzeichnen. Während 1976 in den ländlichen Gebieten die Frauen 1,2-mal mehr Lebendgeborene als in den städtischen Gebieten hatten, waren es im Jahr 2000 1,6-mal mehr Lebendgeborene (Tabelle 14). Diese unterschiedliche Entwicklung des Geburtenrückgangs zwischen Land und Stadt entspricht einer schnellen Anpassung der Kinderzahl an die sich verändernden gesellschaftlichen und wirtschaftlichen Rahmenbedingungen im städtischen Kontext. Der Urbanisierungs- und Industrialisierungsprozess erschwert die Möglichkeiten der Kinderbetreuung und erhöht damit die hierzu notwendigen Kosten, was zu einem Rückgang der Kinderzahl in den städtischen Familien führte.

Tabelle 14: Durchschnittliche Kinderzahl der 40- bis 49-jährigen Frauen in Kolumbien 1976 und 2000 nach Wohnort

Jahr	Durchschnittliche Kinderzahl					
	lebend geborene Kinder			noch lebende Kinder		
	städtisch	ländlich	insgesamt	städtisch	ländlich	insgesamt
1976	5,9	7,2	6,4	5,0	6,0	5,4
2000	3,0	4,8	3,4	2,8	4,4	3,2

Quelle: NFS1976 und NDHS2000.

Bezogen auf die für die vorliegende Studie ausgewählte Stichprobe der Gruppe der 10- bis 15-jährigen Kinder und ihrer Mütter ist auch der grundsätzliche Rückgang der durchschnittlichen Kinderzahl der betreffenden Mütter und der Unterschied zwischen Stadt und Land zu erkennen. Bei der Analyse dieser Stichprobe ist zu bedenken, dass diese nur Frauen mit mindestens einem 10- bis 15-jährigen Kind berücksichtigt. Unter diesen Voraussetzungen beträgt der Rückgang der durchschnittlichen Kinderzahl in den betrachteten 25 Jahren -2,82 Kinder, von 6,9 auf 4,08 (Tabelle 15). Das Assoziationsmaß Eta zwischen Wohnort und Kinderzahl betrug 1976 0,172, während es sich im Jahr 2000 auf 0,350 erhöhte (beide mit einem Signifikanzniveau p < .001). Dies bestätigt die unterschiedliche Entwicklung der Fertilität zwischen Stadt und Land und die These, dass sich zwischen 1976 und 2000 diese Unterschiede verschärft haben.

In Bezug auf die Regionen sind keine eindeutigen Unterschiede bezüglich der Entwicklung der Fruchtbarkeitsindikatoren zu verzeichnen. Im Allgemeinen kann man auf diesem Gebiet von einer relativen Homogenisierung der Regionen in den letzten 25 Jahren sprechen. Während 1976 bemerkenswerte Unterschiede zwischen den Regionen Atlántica und Pacífica existierten, sind diese Differenzen 2000 nicht mehr deutlich zu erkennen. Im Jahr 2000 gab es nur noch zwischen Bogotá und den restlichen Regionen eindeutige Unterschiede (Tabelle 16).

Tabelle 15: Durchschnittliche Kinderzahl der 40- bis 49-jährigen Frauen in Kolumbien 1976 und 2000 nach Wohnort

Wohnort	Durchschnittliche Kinderzahl
1976	
ländlich	7,45
städtisch	6,54
Insgesamt	6,90
Assoziationsmaß	Eta 0,172***

Wohnort	Durchschnittliche Kinderzahl
2000	
ländlich	5,28
städtisch	3,59
Insgesamt	4,08
Assoziationsmaß	Eta 0,350***

Quelle: Stichproben des NFS1976 und des NDHS2000.
* p < .05, ** p < .01, ***p < .001.

Tabelle 16: Durchschnittliche Kinderzahl der 40- bis 49-jährigen Frauen in Kolumbien 1976 und 2000 nach Region

Region	Durchschnittliche Kinderzahl
1976	
Atlántica	7,46
Oriental	6,97
Central	7,55
Pacífica	6,32
Bogotá	5,36
Insgesamt	6,90
Assoziationsmaß	Eta 0,251***
2000	
Atlántica	4,11
Oriental	4,34
Central	4,14
Pacífica	4,24
Bogotá	3,38
Insgesamt	4,08
Assoziationsmaß	Eta 0,134***

Quelle: Stichproben des NFS1976 und des NDHS2000.
* p < .05, ** p < .01, ***p < .001.

Obwohl der These, ein steigendes Bildungsniveau von Frauen sei zwangsläufig mit einer Abnahme der Anzahl der Kinder verbunden, durch mehrere Beispiele widersprochen werden kann, scheint diese These im Fall Kolumbiens – für den Untersuchungszeitraum und besonders für das Jahr 2000 – haltbar zu sein. Während 1976 die Frauen mit dem niedrigsten Bildungsniveau (0 - 2 Schuljahre) 1,6-mal mehr Kinder hatten als die Frauen mit dem höchsten Bildungsniveau (12 Schuljahre und mehr), waren es 2000 2,0-mal mehr Kinder. Das Assoziationsmaß Eta zwischen den Schuljahren der Mutter und der Anzahl der Kinder betrug 1976 0,175, während es sich 2000 auf 0,403 erhöhte (beide mit einem Signifikanzniveau p < .001). Der Zusammenhang zwischen den Schuljahren der Mutter und der durchschnittlichen Anzahl der Kinder hat sich im Zusammenhang mit dem Entwicklungsprozess des Landes in der zweiten Hälfte des 20. Jahrhunderts bestätigt

(Tabelle 17). Bildung ist zu einem wichtigen Faktor für wirtschaftlichen Erfolg geworden (DNP 1998a: 256), die Opportunitätskosten gut ausgebildeter Frauen sind gestiegen. Das bedeutet, je höher das Bildungsniveau der Frau ist, desto höher fällt die Einkommenseinbuße aus, sollte sie sich zugunsten der Kindererziehung vom Arbeitsmarkt zurückziehen.

Tabelle 17: Durchschnittliche Kinderzahl der 40- bis 49-jährigen Frauen in Kolumbien 1976 und 2000 nach Schuljahren der Mutter

Schuljahre der Mutter	Durchschnittliche Kinderzahl
1976	
0 - 2 Schuljahre	7,09
3 - 5 Schuljahre	6,93
6 - 8 Schuljahre	6,59
9 - 11 Schuljahre	5,06
12+ Schuljahre	4,31
Insgesamt	6,90
Assoziationsmaß	Eta 0,175
2000	
0 - 2 Schuljahre	4,93
3 - 5 Schuljahre	4,19
6 - 8 Schuljahre	2,77
9 - 11 Schuljahre	X
12+ Schuljahre	2,45
Insgesamt	4,08
Assoziationsmaß	Eta 0,403***

Quelle: Stichproben des NFS1976 und des NDHS2000.
$* p < .05, ** p < .01, ***p < .001$.

5.1.2. Anzahl der Kinder und Bildungsniveau der Kinder

Der Zusammenhang zwischen Bildung und durchschnittlicher Anzahl der Kinder zeigt sich auch bei den Bildungsniveauindikatoren der 10- bis 15-jährigen Kinder. Je höher die durchschnittliche Anzahl der Kinder der jeweiligen Mutter, desto niedriger ist das Bildungsniveau der Kinder (Tabelle 18). Bemerkenswert ist die Verstärkung dieser Beziehung Ende des 20. Jahrhunderts, ähnlich der Korrelation zwischen den Schuljahren der Mutter und der durchschnittlichen Anzahl der Kinder. Mit niedrigem Bildungsniveau und hoher Fertilität stehen zwei potenzielle Armutsfaktoren in engem Zusammenhang miteinander.

Tabelle 18: Bildungsniveauindikatoren der 10- bis 15-jährigen Kinder in Kolumbien 1976 und 2000 nach durchschnittlicher Kinderzahl der Mutter

Durchschnittliche Kinderzahl der Mutter	Durchschnittlicher Schulbesuch in Jahren	Altersgemäßer Schulbesuch in Prozent	Eintritt in den Sekundarbereich (Kinder 14 - 15 Jahre alt) in Prozent
1976			
1 - 2	3,89	38,8	64,1
3 - 4	3,67	32,2	52,6
5+	3,01	15,3	34,0
Insgesamt	3,16	19,2	38,1
Assoziationsmaß	Eta 0,153***	C.C. 0,189***	C.C. 0,178***
2000			
1 - 2	5,54	81,8	89,6
3 - 4	5,36	66,7	77,7
5+	4,33	34,8	52,0
Insgesamt	5,16	63,2	73,0
Assoziationsmaß	Eta 0,224***	C,C, 0,341***	C.C. 0,303***

Quelle: Stichproben des NFS1976 und des NDHS2000.
* p < .05, ** p < .01, ***p < .001.

Um die Verbindung zwischen durchschnittlicher Anzahl der Kinder und deren Bildungsniveau näher zu untersuchen, wird sie in Zusammenhang mit den Kontrollvariablen analysiert. Wenn man die Bildungsniveauindikatoren nach Wohnort analysiert, zeigt sich die gleiche Tendenz: Je höher die Kinderzahl einer Frau, desto niedriger das Bildungsniveau der Kinder. Dennoch lässt sich für 1976 eine deutlichere Ausprägung dieses Zusammenhangs in den ländlichen Gebieten erkennen (Abbildungen 5 - 10). Besonders deutlich wird dieser Zusammenhang in Bezug auf den Bildungsindikator „Eintritt in den Sekundarbereich": In den 70er Jahren des 20. Jahrhunderts waren nicht überall in den ländlichen Gebieten Schulen mit einem Sekundarbereich vorhanden. Zu diesem Zeitpunkt war aber Bildung schon so rentabel, dass die Reduzierung der Anzahl der Kinder und die vermehrten Anstrengungen der Eltern den Schulbesuch der Kinder im Sekundarbereich ermöglichten.

Abbildung 5: Durchschnittlicher Schulbesuch der 10- bis 15-jährigen Kinder in Kolumbien 1976 nach durchschnittlicher Kinderzahl der Mutter und Wohnort in Jahren

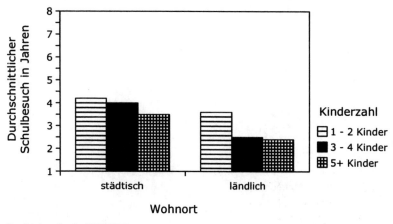

Quelle: Stichprobe des NFS1976.

Abbildung 6: Durchschnittlicher Schulbesuch der 10- bis 15-jährigen Kinder in Kolumbien 2000 nach durchschnittlicher Kinderzahl der Mutter und Wohnort in Jahren

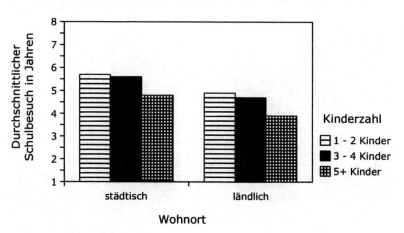

Quelle: Stichprobe des NDHS2000.

Abbildung 7: 10- bis 15-jährige Kinder mit altersgemäßem Schulbesuch in Kolumbien 1976 nach durchschnittlicher Kinderzahl der Mutter und Wohnort in Prozent

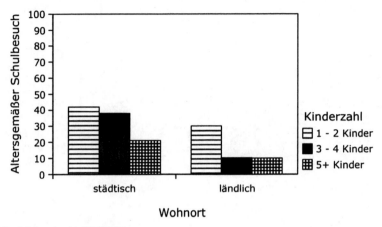

Quelle: Stichprobe des NFS1976.

Abbildung 8: 10- bis 15-jährige Kinder mit altersgemäßem Schulbesuch in Kolumbien 2000 nach durchschnittlicher Kinderzahl der Mutter und Wohnort in Prozent

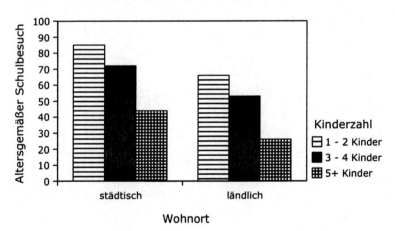

Quelle: Stichprobe des NDHS2000.

Abbildung 9: Eintritt der 14- bis 15-jährigen Kinder in den Sekundarbereich in Kolumbien 1976 nach durchschnittlicher Kinderzahl der Mutter und Wohnort in Prozent

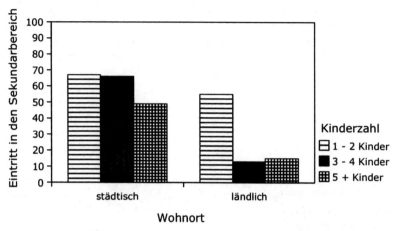

Quelle: Stichprobe des NFS1976.

Abbildung 10: Eintritt der 14- bis 15-jährigen Kinder in den Sekundarbereich in Kolumbien 2000 nach durchschnittlicher Kinderzahl der Mutter und Wohnort in Prozent

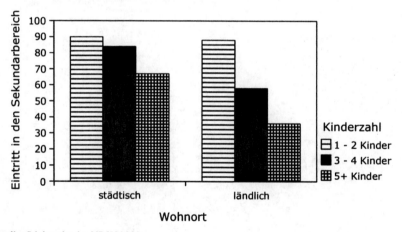

Quelle: Stichprobe des NDHS2000.

Es stellt sich die Frage, ob die Variable „Region" die statistische Beziehung zwischen der durchschnittlichen Kinderzahl der Mutter und dem Bildungsniveau der Kinder beeinflusst. Für die Region Atlántica und die Hauptstadt Bogotá lässt sich ein solcher Einfluss bestätigen (Abbildungen 11 - 16). Im Fall der Region Atlántica gilt dies allerdings nur für das Jahr 1976 und nur in Bezug auf den Bildungsniveauindikator „durchschnittlicher Schulbesuch in Jahren" (Abbildung 11). Der durchschnittliche Schulbesuch in Jahren weist in der Region Atlántica einen höheren Wert bei Kindern aus kinderreichen Familien auf als bei Kindern, die höchstens ein Geschwisterkind haben. Bei den anderen zwei Bildungsniveauindikatoren herrscht die beschriebene allgemeine Tendenz vor. Bemerkenswert ist der deutliche Vorteil der Kinder aus Familien mit ein bis zwei Kindern beim Indikator „Eintritt in den Sekundarbereich" (Abbildungen 15, 16).

Im Fall der Hauptstadt Bogotá entspricht die Korrelation zwischen durchschnittlicher Kinderzahl der Mutter und Bildungsniveau der Kinder sowohl 1976 als auch 2000 nicht der allgemeinen Tendenz. Bei allen Bildungsniveauindikatoren weisen Kinder aus Familien mit einem bis zwei Kindern kein höheres Bildungsniveau auf als Kinder aus Familien mit drei bis vier oder fünf und mehr Geschwistern (Abbildungen 11 - 16). Dies hängt wahrscheinlich mit dem im Vergleich zum Rest des Landes hohen Bildungsbudget der Hauptstadt zusammen und damit, dass sich die Notwendigkeit von Bildung im hauptstädtischen Kontext noch stärker aufdrängt als auf dem Land.

Abbildung 11: Durchschnittlicher Schulbesuch der 10- bis 15-jährigen Kinder in Kolumbien 1976 nach durchschnittlicher Kinderzahl der Mutter und Region in Jahren

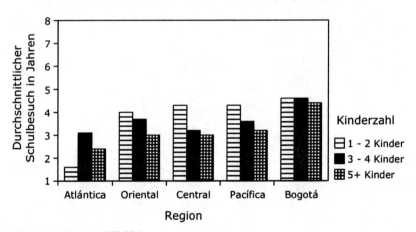

Quelle: Stichprobe des NFS1976.

Abbildung 12: Durchschnittlicher Schulbesuch der 10- bis 15-jährigen Kinder in Kolumbien 2000 nach durchschnittlicher Kinderzahl der Mutter und Region in Jahren

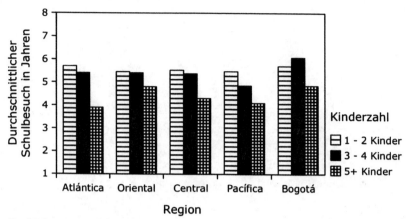

Quelle: Stichprobe des NDHS2000.

Abbildung 13: 10- bis 15-jährige Kinder mit altersgemäßem Schulbesuch in Kolumbien 1976 nach durchschnittlicher Kinderzahl der Mutter und Region in Prozent

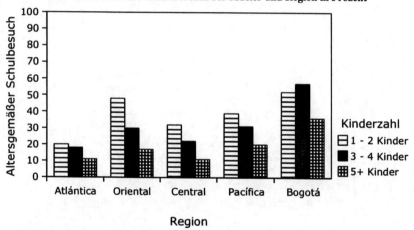

Quelle: Stichprobe des NFS1976.

Abbildung 14: 10- bis 15-jährige Kinder mit altersgemäßem Schulbesuch in Kolumbien 2000 nach durchschnittlicher Kinderzahl der Mutter und Region in Prozent

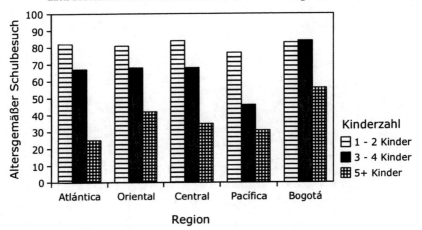

Quelle: Stichprobe des NDHS2000.

Abbildung 15: Eintritt der 14- bis 15-jährigen Kinder in den Sekundarbereich in Kolumbien 1976 nach durchschnittlicher Kinderzahl der Mutter und Region in Prozent

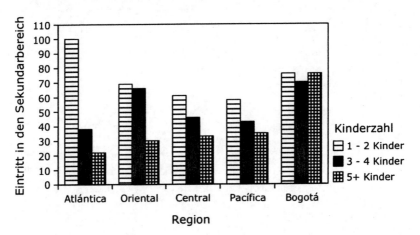

Quelle: Stichprobe des NFS1976.

Abbildung 16: Eintritt der 14- bis 15-jährigen Kinder in den Sekundarbereich in Kolumbien 2000 nach durchschnittlicher Kinderzahl der Mutter und Region in Prozent

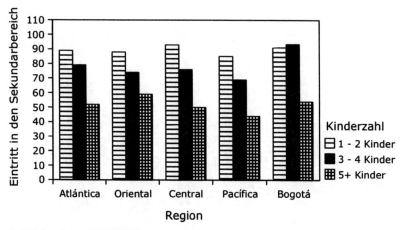

Quelle: Stichprobe des NDHS2000.

Analysiert man die Bildungsniveauindikatoren nach den Schuljahren der Mutter, so liefern diese bei Frauen mit acht oder mehr Schuljahren teilweise andere Ergebnisse. Bei den Frauen mit weniger als acht Jahren Schulbesuch gilt sowohl für 1976 wie für 2000 die Aussage: Je höher die Anzahl der Kinder, desto niedriger das Bildungsniveau der Kinder. Ab einer gewissen Schulbildung der Frauen (acht und mehr Schuljahre) ist diese Beziehung zwischen Anzahl der Kinder und Bildungsniveau der Kinder nicht mehr gültig (Abbildungen 17 - 22). Bei dieser Bevölkerungsgruppe sind die vorhandenen wirtschaftlichen Ressourcen größer und wird der Wert der Bildung überwiegend so hoch eingeschätzt, dass die Eltern bestrebt sind, ihren Kindern unabhängig von deren Zahl mindestens ein Bildungsniveau zu ermöglichen wie dasjenige, das sie selber erreicht haben.

Abbildung 17: Durchschnittlicher Schulbesuch der 10- bis 15-jährigen Kinder in Kolumbien 1976 nach durchschnittlicher Kinderzahl und Schuljahren der Mutter in Jahren

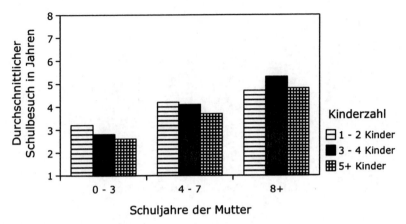

Quelle: Stichprobe des NFS1976.

Abbildung 18: Durchschnittlicher Schulbesuch in Jahren der 10- bis 15-jährigen Kinder in Kolumbien 2000 nach durchschnittlicher Kinderzahl und Schuljahren der Mutter in Jahren

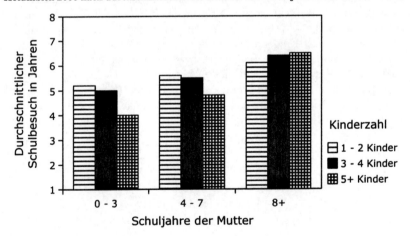

Quelle: Stichprobe des NDHS2000.

Abbildung 19: 10- bis 15-jährige Kinder mit altersgemäßem Schulbesuch in Kolumbien 1976 nach durchschnittlicher Kinderzahl und Schuljahren der Mutter in Prozent

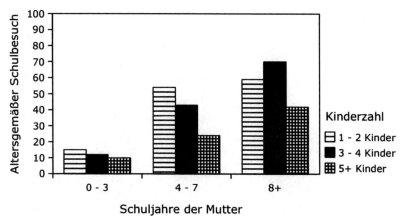

Quelle: Stichprobe des NFS1976.

Abbildung 20: 10- bis 15-jährige Kinder mit altersgemäßem Schulbesuch in Kolumbien 2000 nach durchschnittlicher Kinderzahl und Schuljahren der Mutter in Prozent

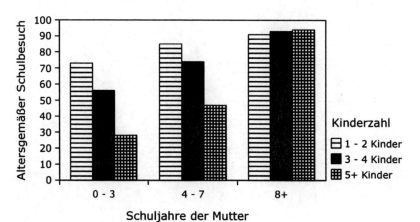

Quelle: Stichprobe des NDHS2000.

Abbildung 21: Eintritt der 14- bis 15-jährigen Kinder in den Sekundarbereich in Kolumbien 1976 nach durchschnittlicher Kinderzahl und Schuljahren der Mutter in Prozent

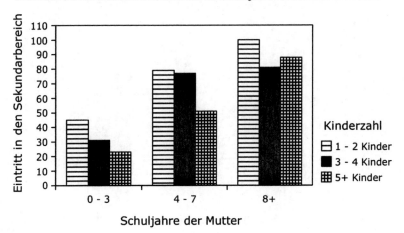

Quelle: Stichprobe des NFS1976.

Abbildung 22: Eintritt der 14- bis 15-jährigen Kinder in den Sekundarbereich in Kolumbien 2000 nach durchschnittlicher Kinderzahl und Schuljahren der Mutter in Prozent

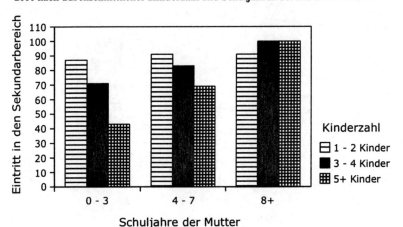

Quelle: Stichprobe des NDHS2000.

100

5.2. Familienstand der Mutter

5.2.1. Entwicklung der familiären Situation von Müttern

Zwar liefert der Familienstand der Mutter ein erstes Bild bezüglich der Nuptialität, jedoch ist dieser Indikator im kolumbianischen Kontext nur von begrenzter Aussagekraft. Nebeneinander bestehen die Ehe und eheähnliche Lebensformen. In den 70er Jahren des 20. Jahrhunderts wurde erstmalig die Kategorie „nichteheliche Gemeinschaft" in den Fragenkatalog zum Familienstand eingeführt. Zuvor konnten die Befragten nur zwischen den Kategorien „verheiratet" und „ledig" wählen, woraufhin die meisten der Befragten, die in einer nichtehelichen Gemeinschaft lebten, sich als „verheiratet" bezeichneten, auch wenn dies de jure nicht der Fall war. Die Einführung des Begriffs „nichteheliche Gemeinschaft" als Familienstandskategorie ermöglichte es, die Realität besser zu erfassen. Dabei gilt es allerdings zu berücksichtigen, dass der Begriff „nichteheliche Gemeinschaft" eine breite Palette von Lebensformen bezeichnet. Das Spektrum reicht von einer affektiven Beziehung auf Zeit über eine langfristige Beziehung bis hin zu einer Zweckgemeinschaft oder einer stabilen zweiten Paarbeziehung meist des Mannes.

Die Entwicklung des Familienstands von Frauen in Kolumbien zeigt in den letzten drei Jahrzehnten des 20. Jahrhunderts hauptsächlich drei Tendenzen: Während der Anteil der Frauen wächst, die in einer nichtehelichen Gemeinschaft oder getrennt leben beziehungsweise geschieden sind, nimmt der Anteil der verheirateten Frauen ab. 58,1 Prozent der 25- bis 49-jährigen Frauen waren 1976 verheiratet und 13,3 Prozent lebten in nichtehelicher Gemeinschaft. Im Jahr 2000 waren nur noch 35,1 Prozent der 25- bis 49-jährigen Frauen verheiratet, 31 Prozent dagegen lebten in nichtehelicher Gemeinschaft. Der Anteil der getrennt lebenden beziehungsweise geschiedenen Frauen erhöhte sich von 9,6 Prozent im Jahr 1976 auf 16,9 Prozent im Jahr 2000 (Tabelle 19).

In Lateinamerika sind nichteheliche Gemeinschaften sehr verbreitet. Zwischen 1976 und 2000 vergrößerte sich in den meisten lateinamerikanischen Ländern der Anteil derjenigen, die in eheähnlicher Gemeinschaft leben. Im Gegensatz aber zu Kolumbien, das eine ausgesprochen drastische Zunahme nichtehelicher Gemeinschaften aufweist, vollzog sich dieser Prozess in den meisten anderen Ländern Lateinamerikas in deutlich moderaterer Form. Einige Länder, so zum Beispiel Panama und Mexiko, zeigen dagegen einen konstanten Anteil nichtehelicher Gemeinschaften, in Guatemala ist der entsprechende Wert sogar gesunken (Castro 2002: 39 - 42).

Tabelle 19: 25- bis 49-jährige Frauen in Kolumbien 1976 - 2000 nach Familienstand in Prozent

Familienstand	1976	1986	1990	1995	2000
ledig	14,0	14,2	14,2	13,4	14,1
verheiratet	58,8	49,3	45,2	40,1	35,1
in nichtehelicher Gemeinschaft	14,2	22,9	24,2	29,3	31,0
verwitwet	3,4	3,2	2,8	2,2	3,0
geschieden	9,6	10,4	13,6	15,0	16,9
Insgesamt	100	100	100	100	100

Quelle: NFS1976 und NDHS1986/1990/1995/2000.

Zwar gehören nichteheliche Gemeinschaften historisch betrachtet zur gesell-schaftlichen Normalität in Kolumbien, die Ursachen für deren drastische Zunahme zwischen 1976 und 2000 können aber nicht nur durch Kontinuität erklärt werden. Die Untersuchung der Variable „Familienstand der Mutter" nach Altersgruppen und Kontrollvariablen deutet dagegen einige Gründe an, warum sich in Kolumbien eine solche Entwicklung der Familienstruktur vollzog.

Die Betrachtung der Entwicklung der ehelichen und nichtehelichen Gemeinschaften der 25- bis 49-jährigen Frauen nach Altersgruppen von 1976 bis 2000 zeigt für die Gruppe der 25- bis 34-jährigen Frauen einen rapiden Anstieg der nichtehelichen Gemeinschaften zwischen 1976 und 1986, einen gemäßigten Anstieg zwischen 1986 und 1990 und eine erneute bemerkenswerte Steigerung von 1990 bis 2000 (Tabelle 20). Da in den hier zugrunde liegenden Befragungen nicht nach den Motiven der Frauen gefragt wurde, eine nichteheliche Partnerschaftsbeziehung einer ehelichen Beziehung vorzuziehen, kann man über die Ursachen der Ausbreitung der nichtehelichen Gemeinschaften keine konkreten Aussagen machen. Es ist aber durchaus möglich, dass der rapide Anstieg der nichtehelichen Gemeinschaften zwischen 1990 und 2000 auch eine Folge der rechtlichen Gleichstellung von nichtehelichen und ehelichen Gemeinschaften durch die Verfassung von 1991 darstellt (siehe Kapitel 4.1.5 zu den familienrechtlichen Grundlagen).

Die Gruppe der 35- bis 49-jährigen Frauen wies im Vergleich zur Altersgruppe der 25- bis 34-Jährigen einen viel höheren Anteil an ehelichen Gemeinschaften und einen niedrigeren Anteil an nichtehelichen Gemeinschaften auf. Ein großer Anteil derjenigen Paare, die in nichtehelichen Gemeinschaften leben, entscheidet sich erst nach mehreren Jahren des Zusammenlebens zu einer Heirat. Aus diesem Grund findet man bei den 45- bis 49-jährigen Frauen den prozentual niedrigsten Anteil an nichtehelichen Gemeinschaften vor: 1976 lebten 9,8 Prozent, im Jahr 2000 23,2 Prozent der 45- bis 49-jährigen Frauen in einer nichtehelichen Gemeinschaft gegenüber 15,9 Prozent beziehungsweise 36,3 Prozent der 25- bis 29-jährigen Frauen (Tabelle 20). Dabei ist zu berücksichtigen, dass der Gesamtanteil der

Frauen, die in einer Gemeinschaft mit einem Partner leben, ob ehelich oder nicht, sich im genannten Zeitraum verändert hat: 1976 lebten 70,2 (54,3+15,9) Prozent der Frauen in einer Lebensgemeinschaft, für das Jahr 2000 liegt dieser Wert bei 61,3 Prozent 825,0+36,3).

Tabelle 20: 25- bis 49-jährige Frauen in Kolumbien 1976 - 2000 nach Altersgruppen und Familienstand[1] in Prozent

Jahr	25 – 29		30 – 34		35 – 39		40 – 44		45 – 49		Insgesamt	
	V	NG	V	NG	V	NG	V	NG	V	NG	V	NG
1976	54,3	15,9	64,9	13,7	56,0	17,8	63,7	10,9	57,6	9,8	58,8	14,2
1986	43,8	23,7	49,1	25,0	53,6	23,4	54,4	16,7	57,6	16,6	49,3	22,9
1990	38,4	26,1	44,0	25,9	54,0	20,5	54,1	21,6	54,1	14,9	45,2	24,2
1995	32,6	33,7	37,2	33,3	44,7	26,6	49,4	22,1	47,4	18,5	40,1	29,3
2000	25,0	36,3	32,9	34,9	40,2	29,7	39,2	27,2	42,0	23,2	35,1	31,0

Quelle: NFS1976 und NDHS1986/1990/1995/2000.
[1]Berücksichtigt wurden nur die Kategorien „verheiratet" (abgekürzt V) und „in nichtehelicher Gemeinschaft" (abgekürzt NG).

Bezogen auf die für die vorliegende Studie ausgewählte Stichprobe der Gruppe der 10- bis 15-jährigen Kinder lässt sich auch feststellen, dass deren Mütter zunehmend in nichtehelicher Gemeinschaft leben, der Anteil der verheirateten Mütter nimmt ab (Tabelle 21).

Die Analyse der Daten nach Wohnort zeigt, dass sowohl 1976 wie 2000 nichteheliche Gemeinschaften in den ländlichen Gebieten verbreiteter waren als in den Städten und dies, obwohl sich im Jahr 2000 der Anteil nichtehelicher Gemeinschaften in den Städten drastisch erhöht hat. Der Anteil verheirateter Frauen nahm sowohl in den ländlichen als auch in den städtischen Gebieten ab, dieser Prozess vollzog sich aber in der Stadt deutlicher als auf dem Land. Während 1976 der prozentuale Anteil verheirateter Frauen in den Städten höher als in den ländlichen Gebieten war, kehrte sich 2000 das Verhältnis um (Tabelle 22).

Tabelle 21: Frauen in Kolumbien 1976 und 2000 nach Familienstand in Prozent

Familienstand der Mutter	1976	2000
ledig	1,5	2,9
verheiratet	69,3	43,6
in nichtehelicher Gemeinschaft	18,0	33,0
verwitwet	3,6	3,7
getrennt/geschieden	7,6	16,7
Insgesamt	100	100

Quelle: Stichproben des NFS1976 und des NDHS2000.
* p < .05, ** p < .01, ***p < .001.

Die Zunahme des Anteils der getrennt lebenden beziehungsweise geschiedenen Frauen zwischen 1976 und 2000 stellt überwiegend ein städtisches Phänomen dar. 1976 waren 5,1 Prozent der auf dem Land lebenden Frauen gegenüber 9,4 Prozent der städtischen Frauen getrennt lebend oder geschieden. Im Jahr 2000 gilt dies für 7,5 Prozent der Frauen in ländlichen Gebieten gegenüber 20,3 Prozent der städtischen Frauen (Tabelle 22).

Tabelle 22: Frauen in Kolumbien 1976 und 2000 nach Familienstand und Wohnort in Prozent

Wohnort	Ledig	Verheiratet	In nichtehelicher Gemeinschaft	Verwitwet	Getrennt/ geschieden
1976					
ländlich	1,6	66,8	23,2	3,2	5,1
städtisch	1,4	71,0	14,4	3,8	9,4
Insgesamt	1,5	69,3	18,0	3,6	7,6
Assoziationsmaß			C.C. 0,128***		
2000					
ländlich	3,4	48,2	36,8	4,0	7,5
städtisch	2,7	41,8	31,6	3,6	20,3
Insgesamt	2,9	43,6	33,0	3,7	16,7
Assoziationsmaß			C.C. 0,153***		

Quelle: Stichproben des NFS1976 und des NDHS2000.
* p < .05, ** p < .01, ***p < .001.

Die Betrachtung der Entwicklung des Familienstands der Mutter nach Regionen ergibt keine eindeutige Tendenz. Während 1976 der Anteil der Frauen, die in der Region Atlántica in nichtehelichen Gemeinschaften lebten, 46,3 Prozent betrug, galt dies in Bogotá nur für 1,7 Prozent der Frauen. Im Jahr 2000 ist der Anteil von Frauen in nichtehelichen Gemeinschaften in der Region Atlántica mit 47,1 Prozent konstant geblieben. Anders verlief die Entwicklung im Rest des Landes, so zum Beispiel in Bogotá, wo der entsprechende Wert von 1,7 Prozent auf 31,6 Prozent angestiegen ist. In der Region Central stieg der Anteil von Frauen in nichtehelichen Gemeinschaften von 6,1 Prozent auf 24,5 Prozent (Tabelle 23).

Nichteheliche Gemeinschaften waren und sind in den Regionen Atlántica und Pacífica aufgrund spezifischer historischer Rahmenbedingungen der regionalen Entwicklung sehr verbreitet. Der Großteil der überwiegend indigenen und schwarzen Bevölkerung der ländlichen Gebiete dieser beiden Regionen lebte aufgrund schlechter Verkehrsverbindungen Jahrhunderte lang relativ isoliert. 1976 lebten in der Region Atlántica 64 Prozent der Frauen in nichtehelichen Gemeinschaften im ländlichen Raum. Im Gegensatz dazu kam es in Bogotá, wo vormals nichteheliche Gemeinschaften ebenfalls sehr verbreitet waren (Dueñas 1997: 140, 157 - 160), Ende des 19. und Anfang des 20. Jahrhunderts im Zuge der konservativen *Regeneración*-Bewegung[35] zu einem deutlichen Aufschwung der kirchlichen Ehen. Noch 1976 waren die Frauen in Bogotá nach den Zahlen des NDHS1976 überwiegend verheiratet. Zwischen 1976 und 2000 kam es in Bogotá zu einer erneuten Zunahme nichtehelicher Gemeinschaften (Tabelle 23). Diese Tendenz ist das Resultat typischer Strategien von Migranten, die im Zuge von Industrialisierung und Urbanisierung in die Hauptstadt strömten. Bogotá war keine Kleinstadt mehr wie noch zu Beginn des 20. Jahrhunderts, als eine gewisse soziale Kontrolle vorhanden war. Die Lebensbedingungen der Großstadt, die fehlende soziale Kontrolle und die Distanz vieler Migranten zu dem ihnen vertrauten kulturellen und sozialen Kontext begünstigten kurzfristige und unverbindliche Lebensgemeinschaften.

Aber auch auf dem Land nahm der Anteil nichtehelicher Gemeinschaften zu. Hier scheint die Verbreitung nichtehelicher Gemeinschaften eher in Verbindung mit Lebensumständen zu stehen, die durch generalisierte Unsicherheit geprägt sind. Soziale Konflikte, vielfach mit Gewalt ausgetragen, das Agieren von Guerillas, paramilitärischen Gruppen und staatlichen Sicherheitskräften haben zur Folge, dass eine geregelte Lebensplanung mit Heirat und Familiengründung äußerst schwierig ist.

Tabelle 23: Frauen in Kolumbien 1976 und 2000 nach Familienstand und Region in Prozent

Region	Ledig	Verheiratet	In nichtehelicher Gemeinschaft	Verwitwet	Getrennt/ geschieden
1976					
Atlántica	0,3	44,5	46,3	2,5	6,5
Oriental	1,5	75,5	12,8	4,6	5,7
Central	1,6	80,0	6,1	3,6	8,7
Pacífica	2,3	63,0	20,7	5,0	9,0
Bogotá	2,4	85,3	1,7	1,2	9,4
Insgesamt	1,5	69,3	18,0	3,6	7,6
Assoziationsmaß			C.C. 0,382***		

---

35 Die *Regeneración*-Bewegung, die in der zweiten Hälfte des 19. Jahrhunderts von dem konservativen Präsidenten Rafael Núñez geführt wurde, wollte das durch Bürgerkriege und Föderalismus zersplitterte Land auf der Basis eines Zentralstaates und mit Hilfe der Katholischen Kirche kulturell homogenisieren. Bogotá etablierte sich ab 1886 als Zentrum der nationalen Kultur. Die Migranten in der Hauptstadt versuchten, den Lebensstil der Eliten und der wachsenden Mittelschicht zu imitieren. Die Kirche unterstützte diesen Prozess maßgeblich.

Region	Ledig	Verheiratet	In nichtehelicher Gemeinschaft	Verwitwet	Getrennt/ geschieden
2000					
Atlántica	1,1	33,5	47,1	2,0	16,2
Oriental	3,1	52,3	27,1	4,7	12,9
Central	3,4	49,5	24,5	4,8	17,8
Pacífica	3,8	39,3	36,2	4,5	16,2
Bogotá	3,6	41,4	31,6	2,2	21,3
Insgesamt	2,9	43,6	33,0	3,7	16,7
Assoziationsmaß			C.C. 0,209***		

Quelle: Stichproben des NFS1976 und des NDHS2000.
* p < .05, ** p < .01, ***p < .001.

Die Analyse dieser Daten in Bezug auf das Bildungsniveau der Mütter zeigt, dass 1976 wie 2000 nichteheliche Gemeinschaften in den Bevölkerungsschichten mit einem niedrigen Bildungsniveau viel verbreiteter waren als in denen mit einem höheren Bildungsniveau (Tabelle 24). Somit bestätigen die Daten von 1976 und 2000, dass das traditionelle Muster, nach dem nichteheliche Gemeinschaften vorrangig ein Phänomen von sozial schwächeren Bevölkerungsschichten sind, immer noch aktuell ist.

Trennungen und Scheidungen kamen sowohl 1976 wie 2000 häufiger bei denjenigen Frauen vor, die mit mehr als acht Schuljahren über ein höheres Bildungsniveau verfügen (Tabelle 24). Diese sind möglicherweise eher bereit, sich scheiden zu lassen beziehungsweise sich von ihren Partnern zu trennen, da sie von ihren Männern beziehungsweise Lebenspartnern weniger wirtschaftlich abhängig sind.

Tabelle 24: Frauen in Kolumbien 1976 und 2000 nach Familienstand und Schuljahren in Prozent

Schuljahren	Ledig	Verheiratet	In nichtehelicher Gemeinschaft	Verwitwet	Getrennt/ geschieden
1976					
0 - 3 Schuljahre	1,7	64,2	22,2	4,2	7,7
4 - 7 Schuljahre	1,3	77,6	12,1	2,7	6,3
8+ Schuljahre	0,0	81,4	4,2	2,1	12,4
Insgesamt	1,5	69,3	18,0	3,6	7,6
Assoziationsmaß			C.C. 0,177***		

Region	Ledig	Verheiratet	In nichtehelicher Gemeinschaft	Verwitwet	Getrennt/ geschieden
2000					
0 - 3 Schuljahre	3,4	38,9	37,9	4,1	15,7
4 - 7 Schuljahre	2,5	44,6	32,8	3,5	16,6
8+ Schuljahre	2,5	63,1	8,6	3,0	22,8
Insgesamt	2,9	43,6	33,0	3,7	16,7
Assoziationsmaß			C.C. 0,178***		

Quelle: Stichproben des NFS1976 und des NDHS2000.
* p < .05, ** p < .01, ***p < .001.

5.2.2. Familienstand der Mutter und Bildungsniveau der Kinder

Kinder von getrennt lebenden oder geschiedenen Müttern verfügten 1976 über das höchste und 2000 über das zweithöchste Bildungsniveau hinter den Kindern von verheirateten Müttern (Tabelle 25). Die Erklärung hierfür liegt wiederum darin, dass Scheidung und Getrenntleben in gebildeten Kreisen häufiger vorkommen und getrennt lebende beziehungsweise geschiedene Frauen dementsprechend über eine vergleichsweise hohe Bildung verfügen.

Sowohl 1976 als auch 2000 gingen die Kinder, deren Mütter in nichtehelicher Gemeinschaft lebten, ungefähr ein Jahr weniger zur Schule als die Kinder von verheirateten Müttern. In beiden Jahren war ihr durchschnittlicher Schulbesuch auch geringer als bei Kindern lediger Mütter. Auch in Bezug auf die anderen zwei Bildungsindikatoren, „altersgemäßer Schulbesuch" und „Eintritt in den Sekundarbereich", waren die Werte der Kinder, deren Mütter in nichtehelicher Gemeinschaft lebten, schlechter als die der Kinder von verheirateten Müttern. Niedrigere Indikatorenwerte wiesen auch die Kinder lediger Mütter auf. Bemerkenswert ist, dass die Kinder, die in nichtehelichen Gemeinschaften der Mutter aufwuchsen, in der Regel über das niedrigste Bildungsniveau verfügten. Das Assoziationsmaß zwischen Familienstand der Mutter und den Bildungsindikatoren vergrößerte sich im Laufe der Jahre, besonders in Bezug auf den Bildungsindikator „altersgemäßer Schulbesuch" (Tabelle 25). Tabelle 26 zeigt zusätzlich, dass sich sowohl 1976 wie 2000 die Assoziationsmaße deutlich verkleinern, wenn man zwischen verheirateten Frauen und Frauen, die in nichtehelicher Gemeinschaft leben, nicht unterscheidet. Dies bedeutet, dass der Zusammenhang zwischen Familienstand der Mutter und Bildungsniveau der Kinder in erster Linie dadurch bestimmt wird, ob die Mutter verheiratet ist oder in nichtehelicher Gemeinschaft lebt.

In Zusammenhang mit der Kontrollvariable „Wohnort" verändert sich der Zusammenhang zwischen Familienstand der Mutter und Bildungsniveau der Kinder in Bezug auf den Bildungsindikator „durchschnittlicher Schulbesuch in Jahren" nicht. Die anderen zwei Bildungsniveauindikatoren, „altersgemäßer Schulbesuch" und „Eintritt in den Sekundarbereich", liefern andere Ergebnisse, wenn man sie nach Wohnort analysiert. In den ländlichen Gebieten wiesen 1976 die Kinder aus nichtehelichen Gemeinschaften sogar bessere Werte auf als Kinder verheirateter Mütter. Im Jahr 2000 verkehrte sich dies ins Gegenteil (Abbildungen 23 - 28).

Tabelle 25: Bildungsniveauindikatoren der 10- bis 15-jährigen Kinder in Kolumbien 1976 und 2000 nach Familienstand der Mutter

Familienstand der Mutter	Durchschnittlicher Schulbesuch in Jahren	Altersgemäßer Schulbesuch in Prozent	Eintritt in den Sekundarbereich (Kinder 14 – 15 Jahre alt) in Prozent
1976			
ledig	2,77	5,0	31,3
verheiratet	3,31	21,0	39,1
in nichtehelicher Gemeinschaft	2,34	11,1	23,3
verwitwet	3,16	16,0	50,3
getrennt/geschieden	3,50	22,5	53,2
Insgesamt	3,16	19,2	38,1
Assoziationsmaß	Eta 0,188***	C.C. 0,099***	C.C. 0,150***
2000			
ledig	4,67	57,5	54,2
verheiratet	5,55	69,2	78,2
in nichtehelicher Gemeinschaft	4,62	54,4	64,7
verwitwet	5,19	55,5	60,9
getrennt/geschieden	5,25	67,4	78,0
Insgesamt	5,16	63,2	73,0
Assoziationsmaß	Eta 0,192***	C.C. 0,141***	C.C. 0,156***

Quelle: Stichproben des NFS1976 und des NDHS2000.
* p < .05, ** p < .01, *** p < .001.

Tabelle 26: Bildungsniveauindikatoren der 10- bis 15-jährigen Kinder in Kolumbien 1976 und 2000 nach Familienstand der Mutter (keine Unterscheidung zwischen den Kategorien „verheiratet" und „in nichtehelicher Gemeinschaft)

Familienstand der Mutter	Durchschnittlicher Schulbesuch in Jahren	Altersgemäßer Schulbesuch in Prozent	Eintritt in den Sekundarbereich (Kinder 14 - 15 Jahre alt) in Prozent
1976			
ledig	2,77	5,0	31,3
verheiratet/in nichtehelicher Gemeinschaft	3,14	19,3	36,7

Familienstand der Mutter	Durchschnittlicher Schulbesuch in Jahren	Altersgemäßer Schulbesuch in Prozent	Eintritt in den Sekundarbereich (Kinder 14 - 15 Jahre alt) in Prozent
verwitwet	3,16	16,0	50,3
getrennt/geschieden	3,50	22,4	53,2
Insgesamt	3,16	19,2	38,1
Assoziationsmaß	Eta 0,046**	C.C. 0,043*	C.C. 0,099**
2000			
ledig	4,67	57,5	54,2
verheiratet/in nichtehelicher Gemeinschaft	5,16	63,0	73,1
verwitwet	5,22	55,5	60,9
getrennt/geschieden	5,24	67,4	78,0
Insgesamt	5,17	63,2	73,0
Assoziationsmaß	Eta 0,040	C.C. 0,050**	C.C. 0,092**

Quelle: Ergebnisse der für diese Studie vorbereiteten Stichproben des NFS1976 und des NDHS2000.
* p < .05, ** p < .01, ***p < .001.

Abbildung 23: Durchschnittlicher Schulbesuch der 10- bis 15-jährigen Kinder in Kolumbien 1976 nach Familienstand der Mutter und Wohnort in Jahren

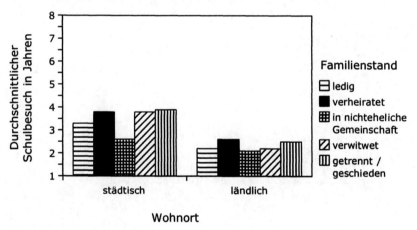

Quelle: Stichprobe des NFS1976.

Abbildung 24: Durchschnittlicher Schulbesuch der 10- bis 15-jährigen Kinder in Kolumbien 2000 nach Familienstand der Mutter und Wohnort in Jahren

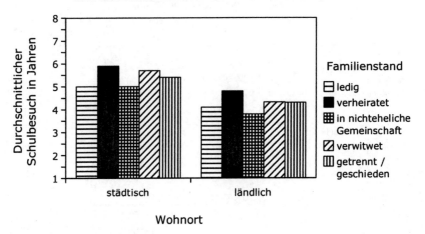

Quelle: Stichprobe des NDHS2000.

Abbildung 25: 10- bis 15-jährige Kinder mit altersgemäßem Schulbesuch in Kolumbien 1976 nach Familienstand der Mutter und Wohnort in Prozent

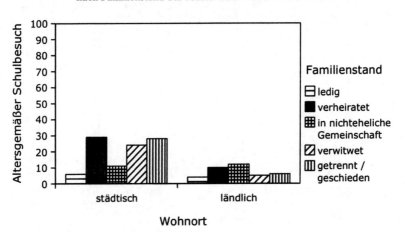

Quelle: Stichprobe des NFS1976.

Abbildung 26: 10- bis 15-jährige Kinder mit altersgemäßem Schulbesuch in Kolumbien 2000 nach Familienstand der Mutter und Wohnort in Prozent

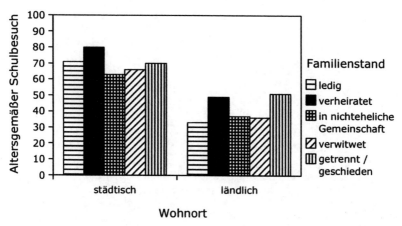

Quelle: Stichprobe des NDHS2000.

Abbildung 27: Eintritt der 14- bis 15-jährigen Kinder in den Sekundarbereich in Kolumbien 1976 nach Familienstand der Mutter und Wohnort in Prozent

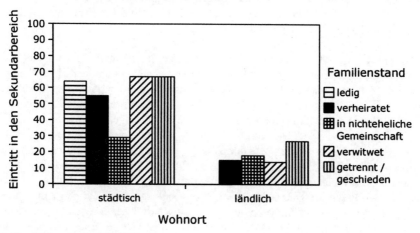

Quelle: Stichprobe des NFS1976.

Abbildung 28: Eintritt der 14- bis 15-jährigen Kinder in den Sekundarbereich in Kolumbien 2000 nach Familienstand der Mutter und Wohnort in Prozent

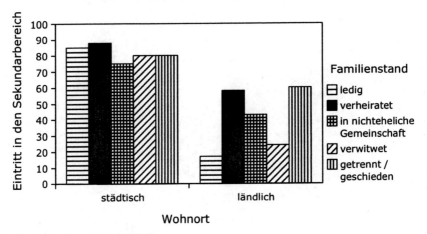

Quelle: Stichprobe des NDHS2000.

Die Analyse der statistischen Beziehung zwischen Familienstand der Mutter und Bildungsniveau der Kinder ist in Bezug auf die Regionen aufgrund der Größe der Stichprobe und ihrer Zerlegung in viele Kategorien (fünf Regionen und fünf Familienstandskategorien) leider nicht zuverlässig.

Die Analyse des Zusammenhangs zwischen Familienstand der Mutter und Bildungsniveau der Kinder nach der Kontrollvariablen „Schuljahre der Mutter" zeigt, dass die Unterschiede im Bildungsniveau zwischen den Kindern lediger, verheirateter, in nichtehelicher Gemeinschaft lebender, verwitweter, getrennt lebender oder geschiedener Mütter 2000 nicht mehr so stark ausgeprägt waren wie 1976 (Abbildungen 29 – 34). Dies stimmt nicht in vollem Umfang mit dem Ergebnis der Analyse des bivariaten Zusammenhangs zwischen dem Familienstand der Mutter und dem Bildungsniveau der Kinder überein (Tabelle 25). Bei dem bivariaten Zusammenhang zwischen Familienstand der Mutter und Bildungsniveau der Kinder waren die Unterschiede im Bildungsniveau zwischen den Kindern lediger, verheirateter, in nichtehelicher Gemeinschaft lebender, verwitweter, getrennt lebender oder geschiedener Mütter 2000 sogar etwas stärker ausgeprägt als 1976. Diese Unstimmigkeit der Ergebnisse resultiert aus dem Zusammenhang zwischen den Variablen „Familienstand" und „Schuljahre der Mutter" einerseits und den Variablen „Schuljahre der Mutter" und „Bildungsniveau der Kinder" andererseits. Die Betrachtung des Zusammenhangs zwischen Schuljahren der Mutter und Bildungsniveau der Kinder zeigt, dass der Einfluss der Schuljahre der Mutter auf das Bildungsniveau der Kinder zwar sowohl 1976 als auch 2000 groß, im Jahr

2000 jedoch deutlich weniger ausgeprägt ist (Tabelle 27). In diesem Fall lässt sich das Ausmaß der Auswirkung des Familienstands der Mutter auf das Bildungsniveau der Kinder kausal über die Variable „Schuljahre der Mutter" erklären.

Abbildung 29: Durchschnittlicher Schulbesuch der 10- bis 15-jährigen Kinder in Kolumbien 1976 nach Familienstand und Schuljahren der Mutter in Jahren

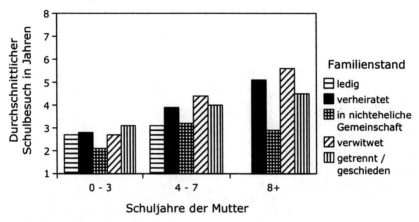

Quelle: Stichprobe des NFS1976.

Abbildung 30: Durchschnittlicher Schulbesuch der 10- bis 15-jährigen Kinder in Kolumbien 2000 nach Familienstand und Schuljahren der Mutter in Jahren

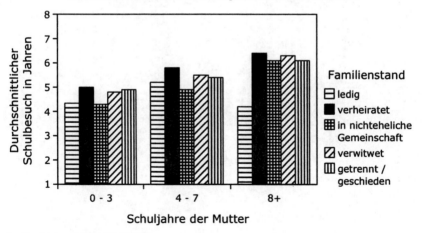

Quelle: Stichprobe des NDHS2000.

113

Abbildung 31: 10- bis 15-jährige Kinder mit altersgemäßem Schulbesuch in Kolumbien 1976 nach Familienstand und Schuljahren der Mutter in Prozent

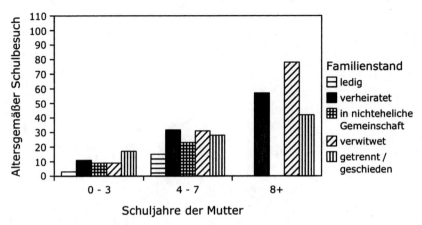

Quelle: Stichprobe des NFS1976.

Abbildung 32: 10- bis 15-jährige Kinder mit altersgemäßem Schulbesuch in Kolumbien 2000 nach Familienstand und Schuljahren der Mutter in Prozent

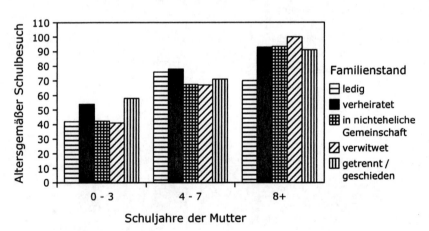

Quelle: Stichprobe des NDHS2000.

Abbildung 33: Eintritt der 14- bis 15-jährigen Kinder in den Sekundarbereich in Kolumbien 1976 nach Familienstand und Schuljahren der Mutter in Prozent

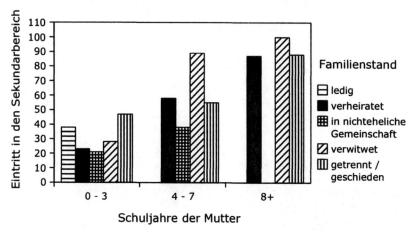

Quelle: Stichprobe des NFS1976.

Abbildung 34: Eintritt der 14- bis 15-jährigen Kinder in den Sekundarbereich in Kolumbien 2000 nach Familienstand und Schuljahren der Mutter in Prozent

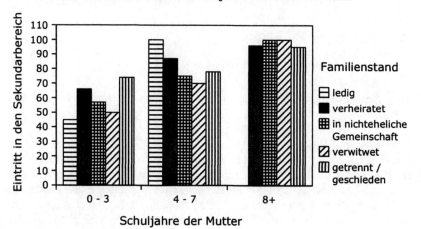

Quelle: Stichprobe des NDHS2000.

Tabelle 27: Bildungsniveauindikatoren der 10- bis 15-jährigen Kinder in Kolumbien 1976 und 2000 nach Schuljahren der Mutter

Schuljahre der Mutter	Durchschnittlicher Schulbesuch in Jahren	Altersgemäßer Schulbesuch in Prozent	Eintritt in den Sekundarbereich (Kinder 14 - 15 Jahre alt) in Prozent
1976			
0 - 2 Schuljahre	2,52	10,00	20,20
3 - 5 Schuljahre	3,45	20,90	46,50
6 - 8 Schuljahre	4,66	45,90	83,00
9 - 11 Schuljahre	5,13	61,40	85,10
12+ Schuljahre	5,45	69,00	84,70
Insgesamt	3,16	19,20	38,10
Assoziationsmaß	Eta 0,399***	C.C. 0,319***	C.C. 0,393***
2000			
0 - 2 Schuljahre	4,53	46,70	59,50
3 - 5 Schuljahre	5,16	63,00	74,50
6 - 8 Schuljahre	6,06	89,20	94,30
9 - 11 Schuljahre	X	X	X
12+ Schuljahre	6,24	92,00	94,80
Insgesamt	5,16	63,20	73,00
Assoziationsmaß	Eta 0,265***	C.C. 0,312***	C.C. 0,267***

Quelle: Ergebnisse der für diese Studie vorbereiteten Stichprobe auf der Grundlage des NFS1976 und des NDHS2000.
* p < .05, ** p < .01, ***p < .001.

5.3. Alter der Mutter bei der ersten Geburt

5.3.1. Entwicklungstendenzen bezüglich des Alters der Mutter bei der ersten Geburt

Anders als in vielen Industrieländern, in denen der Geburtenrückgang von einer kontinuierlichen Erhöhung des durchschnittlichen Lebensalters von Erstgebärenden begleitet wurde und wird, scheint diese Entwicklung auf Kolumbien nicht zuzutreffen. Das Median-Alter der Frauen bei der Geburt ihres ersten Kindes weist während der letzten Jahrzehnte des 20. Jahrhunderts keinen eindeutigen Anstieg auf: 1986 lag das Median-Alter bei 21,5, im Jahr 2000 betrug es 22,1 Jahre (ORC Macro 2003). Der Anteil der Frauen, die ihr erstes Kind nach dem 25. Lebensjahr bekamen, tendierte zwar insgesamt zu einem allmählichen Anstieg, diese Entwicklung vollzog sich aber nicht kontinuierlich, sondern mit Schwankungen (Tabelle 28).

Gleichzeitig nahm der prozentuale Anteil derjenigen Frauen ab, die ihr erstes Kind mit weniger als 19 Jahren bekommen haben. Dabei ist zu berücksichtigen, dass von 1990 bis 1995 eine relative Stagnation dieser Tendenz, die sich erst 2000 wieder leicht fortsetzte, zu beobachten war. Der Anteil der Frauen, die im Alter von 25 bis 49 Jahren noch keine Kinder zur Welt gebracht hatten, nahm zwischen 1990 und 2000 leicht ab (Abbildung 35). Insgesamt erkennt man eine mäßige gegenläufige Tendenz, was die Stagnation der gesamten Werte erklärt.

Tabelle 28: Frauen in Kolumbien 1976 - 2000 nach Alter bei der ersten Geburt und Altersgruppen in Prozent

Altersgruppen	Keine Geburt	<15	15 - 17	18 - 19	20 - 21	22 - 24	25+	Total
1976								
15 - 19	88,8	1,1	4,9	2,2	-	-	-	100
20 - 24	45,8	2,9	7,6	9,3	8,1	4,3	-	100
25 - 29	24,0	4,2	9,9	8,7	9,5	10,2	7,7	100
30 - 34	10,0	2,7	10,2	11,0	8,8	13,0	14,0	100
35 - 39	11,6	4,3	11,2	10,2	10,5	10,7	16,9	100
40 - 44	9,9	4,2	8,4	11,8	8,0	12,6	19,1	100
45 - 49	8,1	4,2	9,6	6,9	8,8	14,0	23,3	100
1986								
15 - 19	89,5	0,7	7,0	2,8	-	-	-	100
20 - 24	50,3	1,5	14,6	15,9	13,2	4,5	-	100
25 - 29	24,2	2,0	12,9	20,6	18,1	16,5	5,8	100
30 - 34	12,2	2,9	14,8	14,9	18,0	20,1	17,0	100
35 - 39	8,6	4,1	16,1	16,0	16,2	19,5	19,5	100
40 - 44	6,2	3,1	16,7	18,6	22,0	15,7	17,7	100
45 - 49	3,5	5,3	17,8	18,9	16,7	19,6	18,2	100
1990								
15 - 19	90,4	1,0	5,9	2,7	-	-	-	100
20 - 24	50,5	1,1	12,5	17,0	12,3	6,5	-	100
25 - 29	28,0	1,5	12,8	16,8	15,4	16,7	8,9	100
30 - 34	11,2	3,1	11,5	18,7	16,6	19,2	19,7	100
35 - 39	10,7	1,5	11,8	15,9	15,5	21,3	23,3	100
40 - 44	6,7	4,1	17,0	15,5	13,3	18,6	24,8	100
45 - 49	6,2	2,2	17,5	17,4	20,3	18,0	18,6	100

Altersgruppen	Alter der Mutter bei der ersten Geburt							
	Keine Geburt	<15	15 - 17	18 - 19	20 - 21	22 - 24	25+	Total
1995								
15 - 19	86,5	1,3	8,6	3,6	-	-	-	100
20 - 24	45,3	2,5	15,2	18,3	13,0	5,7	-	100
25 - 29	22,7	1,5	13,7	16,2	16,3	18,5	11,0	100
30 - 34	14,5	1,7	15,1	15,4	16,4	16,9	20,0	100
35 - 39	9,2	2,3	12,5	18,5	17,5	17,8	22,2	100
40 - 44	6,3	2,4	14,2	17,6	14,6	21,8	22,9	100
45 - 49	9,2	2,8	14,9	15,7	16,4	17,7	23,2	100
2000								
15 - 19	84,9	1,2	9,9	4,0	-	-	-	100
20 - 24	48,5	1,6	17,4	16,5	11,0	5,1	-	100
25 - 29	23,1	1,1	16,4	18,9	15,3	17,0	8,3	100
30 - 34	14,7	1,6	11,1	16,8	17,2	17,0	21,7	100
35 - 39	7,9	1,7	13,7	16,8	15,2	17,4	27,2	100
40 - 44	7,8	2,1	12,8	18,4	17,8	18,6	22,4	100
45 - 49	8,1	1,6	15,4	18,5	15,5	17,5	23,4	100

Quelle: NFS1976 und NDHS1986/1990/1995/2000.

Auch anhand der Stichproben der 10- bis 15-jährigen Kinder ist keine deutliche Verschiebung des Alters der Frauen bei der ersten Geburt festzustellen. 1976 waren diese Frauen bei der Geburt ihres ersten Kindes im Durchschnitt 20,02 Jahre alt, 2000 verschob sich ihr Durchschnittsalter lediglich auf 20,62 Jahre (Tabelle 29). Die Analyse der Daten nach Wohnort oder Region zeigt ebenfalls keine großen Veränderungen. In der Region Atlántica kann man 1976 zwar ein niedrigeres durchschnittliches Alter der Mutter bei der ersten Geburt erkennen (18,57), 2000 jedoch erhöht sich das durchschnittliche Alter auf 20,32 (Tabelle 30).

Abbildung 35: 25- bis 49-jährige Frauen in Kolumbien 1976 - 2000 nach Alter bei der ersten Geburt in Prozent

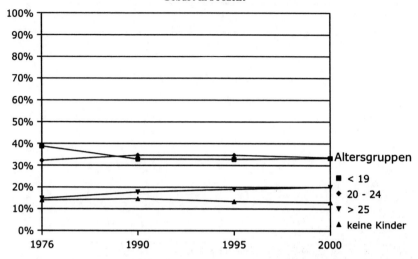

Quelle: NFS1976 und NDHS1986/1990/1995/2000.

Tabelle 29: Durchschnittsalter der Mutter bei der ersten Geburt in Kolumbien 1976 und 2000 nach Wohnort

Wohnort	Durchschnittsalter der Mutter bei der ersten Geburt
1976	
ländlich	19,54
städtisch	20,36
Insgesamt	20,02
Assoziationsmaß	Eta 0,113**
2000	
ländlich	19,97
städtisch	20,88
Insgesamt	20,62
Assoziationsmaß	Eta 0,106***

Quelle: Stichproben des NFS1976 und des NDHS2000.
* p < .05, ** p < .01, ***p < .001.

Tabelle 30: Durchschnittsalter der Mutter bei der ersten Geburt in Kolumbien 1976 und 2000 nach Region

Region	Durchschnittsalter der Mutter bei der ersten Geburt
1976	
Atlántica	18,57
Oriental	20,20
Central	20,51
Pacífica	20,06
Bogotá	21,17
Insgesamt	20,02
Assoziationsmaß	Eta 0,210***
2000	
Atlántica	20,32
Oriental	20,40
Central	21,03
Pacífica	20,13
Bogotá	21,21
Insgesamt	20,62
Assoziationsmaß	Eta 0,099***

Quelle: Stichproben des NFS1976 und des NDHS2000.
* $p < .05$, ** $p < .01$, *** $p < .001$.

In den letzten 30 Jahren des 20. Jahrhunderts hat die Bildungsexpansion für einige Frauen in Kolumbien eine gewisse Verschiebung des Alters bei der Geburt des ersten Kindes bewirkt. Während sich bei Frauen mit weniger als acht Schuljahren das Durchschnittsalter bei der Geburt des ersten Kindes kaum veränderte, erkennt man bei Frauen mit acht oder mehr Schuljahren eine Verschiebung des Durchschnittsalters bei der Geburt des ersten Kindes von 21,26 im Jahr 1976 auf 23,99 im Jahr 2000. Das Assoziationsmaß Eta zwischen Bildungsniveau und Alter der Frauen bei der ersten Geburt betrug 1976 0,114, im Jahr 2000 erhöhte es sich auf 0,282 (beide Werte mit Signifikanzniveau $p < .001$) (Tabelle 31). Die Verschiebung des Alters bei der ersten Geburt um 2,73 Jahre bei den qualifizierteren Frauen ist, bezogen auf diese 25 Jahre, jedoch relativ gering, vergleicht man diese Werte beispielsweise mit der Entwicklung in Deutschland, wo hoch qualifizierte Frauen ihre Kinder deutlich später zur Welt bringen als in Kolumbien (Peuckert 2002: 116).

In Bezug auf die Ursachen für die relativ geringe Verschiebung des Durchschnittsalters der Frauen bei der ersten Geburt ist im Vergleich zur Situation in vielen Industrieländern zum einen anzumerken, dass kolumbianische Frauen – vor allem mit Kindern – unter höherem Druck stehen, durch Erwerbstätigkeit zum Lebensunterhalt beizutragen. Zum anderen ist noch einmal darauf hinzuweisen, dass Erwerbstätigkeit und Erziehung von Kindern in Kolumbien vergleichsweise gut miteinander zu vereinbaren sind. In Kolumbien – wie in vielen anderen Entwicklungsländern auch – haben die Schwächen der sozialen Sicherungssysteme in den letzten Jahrzehnten des 20. Jahrhunderts dazu geführt, dass Frauen, ob verheiratet oder nicht, nach drei Monaten Mutterschutz sofort ihre Erwerbsarbeit wieder aufnehmen beziehungsweise nach Arbeit suchen müssen. Im Jahr 2000 waren 40,4 Prozent der Frauen, die keine Kinder hatten, erwerbstätig, der entsprechende Wert für Frauen mit einem oder zwei Kindern dagegen liegt bei 53,4 Prozent. 53 Prozent der Frauen mit drei bis vier Kindern und 46,5 Prozent der Frauen mit fünf oder mehr Kindern waren zum Zeitpunkt der Umfrage erwerbstätig (Tabelle 32).

Tabelle 31: Durchschnittsalter der Mutter bei der ersten Geburt in Kolumbien 1976 und 2000 nach Schuljahren der Mutter

Schuljahre der Mutter	Durchschnittsalter der Mutter bei der ersten Geburt
1976	
0 - 3 Schuljahre	19,74
4 - 7 Schuljahre	20,34
8+ Schuljahre	21,26
Insgesamt	20,02
Assoziationsmaß	Eta 0,114***
2000	
0 - 3 Schuljahre	19,90
4 - 7 Schuljahre	20,71
8+ Schuljahre	23,99
Insgesamt	20,62
Assoziationsmaß	Eta 0,282***

Quelle: Stichproben des NFS1976 und des NDHS2000.
* $p < .05$, ** $p < .01$, *** $p < .001$.

Tabelle 32: Frauen in Kolumbien 2000 nach Kinderzahl und Erwerbssituation der Mutter in Prozent

Anzahl der Kinder	Erwerbstätig	Nicht erwerbstätig
Keine Kinder	40,4	59,6
1 – 2 Kinder	53,4	46,6
3 – 4 Kinder	53,0	47,0
5+ Kinder	46,5	53,5

Quelle: NDHS2000.

Zu diesem Verhaltensmuster trägt bei, dass die Bereitschaft von Großeltern und anderen Verwandten, die Kinder zu betreuen, in Kolumbien stärker ausgeprägt ist. Darüber hinaus ist es insbesondere für besser qualifizierte Frauen aufgrund der deutlichen Lohnunterschiede zwischen qualifizierterer und weniger qualifizierter Arbeit in der Regel möglich, eine Kinderbetreuung zu bezahlen. Für die ökonomisch Schwächsten bietet der Staat ferner einige subventionierte Alternativen wie auf Eigeninitiative beruhende Betreuungseinrichtungen (*Hogares Comunitarios de Bienestar*) und Kindergärten (*Jardines Comunitarios*) (siehe Kapitel 4.3). Die Qualität derartiger staatlicher Angebote ist allerdings in vielen Fällen begrenzt.

5.3.2. Alter der Mutter bei der ersten Geburt und Bildungsniveau der Kinder

In Bezug auf den Zusammenhang zwischen dem Alter der Mutter bei der ersten Geburt und dem Bildungsniveau der Kinder besteht grundsätzlich – sowohl für 1976 als auch für 2000 – die gleiche Tendenz: Je jünger die Frauen bei der Geburt des ersten Kindes waren, desto niedriger ist das Bildungsniveau der Kinder. Die Assoziationsmaße ändern sich nicht grundsätzlich zwischen 1976 und 2000 (Tabelle 33).

Tabelle 33: Bildungsniveauindikatoren der 10– bis 15-jährigen Kinder in Kolumbien 1976 und 2000 nach Alter der Mutter bei der ersten Geburt

Alter der Mutter bei der ersten Geburt	Durchschnittlicher Schulbesuch in Jahren	Altersgemäßer Schulbesuch in Prozent	Eintritt in den Sekundarbereich (Kinder 14 - 15 Jahre alt) in Prozent
1976			
<20	2,94	15,5	32,1
20 - 29	3,37	22,8	42,9
30 - 49	3,98	33,2	51,8
Insgesamt	3,16	19,2	38,1
Assoziationsmaß	Eta 0,126***	C,C, 0,107***	C.C. 0,128***
2000			
<20	4,79	52,6	65,9
20 - 29	5,47	71,7	79,1
30 - 49	5,67	82,2	87,3
Insgesamt	5,16	63,2	73,0
Assoziationsmaß	Eta 0,159***	C.C. 0,203***	C.C. 0,152***

Quelle: Stichproben des NFS1976 und des NDHS2000.
* p < .05, ** p < .01, ***p < .001.

Bezüglich der Kontrollvariable „Wohnort" kann nicht mehr davon die Rede sein, dass in den ländlichen Gebieten das Bildungsniveau der Kinder umso niedriger wäre, je jünger ihre Mütter bei der Geburt des ersten Kindes waren (Abbildungen 36 - 39). Nur für den Bildungsindikator „Eintritt in den Sekundarbereich" kann man noch ein höheres Bildungsniveau derjenigen Kinder beobachten, deren Mütter bei der Geburt des ersten Kindes älter als 20 beziehungsweise 30 Jahre waren (Abbildungen 40, 41). Eine Verschiebung der Geburt des ersten Kindes auf einen späteren Lebensabschnitt ist hier nicht unbedingt von Vorteil, da die Frauen auf dem Land ohnehin nur sehr begrenzten Zugang zu Bildungsmöglichkeiten haben und sich noch dazu ihre Erwerbsmöglichkeiten durch ein höheres Bildungsniveau nicht wesentlich verbessern würden. Nur der Weg in die Stadt böte bessere Bildungschancen. Frauen, die sich für diesen Weg entschieden haben, kehren in der Regel – vermutlich aufgrund der geringen Arbeitsmöglichkeiten in den ländlichen Gebieten – nicht wieder zurück.

Abbildung 36: Durchschnittlicher Schulbesuch der 10- bis 15-jährigen Kinder in Kolumbien 1976 nach Alter der Mutter bei der ersten Geburt und Wohnort in Jahren

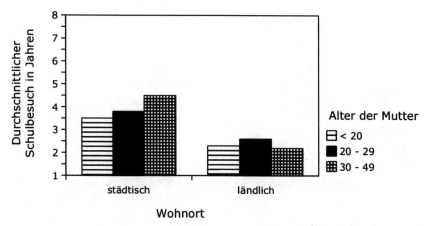

Quelle: Stichprobe des NFS 1976.

Abbildung 37: Durchschnittlicher Schulbesuch der 10- bis 15-jährigen Kinder in Kolumbien 2000 nach Alter der Mutter bei der ersten Geburt und Wohnort in Jahren

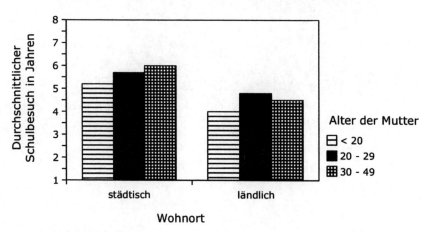

Quelle: Stichprobe des NDHS 2000.

123

Abbildung 38: 10- bis 15-jährige Kinder mit altersgemäßem Schulbesuch in Kolumbien 1976 nach Alter der Mutter bei der ersten Geburt und Wohnort in Prozent

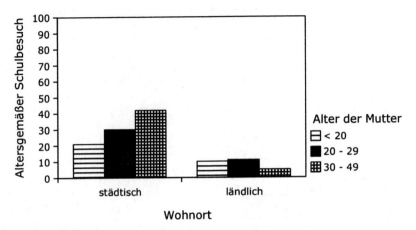

Quelle: Stichprobe des NFS1976.

Abbildung 39: 10- bis 15-jährige Kinder mit altersgemäßem Schulbesuch in Kolumbien 2000 nach Alter der Mutter bei der ersten Geburt und Wohnort in Prozent

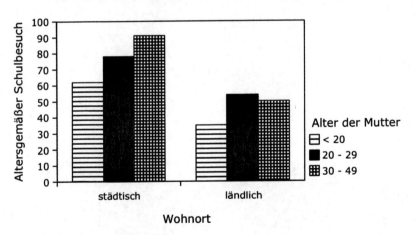

Quelle: Stichprobe des NDHS2000.

Abbildung 40: Eintritt der 14- bis 15-jährigen Kinder in den Sekundarbereich in Kolumbien 1976 nach Alter der Mutter bei der ersten Geburt und Wohnort in Prozent

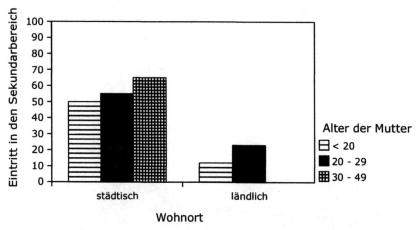

Quelle: Stichprobe des NFS1976.

Abbildung 41: Eintritt der 14- bis 15-jährigen Kinder in den Sekundarbereich in Kolumbien 2000 nach Alter der Mutter bei der ersten Geburt und Wohnort in Prozent

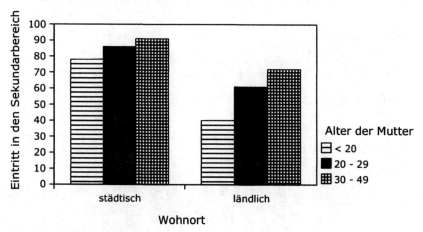

Quelle: Stichprobe des NDHS2000.

Betrachtet man den Zusammenhang zwischen dem Alter der Mutter bei der ersten Geburt und dem Bildungsniveau ihrer Kinder differenziert nach Regionen, so gilt sowohl für 1976 wie für 2000 – von einer einzigen Ausnahme abgesehen – die allgemeine Tendenz: Je jünger die Frauen bei der Geburt des ersten Kindes, desto niedriger das Bildungsniveau ihrer Kinder. Lediglich die Region Bogotá zeigt für

125

das Jahr 1976 ein anderes Bild. Hier war das Bildungsniveau der Kinder höher, je jünger ihre Mütter bei der Geburt des ersten Kindes waren (Abbildungen 42, 44, 46). Auffällig ist, dass sich im Jahr 2000 die statistische Beziehung bei den drei Indikatoren völlig umkehrt (Abbildungen 43, 45, 47).

Abbildung 42: Durchschnittlicher Schulbesuch der 10- bis 15-jährigen Kinder in Kolumbien 1976 nach Alter der Mutter bei der ersten Geburt und Region in Jahren

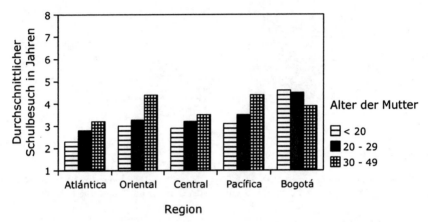

Quelle: Stichprobe des NFS1976.

Abbildung 43: Durchschnittlicher Schulbesuch der 10- bis 15-jährigen Kinder in Kolumbien 2000 nach Alter der Mutter bei der ersten Geburt und Region in Jahren

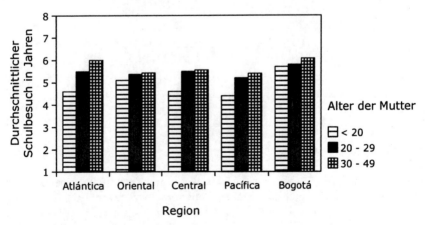

Quelle: Stichprobe des NDHS2000.

Abbildung 44: 10- bis 15-jährige Kinder mit altersgemäßem Schulbesuch in Kolumbien 1976 nach Alter der Mutter bei der ersten Geburt und Region in Prozent

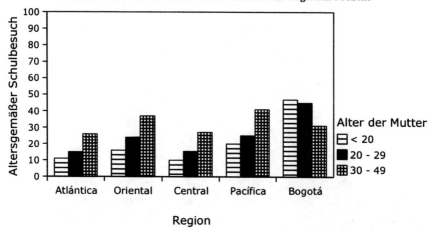

Quelle: Stichprobe des NFS1976.

Abbildung 45: 10- bis 15-jährige Kinder mit altersgemäßem Schulbesuch in Kolumbien 2000 nach Alter der Mutter bei der ersten Geburt und Region in Prozent

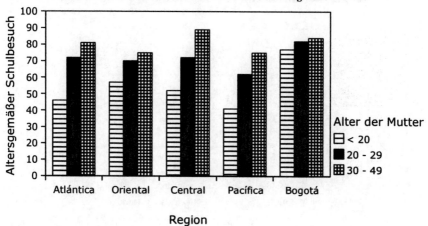

Quelle: Stichprobe des NDHS2000.

Abbildung 46: Eintritt der 14- bis 15-jährigen Kinder in den Sekundarbereich in Kolumbien 1976 nach Alter der Mutter bei der ersten Geburt und Region in Prozent

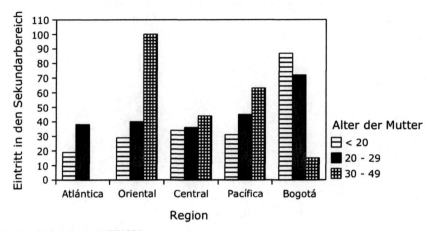

Quelle: Stichprobe des NFS1976.

Abbildung 47: Eintritt der 14- bis 15-jährigen Kinder in den Sekundarbereich in Kolumbien 2000 nach Alter der Mutter bei der ersten Geburt und Region in Prozent

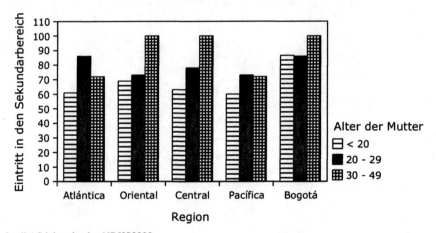

Quelle: Stichprobe des NDHS2000.

Die Bildungsniveauindikatoren in Bezug auf die Kinder liefern andere Ergebnisse, wenn sie nach den Schuljahren der Mütter analysiert werden. Die Aussage: „Je jünger die Frauen bei der Geburt des ersten Kindes, desto niedriger das Bildungsniveau ihrer Kinder" gilt 1976 noch für Frauen mit weniger als acht Jahren Schulbesuch, im Jahr 2000 noch für Frauen mit weniger als vier Jahren Schulbesuch. Ab einem gewissen Niveau schulischer Bildung, das heißt acht oder mehr Schuljahre (1976) beziehungsweise vier oder mehr Schuljahre (2000), ist dieser Zusammenhang zwischen dem Alter der Mutter bei der ersten Geburt und dem Bildungsniveau ihrer Kinder nicht mehr gültig (Abbildungen 48 - 53). Die gebildeteren Frauen können ihre Bildung besser in wirtschaftlichen Erfolg umsetzen. Der Faktor „Alter der Mutter bei der ersten Geburt" hat mit der Zeit im Vergleich zum Faktor „Schuljahre der Mutter" an Bedeutung verloren. Zum einen hatte sich das Bildungsniveau der Frauen im der Laufe der Jahre ohnehin erhöht, zum anderen wurde es auch für Frauen, die sehr jung Mutter geworden sind, immer dringender nötig, eine Ausbildung zu machen oder zumindest eine Grundausbildung zu erhalten.

Abbildung 48: Durchschnittlicher Schulbesuch der 10- bis 15-jährigen Kinder in Kolumbien 1976 nach Alter der Mutter bei der ersten Geburt und nach Schuljahren der Mutter in Jahren

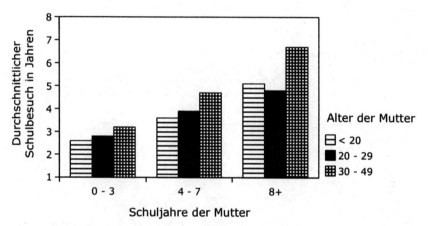

Quelle: Stichprobe des NFS1976.

Abbildung 49: Durchschnittlicher Schulbesuch der 10- bis 15-jährigen Kinder in Kolumbien 2000 nach Alter der Mutter bei der ersten Geburt und nach Schuljahren der Mutter in Jahren

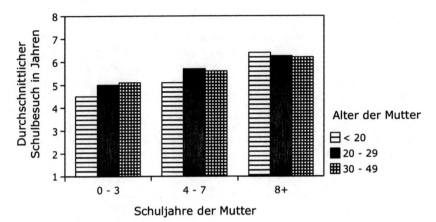

Quelle: Stichprobe des NDHS2000.

Abbildung 50: 10- bis 15-jährige Kinder mit altersgemäßem Schulbesuch in Kolumbien 1976 nach Alter der Mutter bei der ersten Geburt und nach Schuljahren der Mutter in Prozent

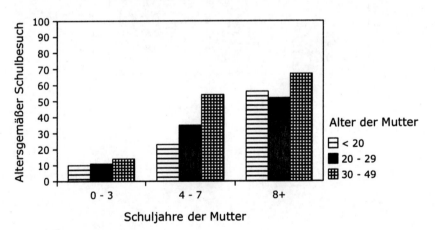

Quelle: Stichprobe des NFS1976.

130

Abbildung 51: 10- bis 15-jährige Kinder mit altersgemäßem Schulbesuch in Kolumbien 2000 nach Alter der Mutter bei der ersten Geburt und nach Schuljahren der Mutter in Prozent

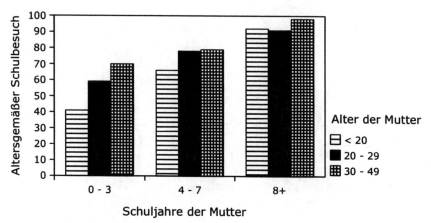

Quelle: Stichprobe des NDHS2000.

Abbildung 52: Eintritt der 14- bis 15-jährigen Kinder in den Sekundarbereich in Kolumbien 1976 nach Alter der Mutter bei der ersten Geburt und nach Schuljahren der Mutter in Prozent

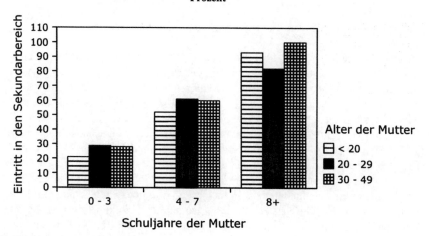

Quelle: Stichprobe des NFS1976.

Abbildung 53: Eintritt der 14- bis 15-jährigen Kinder in den Sekundarbereich in Kolumbien 2000 nach Alter der Mutter bei der ersten Geburt und nach Schuljahren der Mutter in Prozent

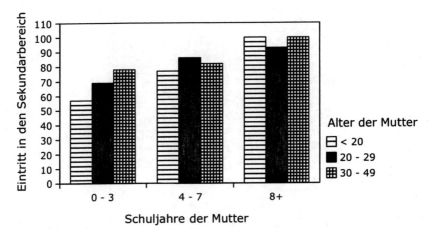

Quelle: Stichprobe des NDHS2000.

5.4. Zahl der ehelichen und nichtehelichen Gemeinschaften der Mutter

5.4.1. Partnerschaft und Ehe in den Biographien von Müttern

Es gibt nur wenige Studien über die Nuptialität in Kolumbien. Dies liegt zum Teil daran, dass die notwendigen Daten (Zahl der Eheschließungen und der Ehescheidungen nach Kalenderjahren), um Indikatoren wie die Gesamtscheidungsziffer, die Scheidungsziffer nach Ehedauer oder den Median der Ehedauer nach Ehescheidungskohorten zu berechnen, nicht für das ganze Land ermittelbar sind. Zwar sind Eheschließungen in den einzelnen lokalen Standesamtsregistern (*Registro Civil de Matrimonios*) verzeichnet, aber die Bündelung aller Daten findet in der Praxis nicht statt. Auch gibt es nur wenige für das ganze Land repräsentative Befragungen mit Langzeitcharakter, die Familienbiographien und die Geschichte der ehelichen und nichtehelichen Gemeinschaften einbeziehen. Was den Fall der nichtehelichen Gemeinschaften anbelangt, so sind die Möglichkeiten, die Realität statistisch zu erfassen, äußerst gering. Durch den NFS1976 und den NDHS1986/1990/1995/2000 ist es jedoch möglich, neben dem aktuellen Familienstand der Frauen auch die Häufigkeit, mit der sie wieder eine neue eheliche oder nichteheliche Gemeinschaft eingehen, zu ermitteln. Da die Nuptialität nicht Schwerpunkt dieser Befragungen war, ist der Umfang der vorhandenen Informationen vergleichsweise beschränkt. Die vorhandenen Daten beziehen sich nur auf die Zahl der ehelichen und nichtehelichen Gemeinschaften, in denen die Frauen bis zum Zeitpunkt der Befragung gelebt haben.

Bezogen auf die für diese Studie ausgewählte Stichprobe der Gruppe der 10- bis 15-jährigen Kinder ist anzumerken, dass die Zahl der ehelichen oder nichtehelichen Gemeinschaften der Mutter in engem Zusammenhang steht mit den Erfahrungen der Kinder sowohl mit der Situation, mit einer alleinerziehenden Mutter aufzuwachsen, als auch mit Scheidungen und neuen ehelichen oder nichtehelichen Gemeinschaften der Mutter.

Die Ergebnisse der für diese Studie vorbereiteten Stichproben zeigen, dass in den letzen 25 Jahren des 20. Jahrhunderts der Anteil der alleinerziehenden Frauen sich fast verdoppelt hat. Darüber hinaus wird deutlich, dass der Anteil der Frauen, die zwei oder mehr eheliche oder nichteheliche Gemeinschaften eingegangen waren, im Jahr 2000 1,35 mal größer als 1976 war. Immerhin ging nach den Ergebnissen der Befragung die Mehrheit der Frauen sowohl 1976 (83,7 Prozent der Frauen) wie 2000 (77,1 Prozent der Frauen) nur eine einzige eheliche oder nichteheliche Gemeinschaft ein (Tabelle 34).

Tabelle 34: Frauen in Kolumbien 1976 und 2000 nach Zahl der ehelichen oder nichtehelichen Gemeinschaften in Prozent

Zahl der ehelichen oder nichtehelichen Gemeinschaften	1976	2000
eine	83,7	77,1
zwei oder mehr	14,8	20,0
keine	1,5	2,9
Insgesamt	100,0	100,0

Quelle: Stichproben des NFS1976 und des NDHS2000.

Die Analyse nach Wohnort zeigt, dass noch 1976 die Frauen auf dem Land häufiger mehr als eine eheliche oder nichteheliche Gemeinschaft eingegangen waren als in den städtischen Gebieten. Im Jahr 2000 hat sich der Trend umgekehrt, Biographien mit mehr als einer ehelichen oder nichtehelichen Gemeinschaft waren in den Städten häufiger als in ländlichen Regionen (Tabelle 35). In den 70er Jahren des 20. Jahrhunderts war die Trennung einer Ehe in den Städten unüblich und stieß auf breite Ablehnung. Scheidungen waren zu diesem Zeitpunkt in Kolumbien überhaupt noch nicht möglich. Das schnelle Wachstum der Städte in den letzten Jahrzehnten des 20. Jahrhunderts lockerte die sozialen Normen, damit wurden auch Trennungen gesellschaftlich mehr und mehr akzeptiert. In diesem gesellschaftlichen Kontext wurde 1992 das erste kolumbianische Scheidungsgesetz rechtskräftig (siehe Kapitel 4.1.5 zu den familienrechtlichen Grundlagen).

Tabelle 35: Frauen in Kolumbien 1976 und 2000 nach Zahl der ehelichen oder nichtehelichen Gemeinschaften und Wohnort in Prozent

Wohnort	Eine eheliche oder nichteheliche Gemeinschaft	Zwei oder mehr eheliche oder nichteheliche Gemeinschaften	Keine eheliche oder nichteheliche Gemeinschaft
1976			
ländlich	80,2	18,1	1,6
städtisch	86,1	12,5	1,4
Insgesamt	83,7	14,8	1,5
Assoziationsmaß		C.C. 0,079**	
2000			
ländlich	78,8	17,7	3,4
städtisch	76,5	20,8	2,7
Insgesamt	77,1	20,0	2,9
Assoziationsmaß		C.C. 0,038	

Quelle: Stichproben des NFS1976 und des NDHS2000.
* $p < .05$, ** $p < .01$, *** $p < .001$.

Die Höhe des Anteils alleinerziehender Frauen scheint in keinem Zusammenhang zur Kontrollvariable „Wohnort" zu stehen (Tabelle 35). Relevanter scheint dagegen die Beziehung zwischen dem Anteil alleinerziehender Frauen und der Variable „Region" zu sein, wobei der geringste Anteil in der Region Atlántica vorzufinden ist. 1976 lebten in der Region Atlántica nur 0,3 Prozent der Mütter weder in einer ehelichen noch in einer nichtehelichen Gemeinschaft, dagegen zogen in Bogotá 2,4 Prozent und in der Region Pacífica 2,3 Prozent der Frauen ihre Kinder alleine auf. Sich zu trennen und eine neue eheliche oder nichteheliche Gemeinschaft einzugehen, war 1976 vor allem in den Regionen Atlántica (24,9 Prozent) und Pacífica (21,5 Prozent) verbreitet. In Bogotá dagegen waren nur 4,4 Prozent der Frauen mehr als eine eheliche oder nichteheliche Gemeinschaft eingegangen. Im Jahr 2000 wiesen immer noch die Regionen Atlántica und Pacífica den höchsten Anteil an Frauen auf, die mehr als eine eheliche oder nichteheliche Gemeinschaft eingegangen waren, wobei ihr prozentualer Anteil in den zurückliegenden 25 Jahren nicht sonderlich angestiegen war. In Bogotá hatte sich dagegen ihr Anteil vervierfacht (Tabelle 36). Während der Vorgang, sich von einem Partner zu trennen und eine neue Lebensgemeinschaft einzugehen, in den Regionen Atlántica und Pacífica seit Jahrzehnten durchaus üblich war, scheint dies in der Hauptstadt erst eine Folge des Urbanisierungsprozesses der letzten 25 Jahre des 20. Jahrhunderts gewesen zu sein. Wenn man die Daten dazu zusätzlich nach den Schuljahren der Mutter analysiert, zeigt sich, dass besonders 1976, aber auch 2000 der Anteil der mehrfachen Eheschließungen oder der mehrfachen Begründung nichtehelicher Gemeinschaften bei den weniger gebildeten Frauen am stärksten verbreitet war (Tabelle 37). Diese Daten scheinen im Widerspruch zu den Daten über den Familienstand der Mütter mit höherem Bildungsniveau zu stehen, da bei diesen der prozentuale Anteil an getrennt lebenden oder geschiedenen Frauen am größten ist (siehe Kapitel 5.2.1.). Dabei ist der Umstand in die Betrachtung einzubeziehen, dass weniger gebildete Frauen häufig in ständig wechselnden Partnerschaften leben und dass die Partnerschaften so instabil sind, dass die Frauen die Intervalle zwischen zwei Lebensgemeinschaften gar nicht als Trennungsphase wahrnehmen. Hier trifft eher das Bild der lateinamerikanischen Frau, die aufgrund instabiler Lebensgemeinschaften in den Elendsvierteln der Großstädte mehrere uneheliche Kinder unterschiedlicher Väter großzuziehen hat (Potthast 1999: 2). Diese Frauen lassen sich kaum in Kategorien erfassen, da sich für sie kein stabiler Status benennen lässt.

Bei den gebildeten Frauen ändert sich allerdings im Jahr 2000 das Bild. 1976 ging die große Mehrheit der Frauen (93,2 Prozent) im Laufe ihres Lebens nur eine eheliche oder nichteheliche Gemeinschaft ein. Sie lebten mitunter in Trennung oder waren verwitwet, gingen aber nur selten eine neue Lebensgemeinschaft ein.[36] Im Gegensatz dazu zeigen die Zahlen aus dem Jahr 2000 einen höheren Anteil von Frauen mit acht oder mehr Jahren Schulbildung, die entweder ihre Kinder alleine aufzogen oder mehrere eheliche oder nichteheliche Gemeinschaften eingegangen waren (Tabelle 37).

Tabelle 36: Frauen in Kolumbien 1976 und 2000 nach Zahl der ehelichen oder nichtehelichen Gemeinschaften und Region in Prozent

Region	Eine eheliche oder nichteheliche Gemeinschaft	Zwei oder mehr eheliche oder nichteheliche Gemeinschaften	Keine eheliche oder nichteheliche Gemeinschaft
1976			
Atlántica	74,8	24,9	0,3
Oriental	87,5	11,0	1,5
Central	87,9	10,5	1,6
Pacífica	76,2	21,5	2,3
Bogotá	93,2	4,4	2,4
Insgesamt	83,7	14,8	1,5
Assoziationsmaß		C.C. 0,196***	

---

36 Dabei kann allerdings nicht ausgeschlossen werden, dass Frauen – egal welches Bildungsniveau sie besaßen – aus moralischen Gründen ihre neuen Beziehungen verschwiegen.

Region	Eine eheliche oder nichteheliche Gemeinschaft	Zwei oder mehr eheliche oder nichteheliche Gemeinschaften	Keine eheliche oder nichteheliche Gemeinschaft
2000			
Atlántica	71,3	27,6	1,1
Oriental	81,1	15,8	3,1
Central	81,2	15,4	3,4
Pacífica	72,4	23,8	3,8
Bogotá	78,6	17,8	3,6
Insgesamt	77,1	20,0	2,9
Assoziationsmaß		C.C. 0,136***	

Quelle: Stichproben des NFS1976 und des NDHS2000.
* p < .05, ** p < .01, ***p < .001.

Tabelle 37: Frauen in Kolumbien 1976 und 2000 nach Zahl der ehelichen oder nichtehelichen Gemeinschaften und Schuljahren der Mutter in Prozent

Schuljahre der Mutter	Eine eheliche oder nichteheliche Gemeinschaft	Zwei oder mehr eheliche oder nichteheliche Gemeinschaften	Keine eheliche oder nichteheliche Gemeinschaft
1976			
0 - 3 Schuljahre	79,2	19,1	1,7
4 - 7 Schuljahre	91,3	7,4	1,3
8+ Schuljahre	93,2	6,8	-
Insgesamt	83,7	14,8	1,5
Assoziationsmaß		C.C. 0,163***	
2000			
0 - 3 Schuljahre	73,6	23,0	3,4
4 - 7 Schuljahre	79,1	18,4	2,5
8+ Schuljahre	85,9	11,6	2,5
Insgesamt	77,1	20,0	2,9
Assoziationsmaß		C.C. 0,091***	

Quelle: Stichproben des NFS1976 und des NDHS2000.
* p < .05, ** p < .01, ***p < .001.

5.4.2. Zahl der ehelichen und nichtehelichen Gemeinschaften der Mutter und Bildungsniveau der Kinder

Ein klarer Zusammenhang zeichnet sich sowohl für 1976 als auch für 2000 zwischen der Zahl der ehelichen oder nichtehelichen Gemeinschaften der Mutter und dem Bildungsniveau der Kinder ab. Die Kinder, deren Mütter nur eine eheliche oder nichteheliche Gemeinschaft eingegangen waren, hatten bessere Werte bei den drei Bildungsindikatoren als diejenigen Kinder, deren Mütter im Laufe der Zeit in mehreren Beziehungen gelebt hatten. Zwischen dem Bildungsniveau der Kinder, deren Mütter sie allein aufgezogen hatten, und dem anderer Kinder, deren Mütter mehrere eheliche oder nichteheliche Gemeinschaften eingegangen waren, sind keine deutlichen Unterschiede zu erkennen. In Bezug auf den Bildungsindikator „durchschnittlicher Schulbesuch in Jahren" hatten die Kinder alleinerziehender Mütter bessere Werte, bezüglich des Bildungsindikators „Eintritt in den Sekundarbereich" sind es dagegen die Kinder von Müttern mit mehreren ehelichen oder nichtehelichen Gemeinschaften, die bessere Werte aufweisen. Die Betrachtung des Bildungsindikators „altersgemäßer Schulbesuch" zeigt für 1976 und für 2000 keine Kongruenz zwischen den Werten. Insgesamt verstärkte sich bis zum Jahr 2000 das Assoziationsmaß zwischen diesen zwei Faktoren (Tabelle 38).

In Zusammenhang mit der Kontrollvariable „Wohnort" besteht sowohl in den ländlichen wie in den städtischen Gebieten die Tendenz, dass die Kinder, deren Mütter nur eine eheliche oder nichteheliche Gemeinschaft eingegangen waren, bessere Werte bei den drei Bildungsindikatoren aufweisen. Bemerkenswert sind die besseren Werte der Kinder alleinerziehender Mütter in den städtischen Gebieten, besonders im Jahr 2000 (Abbildungen 54 - 59). Letzteres kann im Zusammenhang mit sozialpolitischen Maßnahmen stehen, die seit den 1990er Jahren alleinerziehende Mütter und ihre Kinder bei der Vergabe von Zuschüssen bevorzugen. Diese Maßnahmen wurden vor allem in den Städten in die Praxis umgesetzt.

Tabelle 38: Bildungsniveauindikatoren der 10- bis 15-jährigen Kinder in Kolumbien 1976 und 2000 nach Zahl der ehelichen oder nichtehelichen Gemeinschaften der Mutter

Zahl der ehelichen oder nichtehelichen Gemeinschaften	Durchschnittlicher Schulbesuch in Jahren	Altersgemäßer Schulbesuch in Prozent	Eintritt in den Sekundarbereich (Kinder 14 – 15 Jahre alt) in Prozent
1976			
Eine	3,24	20,8	38,6
Zwei oder mehr	2,70	10,2	35,2
keine	2,77	5,0	31,3

Zahl der ehelichen oder nichtehelichen Gemeinschaften	Durchschnittlicher Schulbesuch in Jahren	Altersgemäßer Schulbesuch in Prozent	Eintritt in den Sekundarbereich (Kinder 14 – 15 Jahre alt) in Prozent
Insgesamt	3,16	19,2	38,1
Assoziationsmaß	Eta 0,096***	C.C. 0,098***	C.C. 0,031
2000			
Eine	5,34	67,0	75,9
Zwei oder mehr	4,51	48,9	63,2
keine	4,67	57,5	54,2
Insgesamt	5,16	63,2	73,0
Assoziationsmaß	Eta 0,155***	C.C. 0,147***	C.C. 0,126***

Quelle: Stichproben des NFS1976 und des NDHS2000.
* p < .05, ** p < .01, ***p < .001.

Abbildung 54: Durchschnittlicher Schulbesuch der 10- bis 15-jährigen Kinder in Kolumbien 1976 nach Zahl der ehelichen oder nichtehelichen Gemeinschaften der Mutter und Wohnort in Jahren

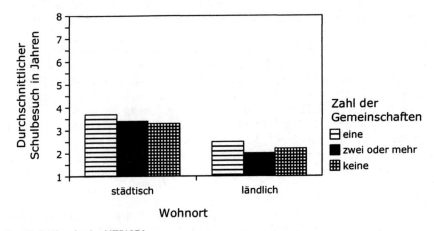

Quelle: Stichprobe des NFS1976.

Abbildung 55: Durchschnittlicher Schulbesuch der 10- bis 15-jährigen Kinder in Kolumbien 2000 nach Zahl der ehelichen oder nichtehelichen Gemeinschaften der Mutter und Wohnort in Jahren

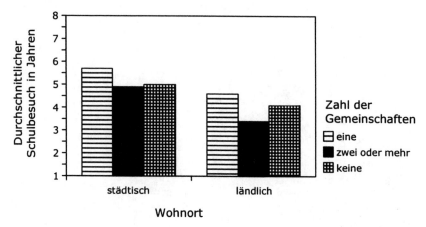

Quelle: Stichprobe des NDHS2000.

Abbildung 56: 10- bis 15-jährige Kinder mit altersgemäßem Schulbesuch in Kolumbien 1976 nach Zahl der ehelichen oder nichtehelichen Gemeinschaften der Mutter und Wohnort in Prozent

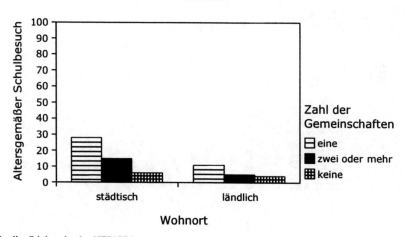

Quelle: Stichprobe des NFS1976.

139

Abbildung 57: 10- bis 15-jährige Kinder mit altersgemäßem Schulbesuch in Kolumbien 2000 nach Zahl der ehelichen oder nichtehelichen Gemeinschaften der Mutter und Wohnort in Prozent

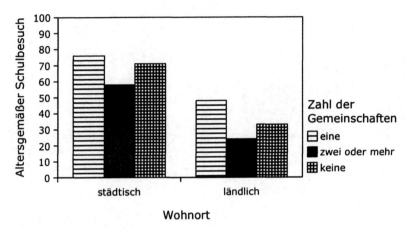

Quelle: Stichprobe des NDHS2000.

Abbildung 58: Eintritt der 14- bis 15-jährigen Kinder in den Sekundarbereich in Kolumbien 1976 nach Zahl der ehelichen oder nichtehelichen Gemeinschaften der Mutter und Wohnort in Prozent

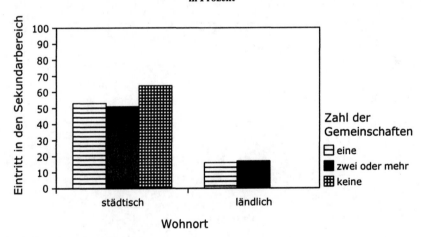

Quelle: Stichprobe des NFS1976.

Abbildung 59: Eintritt der 14- bis 15-jährigen Kinder in den Sekundarbereich in Kolumbien 2000 nach Zahl der ehelichen oder nichtehelichen Gemeinschaften der Mutter und Wohnort in Prozent

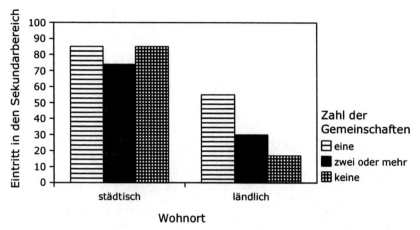

Quelle: Stichprobe des NDHS2000.

Die Analyse des Zusammenhangs zwischen dem Bildungsniveau der Kinder und der Zahl der ehelichen oder nichtehelichen Gemeinschaften in Verbindung mit der Kontrollvariablen „Region" verdeutlicht, dass weiterhin Kinder, deren Mütter nur eine eheliche oder nicheheliche Gemeinschaft eingegangen waren, deutlich besser gestellt sind. Die besseren Werte der Kinder alleinerziehender Mütter in den städtischen Gebieten, die im Zusammenhang mit der Analyse der Kontrollvariablen „Wohnort" beobachtet werden konnten, treffen im Falle Bogotás allerdings nicht immer auf den Bildungsindikator „durchschnittlicher Schulbesuch in Jahren" zu (Abbildungen 60 - 65).

Abbildung 60: Durchschnittlicher Schulbesuch der 10- bis 15-jährigen Kinder in Kolumbien 1976 nach Zahl der ehelichen oder nichtehelichen Gemeinschaften der Mutter und Region in Jahren

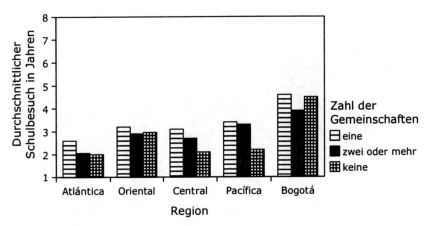

Quelle: Stichprobe des NFS1976.

Abbildung 61: Durchschnittlicher Schulbesuch der 10- bis 15-jährigen Kinder in Kolumbien 2000 nach Zahl der ehelichen oder nichtehelichen Gemeinschaften der Mutter und Region in Jahren

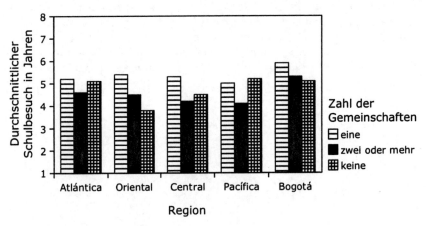

Quelle: Stichprobe des NDHS2000.

142

Abbildung 62: 10- bis 15-jährige Kinder mit altersgemäßem Schulbesuch in Kolumbien 1976 nach Zahl der ehelichen oder nichtehelichen Gemeinschaften der Mutter und nach Region in Prozent

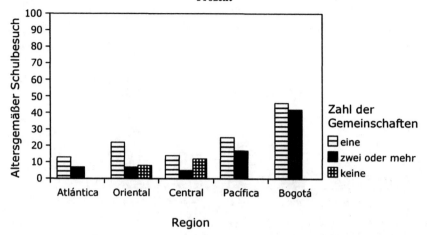

Quelle: Stichprobe des NFS1976.

Abbildung 63: 10- bis 15-jährige Kinder mit altersgemäßem Schulbesuch in Kolumbien 2000 nach Zahl der ehelichen oder nichtehelichen Gemeinschaften der Mutter und Region in Prozent

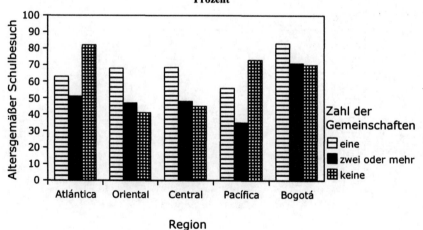

Quelle: Stichprobe des NDHS2000.

143

Abbildung 64: Eintritt der 14- bis 15-jährigen Kinder in den Sekundarbereich in Kolumbien 1976 nach Zahl der ehelichen oder nichtehelichen Gemeinschaften der Mutter und Region in Prozent

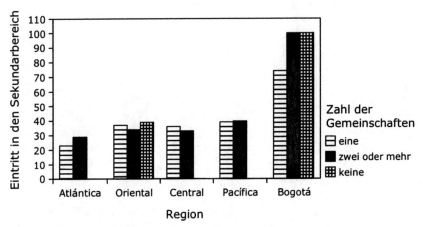

Quelle: Stichprobe des NFS1976.

Abbildung 65: Eintritt der 14- bis 15-jährigen Kinder in den Sekundarbereich in Kolumbien 2000 nach Zahl der ehelichen oder nichtehelichen Gemeinschaften der Mutter und Region in Prozent

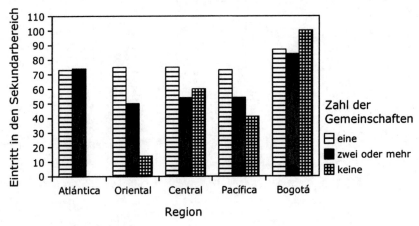

Quelle: Stichprobe des NDHS2000.

Im Zusammenhang mit der Kontrollvariablen „Schuljahre der Mutter" ist zu bemerken, dass für den Bildungsindikator „Eintritt in den Sekundarbereich" 1976 keine Besserstellung derjenigen Kinder gegeben war, deren Mütter nur eine eheliche oder nichteheliche Gemeinschaft eingegangen waren. Die Entscheidung, ob das Kind in den Sekundarbereich eintritt oder nicht, hängt hierbei eher vom Faktor „Schuljahre der Mutter" ab (Abbildung 69).

Abbildung 66: Durchschnittlicher Schulbesuch der 10- bis 15-jährigen Kinder in Kolumbien 1976 nach Zahl der ehelichen oder nichtehelichen Gemeinschaften und Schuljahren der Mutter in Jahren

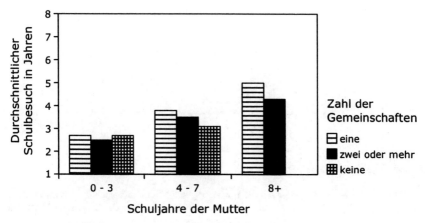

Quelle: Stichprobe des NFS1976.

Abbildung 67: Durchschnittlicher Schulbesuch der 10- bis 15-jährigen Kinder in Kolumbien 2000 nach Zahl der ehelichen oder nichtehelichen Gemeinschaften und Schuljahren der Mutter in Jahren

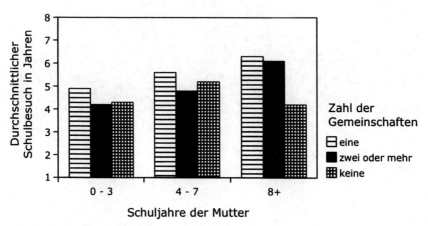

Quelle: Stichprobe des NDHS2000.

Abbildung 68: 10- bis 15-jährige Kinder mit altersgemäßem Schulbesuch in Kolumbien 1976 nach Zahl der ehelichen oder nichtehelichen Gemeinschaften und Schuljahren der Mutter in Prozent

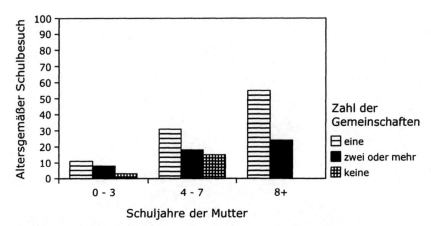

Quelle: Stichprobe des NFS1976.

Abbildung 69: 10- bis 15-jährige Kinder mit altersgemäßem Schulbesuch in Kolumbien 2000 nach Zahl der ehelichen oder nichtehelichen Gemeinschaften und Schuljahren der Mutter in Prozent

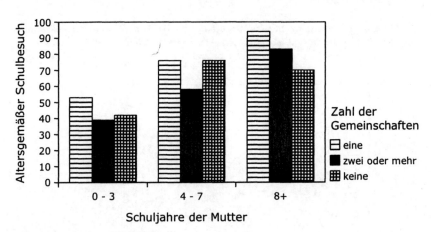

Quelle: Stichprobe des NDHS2000.

Abbildung 70: Eintritt der 14- bis 15-jährigen Kinder in den Sekundarbereich in Kolumbien 1976 nach Zahl der ehelichen oder nichtehelichen Gemeinschaften und Schuljahren der Mutter in Prozent

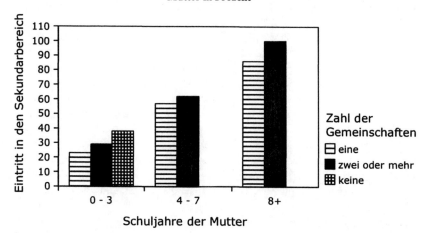

Quelle: Stichprobe des NFS1976.

Abbildung 71: Eintritt der 14- bis 15-jährigen Kinder in den Sekundarbereich in Kolumbien 2000 nach Zahl der ehelichen oder nichtehelichen Gemeinschaften und Schuljahren der Mutter in Prozent

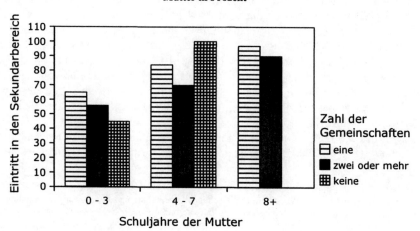

Quelle: Stichprobe des NDHS2000.

5.5. Erwerbssituation der Mutter

5.5.1. Arbeitsmarktpartizipation der Frauen zwischen 1976 und 2000

Die Arbeitsmarktpartizipation der Frauen in Kolumbien veränderte sich in der zweiten Hälfte des 20. Jahrhunderts grundlegend. Um diese Veränderung zu analysieren, werden unterschiedliche Indikatoren, Befragungen und unterschiedliche Methodologien, je nach Autor oder Institution, für die Berechnungen benutzt, was unterschiedliche Ziffern für ein und denselben Indikator zur Folge hat. Im Allgemeinen kann aber festgestellt werden, dass die Arbeitsmarktpartizipation[37] der Frauen in Kolumbien im Gegensatz zu der Arbeitsmarktpartizipation der Männer, die in der zweiten Hälfte des 20. Jahrhunderts von vielen Schwankungen begleitet war, tendenziell und kontinuierlich gewachsen ist. Während 1950 die Arbeitsmarktpartizipation der Frauen auf nationaler Ebene nach Santamaría und Rojas (2001: 6) 19 Prozent betrug, erreichte sie 1985 39 Prozent und 2000 55,8 Prozent.

Nach der Studie von Santamaría und Rojas (2001: 12) wurde die Zunahme der Arbeitsmarktpartizipation der Frauen von einer Ausdehnung ihrer Beschäftigungslebenszyklen begleitet. In den 70er und 80er Jahren des 20. Jahrhunderts maximierten die Frauen ihre Arbeitsmarktpartizipation zwischen dem 25. und dem 29. Lebensjahr. In den 90er Jahren des 20. Jahrhunderts kam es zu einer Verschiebung auf den Lebenszeitraum zwischen dem 35. und 39. Lebensjahr. Diese Entwicklung kann man auch mit dem Rückgang der Fruchtbarkeit und der Erhöhung des Bildungsniveaus der Frauen in Kolumbien in der zweiten Hälfte des 20. Jahrhunderts in Verbindung setzen, da diese Faktoren die Wahrscheinlichkeit, dem Arbeitsmarkt für eine längere Lebenszeitspanne zur Verfügung zu stehen, erhöhte. Sowohl in den 70er Jahren wie in den 90er Jahren des 20. Jahrhunderts hatten Frauen mit einem niedrigen Bildungsniveau auch ein niedriges Partizipationsniveau, wobei sich die Differenz bezüglich des Partizipationsgrades zwischen Frauen mit einem höheren und einem niedrigeren Bildungsniveau in den 90er Jahren des 20. Jahrhunderts verringert hat. Die kolumbianische Wirtschaftskrise der Jahre 1995 bis 2000 betraf besonders nicht qualifizierte Fachkräfte. Dies hatte

---

37 Die Arbeitsmarktpartizipation wird nach der Nationalen Haushaltsbefragung *(Encuesta Nacional de Hogares)* als das Verhältnis zwischen arbeitsfähiger und erwerbstätiger beziehungsweise Arbeit suchender Bevölkerung definiert. Einbezogen werden hierbei für die städtischen Gebiete Personen, die 12 Jahre und älter sind, sowie für die ländlichen Gebiete Personen, die 10 Jahre und älter sind. Als „erwerbstätig" gelten hierbei alle Personen, die während der Berichtswoche mindestens eine Stunde entlohnte Arbeit geleistet haben oder die nur vorübergehend nicht an ihrem Arbeitsplatz anwesend waren. Mithelfende Familienangehörige, die mehr als eine Stunde in der Woche arbeiteten, wurden ebenfalls mit einbezogen. Die Berechnungen von Santamaría und Rojas (2001) stufen mithelfende Familienangehörige nur dann als erwerbstätig ein, wenn diese mehr als 15 Stunden in der Woche arbeiten.

zur Folge, dass in vielen Haushalten die Frauen in den Arbeitsmarkt eintreten mussten (Santamaría und Rojas 2001: 6 - 8).

Zusammenfassend lässt sich feststellen, dass die Zunahme der Arbeitsmarktpartizipation der Frauen in Kolumbien in den letzten 25 Jahren einerseits mit einem strukturellen Wandel der Gesellschaft demographischer, kultureller, institutioneller und wirtschaftlicher Art sowie andererseits mit der wirtschaftlichen Rezession in Verbindung steht (López 2001: 10, Santamaría und Rojas 2001: 17).

Bezogen auf die für diese Studie ausgewählte Stichprobe der Gruppe der 10- bis 15-jährigen Kinder, bemerkt man ebenfalls eine deutliche Zunahme des Anteils erwerbstätiger Mütter. Man muss sich aber der begrenzten Aussagekraft der Daten bewusst sein, da sowohl der NFS1976 wie der NDHS2000 keine spezialisierten Befragungen zum Thema Erwerbstätigkeit darstellen. Die Fragen zum Thema Erwerbstätigkeit sind sehr unpräzise, da sie nicht nach Arbeitsstunden, Arbeitsperioden und Arbeitsverhältnissen definiert sind. Außerdem wurden nicht alle Fragen zum Thema Erwerbstätigkeit konsequent gestellt, weshalb einige der Fragen kaum kodiert wurden. Zum Thema Erwerbstätigkeit wurden zwei Fragen gestellt, die darüber Aufschluss geben, ob die Frauen zum Zeitpunkt der Befragung erwerbstätig waren, ohne in jedem Einzelfall genau zu wissen, ob es sich dabei tatsächlich um bezahlte Arbeit handelte oder nicht. Ferner wurde gefragt, ob sich der Arbeitsplatz zu Hause oder außerhalb des Hauses befand. Ein weiteres Problem in der Datenlage des NFS1976 besteht, wie bereits in Kapitel 3.5.2 ausgeführt, darin, dass ledige Frauen zum Thema Erwerbstätigkeit überhaupt nicht befragt wurden. Obwohl der Anteil der ledigen Frauen in beiden Stichproben gering ist, ist diese Lücke bei der Datenanalyse zu berücksichtigen.

Bei Einbeziehung der nur eingeschränkt aussagekräftigen Daten ergibt sich folgendes Bild: Während 1976 56,6 Prozent der Mütter nicht erwerbstätig waren, waren 2000 nur 42,3 Prozent der Mütter nicht erwerbstätig. Unter den erwerbstätigen Müttern waren im Jahr 1976 nur 27,8 Prozent gegenüber 42,5 Prozent im Jahr 2000 außer Haus erwerbstätig (Tabelle 39).

Tabelle 39: Erwerbssituation der Mutter in Kolumbien 1976 und 2000 in Prozent

Erwerbssituation der Mutter	1976	2000
häusliche Erwerbstätigkeit	14,1	15,2
außerhäusige Erwerbstätigkeit	27,8	42,5
nicht erwerbstätig	56,6	42,3
ledig	1,5	X
Insgesamt	100,0	100

Quelle: Stichproben des NFS1976 und des NDHS2000.

Wenn man die Daten nach „Wohnort" analysiert, bemerkt man sowohl 1976 wie 2000 deutliche Unterschiede zwischen der Erwerbssituation der Mutter in den städtischen und in den ländlichen Gebieten. Während 1976 in den ländlichen Gebieten 68,8 Prozent der Mütter nicht erwerbstätig waren, betrug ihr Anteil in den Städten 48,3 Prozent. Im Jahr 2000 war der Unterschied zwischen Stadt und Land noch deutlicher. Am deutlichsten war der Unterschied zwischen Land und Stadt, sowohl 1976 als auch 2000, beim Anteil der Mütter, die außer Haus erwerbstätig waren. Der Anteil der Mütter, die zu Hause erwerbstätig waren, war in den städtischen und in den ländlichen Gebieten mehr oder weniger gleich und änderte sich zwischen 1976 und 2000 nur sehr wenig (Tabelle 40).

Wenn man die Daten nach Region analysiert, sind keine großen Unterschiede zu erkennen. 1976 hatten die Regionen Atlántica und Central einen höheren Anteil nicht erwerbstätiger Mütter, der sich aber 2000 der Situation in den anderen Regionen anpasste. Bogotá hatte sowohl 1976 als auch 2000 den niedrigsten Anteil an nicht erwerbstätigen Müttern (Tabelle 41).

Tabelle 40: Erwerbssituation der Mutter in Kolumbien 1976 und 2000 nach Wohnort in Prozent

Wohnort	Häusliche Erwerbstätigkeit	Außerhäusige Erwerbstätigkeit	Nicht erwerbstätig	Ledig
1976				
ländlich	14,1	16,0	68,8	1,6
städtisch	14,1	36,2	48,3	1,4
Insgesamt	14,1	27,8	56,6	1,5
Assoziationsmaß		C.C. 0,224***		
2000				
ländlich	15,5	22,6	61,9	X
städtisch	15,1	50,3	34,6	X
Insgesamt	15,2	42,5	42,3	X
Assoziationsmaß		C.C. 0,259***		

Quelle: Stichproben des NFS1976 und des NDHS2000.
* p < .05, ** p < .01, ***p < .001.

Tabelle 41: Erwerbssituation der Mutter in Kolumbien 1976 und 2000 nach Region in Prozent

Region	Häusliche Erwerbstätigkeit	Außerhäusige Erwerbstätigkeit	Nicht erwerbstätig	Ledig
1976				
Atlántica	10,9	23,0	65,9	0,2
Oriental	14,1	30,4	54,1	1,4
Central	10,3	23,0	65,1	1,6
Pacífica	20,7	32,1	44,9	2,3
Bogotá	20,1	37,9	39,5	2,5
Insgesamt	14,1	27,8	56,6	1,5
Assoziationsmaß		C.C. 0,199***		
2000				
Atlántica	19,6	36,6	44,2	X
Oriental	15,5	37,2	47,2	X
Central	13,2	41,3	45,5	X
Pacífica	14,8	45,4	39,8	X
Bogotá	12,0	59,2	28,8	X
Insgesamt	15,2	42,5	42,3	X
Assoziationsmaß		C.C. 0,158***		

Quelle: Stichproben des NFS1976 und des NDHS2000.
* p < .05, ** p < .01, ***p < .001.

Die Analyse der Daten nach den Schuljahren der Mutter zeigt, dass sich mit einem steigenden Bildungsniveau die Wahrscheinlichkeit erwerbstätig zu sein erhöht. Während 1976 59,3 Prozent der Mütter mit dem niedrigsten Bildungsniveau (null bis drei Schuljahre) nicht erwerbstätig waren, gingen nur 40,3 Prozent der Mütter mit dem höchsten Bildungsniveau (acht oder mehr Schuljahre) keiner Erwerbstätigkeit nach. Der Unterschied zwischen den ungebildeten Müttern und den am höchsten gebildeten Müttern war 2000 noch größer (47,7 Prozent beziehungsweise 15,8 Prozent). Das Assoziationsmaß Eta zwischen Schuljahren und Erwerbssituation der Mutter betrug 1976 0,119, während es sich 2000 auf 0,203 erhöhte (beide mit Signifikanzniveau p < .001) (Tabelle 42).

Bemerkenswert ist die Tatsache, dass der Anteil der Mütter mit acht oder mehr Schuljahren, die zu Hause erwerbstätig waren, zwischen 1976 und 2000 deutlich von 17,2 Prozent auf 10,1 Prozent zurückgegangen war (Tabelle 42). Für die gebildeteren Mütter rentierte es sich in dieser Zeitperiode zunehmend, eine Stelle außerhalb des Hauses anzunehmen, und die Lohnunterschiede zwischen qualifizierter und unqualifizierter Arbeit erlaubten ihnen die Einstellung von Haushaltshilfen.

Tabelle 42: Erwerbssituation der Mutter in Kolumbien 1976 und 2000 nach Schuljahren der Mutter in Prozent

Schuljahre der Mutter	Häusliche Erwerbstätigkeit	Außerhäusige Erwerbstätigkeit	Nicht erwerbstätig	Ledig
1976				
0 - 3 Schuljahre	12,7	26,2	59,3	1,8
4 - 7 Schuljahre	16,3	27,8	54,6	1,3
8+ Schuljahre	17,2	42,5	40,3	-
Insgesamt	14,1	27,8	56,6	1,5
Assoziationsmaß		C.C. 0,119***		
2000				
0 - 3 Schuljahre	15,0	37,3	47,7	X
4 - 7 Schuljahre	16,4	41,7	41,9	X
8+ Schuljahre	10,1	74,2	15,8	X
Insgesamt	15,2	42,5	42,3	X
Assoziationsmaß		C.C. 0,203***		

Quelle: Stichproben des NFS1976 und des NDHS2000.
* $p < .05$, ** $p < .01$, *** $p < .001$.

5.5.2. Erwerbssituation der Mutter und Bildungsniveau der Kinder

In Bezug auf den Zusammenhang zwischen der Erwerbssituation der Mutter und dem Bildungsniveau der Kinder kann man feststellen, dass 1976 die Kinder, deren Mütter außerhäusig erwerbstätig waren, die besten Werte bei den drei Bildungs- indikatoren hatten. Die Kinder, deren Mütter zu Hause erwerbstätig waren, hatten die zweitbesten Werte. Im Jahr 2000 wiesen diejenigen Kinder, deren Mütter zu Hause erwerbstätig waren, die besten Werte in zwei der drei Bildungsindikatoren auf: altersgemäßer Schulbesuch und Eintritt in den Sekundarbereich. Bezogen auf diese zwei Indikatoren weisen die Kinder, deren Mütter außerhäusig erwerbstätig waren, die zweithöchsten Werte auf. Das Assoziationsmaß zwischen den zwei Variablen ist 1976, aber auch 2000 schwach (Tabelle 43). Diese Ergebnisse stim- men mit der Undeutlichkeit bei der statistischen Beziehung zwischen den Fakto- ren „Erwerbssituation der Mutter" und „Bildungsniveau der Kinder" anderer Stu- dien überein.

Im Zusammenhang mit der Kontrollvariable Wohnort ist die oben genannte, für 1976 gültige Regel, wonach Kinder, deren Mütter außerhäusig erwerbstätig sind, die besten Werte bei den drei Bildungsindikatoren aufweisen, nur für die ländli- chen Gebiete gültig. In den städtischen Gebieten zeigten dagegen die Kinder, de- ren Mütter zu Hause erwerbstätig waren, die besten Werte in den drei Bildungs- indikatoren. Kinder, deren Mütter zu Hause erwerbstätig waren, standen auch nicht konsequent an zweiter Stelle. Die Variable Wohnort hat insofern einen Ein- fluss auf die statistische Beziehung zwischen der Erwerbssituation der Mutter und dem Bildungsniveau der Kinder. Im Jahr 2000 besteht dagegen die Tendenz, dass Kinder, deren Mütter zu Hause erwerbstätig waren, nicht nur bei den zwei Bildungsindikatoren „altersgemäßer Schulbesuch" und „Eintritt in den Sekundarbereich" sondern auch beim Indikator „durchschnittlicher Schulbesuch in Jahren" die besten Werte aufwiesen. Die Kinder, deren Mütter außerhalb des Hauses erwerbstätig waren, hatten aber nicht durchgehend die zweitbesten Werte (Abbildungen 72 - 77).

Tabelle 43: Bildungsniveauindikatoren der 10- bis 15-jährigen Kinder in Kolumbien 1976 und 2000 nach Erwerbssituation der Mutter

Erwerbssituation der Mutter	Durchschnittlicher Schulbesuch in Jahren	Altersgemäßer Schulbesuch in Prozent	Eintritt in den Sekundarbereich (Kinder 14 - 15 Jahre alt) in Prozent
1976			
häusliche Erwerbstätigkeit	3,25	19,3	39,1
außerhäusige Erwerbstätigkeit	3,34	22,3	42,0
nicht erwerbstätig	3,07	18,2	36,3
ledig	2,77	5,0	31,3
Insgesamt	3,16	19,2	38,1
Assoziationsmaß	Eta 0,067**	C.C. 0,058**	C.C. 0,053
2000			
häusliche Erwerbstätigkeit	5,41	67,7	79,3
außerhäusige Erwerbstätigkeit	5,29	66,2	75,2
nicht erwerbstätig	4,95	58,8	68,3
Insgesamt	5,16	63,2	73,0
Assoziationsmaß	Eta 0,087***	C.C. 0,081***	C.C. 0,093***

Quelle: Stichproben des NFS1976 und des NDHS2000.
* p < .05, ** p < .01, ***p < .001.

Abbildung 72: Durchschnittlicher Schulbesuch der 10- bis 15-jährigen Kinder in Kolumbien 1976 nach Erwerbssituation der Mutter und Wohnort in Jahren

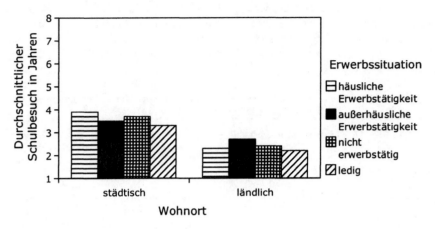

Quelle: Stichprobe des NFS1976.

Abbildung 73: Durchschnittlicher Schulbesuch der 10- bis 15-jährigen Kinder in Kolumbien 2000 nach Erwerbssituation der Mutter und Wohnort in Jahren

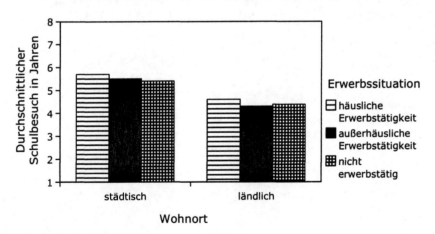

Quelle: Stichprobe des NDHS2000.

Abbildung 74: 10- bis 15-jährige Kinder mit altersgemäßem Schulbesuch in Kolumbien 1976 nach Erwerbssituation der Mutter und Wohnort in Prozent

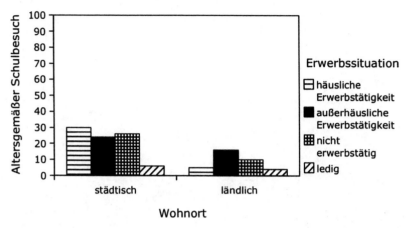

Quelle: Stichprobe des NFS1976.

Abbildung 75: 10- bis 15-jährige Kinder mit altersgemäßem Schulbesuch in Kolumbien 2000 nach Erwerbssituation der Mutter und Wohnort in Prozent

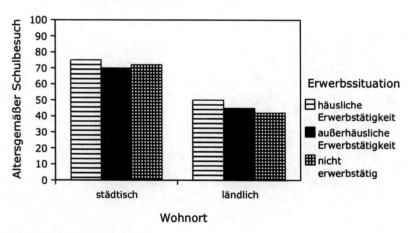

Quelle: Stichprobe des NDHS2000.

Abbildung 76: Eintritt der 14- bis 15-jährigen Kinder in den Sekundarbereich in Kolumbien 1976 nach Erwerbssituation der Mutter und Wohnort in Prozent

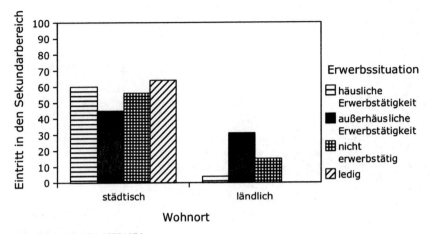

Quelle: Stichprobe des NFS1976.

Abbildung 77: Eintritt der 14- bis 15-jährigen Kinder in den Sekundarbereich in Kolumbien 2000 nach Erwerbssituation der Mutter und nach Wohnort in Prozent

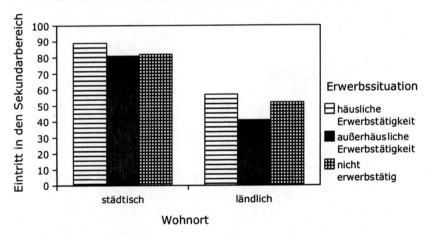

Quelle: Stichprobe des NDHS2000.

Im Zusammenhang mit der Kontrollvariable „Region" lässt sich die Regel, wonach Kinder, deren Mütter außerhäusig erwerbstätig waren, die besten Werte bei den Bildungsindikatoren hatten, nicht mehr aufrechterhalten. Für das Jahr 2000 besteht die Tendenz, dass die Kinder, deren Mütter zu Hause erwerbstätig waren, die besten Werte bei den Bildungsindikatoren aufwiesen, einzige Ausnahme ist die Region Atlántica (Abbildungen 78 - 83).

Abbildung 78: Durchschnittlicher Schulbesuch der 10- bis 15-jährigen Kinder in Kolumbien 1976 nach Erwerbssituation der Mutter und Region in Jahren

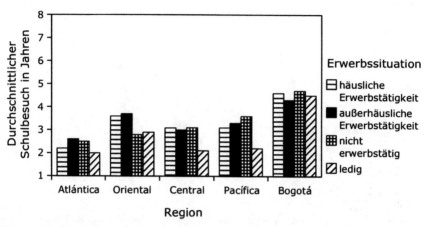

Quelle: Stichprobe des NFS1976.

Abbildung 79: Durchschnittlicher Schulbesuch der 10- bis 15-jährigen Kinder in Kolumbien 2000 nach Erwerbssituation der Mutter und Region in Jahren

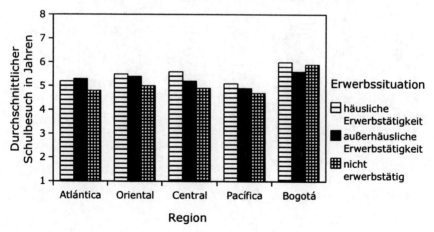

Quelle: Stichprobe des NDHS2000.

Abbildung 80: 10- bis 15-jährige Kinder mit altersgemäßem Schulbesuch in Kolumbien 1976 nach Erwerbssituation der Mutter und Region in Prozent

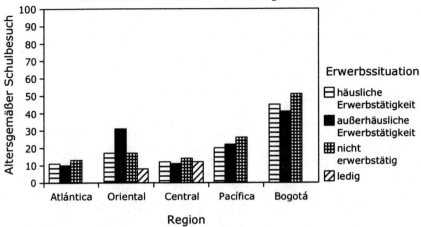

Quelle: Stichprobe des NFS1976.

Abbildung 81: 10- bis 15-jährige Kinder mit altersgemäßem Schulbesuch in Kolumbien 2000 nach Erwerbssituation der Mutter und Region in Prozent

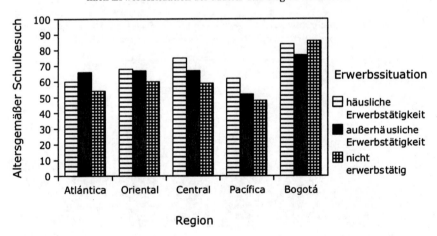

Quelle: Stichprobe des NDHS2000.

Abbildung 82: Eintritt der 14- bis 15-jährigen Kinder in den Sekundarbereich in Kolumbien 1976 nach Erwerbssituation der Mutter und Region in Prozent

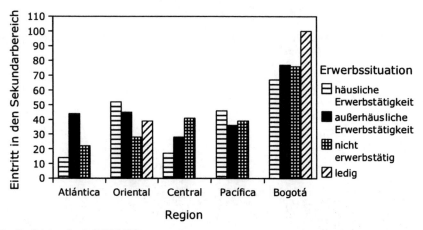

Quelle: Stichprobe des NFS1976.

Abbildung 83: Eintritt der 14- bis 15-jährigen Kinder in den Sekundarbereich in Kolumbien 2000 nach Erwerbssituation der Mutter und Region in Prozent

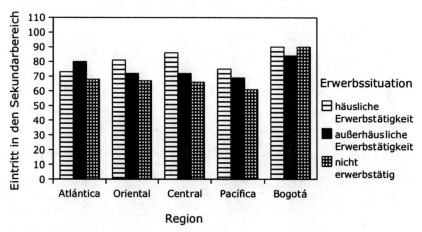

Quelle: Stichprobe des NDHS2000.

Die Bildungsniveauindikatoren verändern ihre Charakteristika, werden sie in Bezug auf die Schuljahre der Mutter analysiert. 1976 zeigten die Kinder, deren Mütter außerhäusig erwerbstätig und zwischen vier und sieben Jahre zur Schule gegangen waren, nicht mehr die besten Werte. Im Jahr 2000 besteht die Tendenz, dass Kinder, deren Mütter zu Hause erwerbstätig waren, die besten Werte bei den

159

Bildungsindikatoren aufwiesen. Bei den Kindern, deren Mütter acht oder mehr Jahre lang die Schule besucht hatten und nicht erwerbstätig waren, kann man ebenfalls sehr gute Werte beobachten (Abbildungen 84 - 89).

Abbildung 84: Durchschnittlicher Schulbesuch der 10- bis 15-jährigen Kinder in Kolumbien 1976 nach Erwerbssituation und Schuljahren der Mutter in Jahren

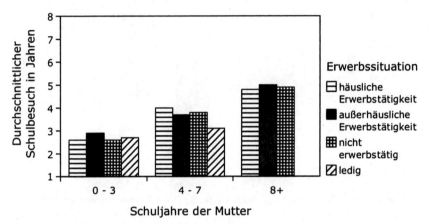

Quelle: Stichprobe des NFS1976.

Abbildung 85: Durchschnittlicher Schulbesuch der10- bis 15-jährigen Kinder in Kolumbien 2000 nach Erwerbssituation und Schuljahren der Mutter in Jahren

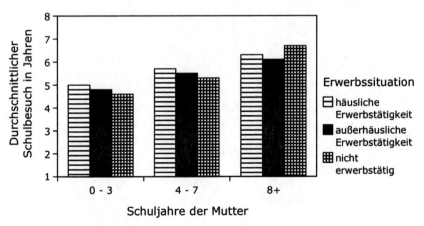

Quelle: Stichprobe des NDHS2000.

Abbildung 86: 10- bis 15-jährige Kinder mit altersgemäßem Schulbesuch in Kolumbien 1976 nach Erwerbssituation und Schuljahren der Mutter in Prozent

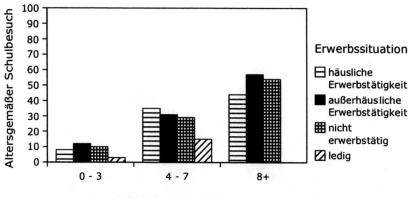

Quelle: Stichprobe des NFS1976.

Abbildung 87: 10- bis 15-jährige Kinder mit altersgemäßem Schulbesuch in Kolumbien 2000 nach Erwerbssituation und Schuljahren der Mutter in Prozent

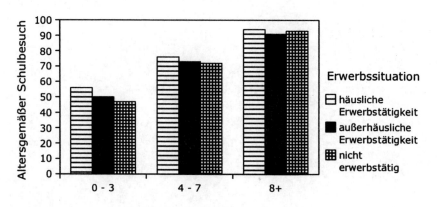

Quelle: Stichprobe des NDHS2000.

161

Abbildung 88: Eintritt der 14- bis 15-jährigen Kinder in den Sekundarbereich in Kolumbien 1976 nach Erwerbssituation und Schuljahren der Mutter in Prozent

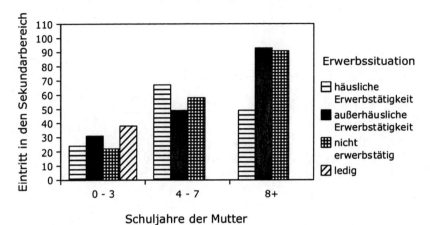

Quelle: Stichprobe des NFS1976.

Abbildung 89: Eintritt der 14- bis 15-jährigenKinder in den Sekundarbereich in Kolumbien 2000 nach Erwerbssituation und Schuljahren der Mutter in Prozent

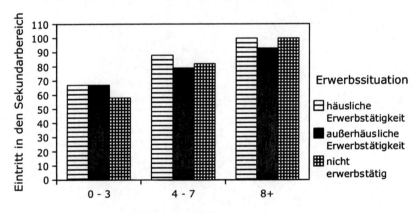

Quelle: Stichprobe des NDHS2000.

5.6. Komplexität des Haushalts

5.6.1. Entwicklungstendenzen bezüglich der Komplexität der Haushalte

Obwohl in Kolumbien die Mehrheit der Haushalte aus Kernfamilien besteht (59,9 Prozent im Jahr 1998), existiert gleichzeitig ein hoher Anteil an komplexen Haushalten (Tabelle 44). Die Koexistenz von komplexen und einfachen Haushalten ist in Kolumbien seit der Kolonialzeit üblich. Obwohl die kolumbianische Gesellschaft einen Modernisierungsprozess im Sinne von Urbanisierung, Industrialisierung und demographischer Transition durchlaufen hat, ist der Anteil an komplexen Haushalten nicht wie in vielen Industrieländern, in denen komplexe Haushalte fast völlig verschwunden sind, wesentlich zurückgegangen.

Die Existenz komplexer Haushalte hat einerseits einen kulturellen Hintergrund und steht andererseits mit der wirtschaftlich und der angesichts unzureichender Systeme sozialer Absicherung prekären Situation der Familien in Kolumbien in Verbindung. Einige Studien haben gezeigt, dass ökonomische und gesundheitliche Krisen häufiger in komplexen als in einfachen Haushalten vorkommen (DNP et al. 2002: 75 - 77). Oft müssen sich Betroffene in Krisensituationen zu komplexen Haushalten als Überlebensstrategie zusammenschließen, um die Lebenshaltungskosten zu verringern und sich gegenseitig bei den Haushaltstätigkeiten, der Krankenpflege und der Kindererziehung zu helfen (DNP et al. 2002: 89 - 91).

Die Daten der *Encuesta Nacional de Hogares* zeigen, dass zwischen 1988 und 1998 der Anteil an komplexen Haushalten nur kleine Schwankungen aufweist. Der Anteil an Einpersonenhaushalten in dieser Periode nahm zu, während der an einfachen Haushalten von 62,2 Prozent auf 59,9 Prozent abnahm. Dieser Prozess war wiederum mit Schwankungen verbunden. In den Jahren 1992/93 und 1996/97/98 nahm der Anteil an einfachen Haushalten ab, in den Jahren 1993 und 1997 nahm der Anteil an komplexen Haushalten zu (Tabelle 44, Abbildung 90).

Bezogen auf die für diese Studie ausgewählte Stichprobe der Gruppe der 10- bis 15-jährigen Kinder und der in dieser Studie verwendeten Typologie (kein zusätzliches Mitglied, ein zusätzliches Mitglied, zwei und mehr zusätzliche Mitglieder), ist ein Zuwachs der einfachen Haushalte (kein zusätzliches Mitglied) von 2,7 Prozentpunkten zwischen 1976 und 2000 zu verzeichnen. Die prozentualen Anteile der beiden Formen komplexer Haushalte nahmen zwischen 1976 und 2000 ab (Tabelle 45).

Tabelle 44: Haushalte in Kolumbien 1988 - 1998 nach Haushaltstypen in Prozent

Haushaltstypen	1988	1991	1992	1993	1994	1995	1996	1997	1998
Einpersonenhaushalte	5,3	5,2	5,3	5,6	5,6	5,7	6,7	6,7	6,9
einfache Haushalte[1]	62,2	62,0	61,4	60,1	61,5	61,2	60,8	59,8	59,9
komplexe Haushalte[2]	32,5	32,8	33,3	34,3	32,9	33,1	32,5	33,5	33,2
Insgesamt	100	100	100	100	100	100	100	100	100

Quelle: *Encuesta Nacional de Hogares* – Juni – 1988 bis 1998.
[1]Haushalte, in denen entweder kinderlose Paare, Paare mit Kindern oder ein Elternteil mit Kindern (Kernfamilien) wohnen.
[2]Haushalte, in denen die Kernfamilie (kinderlose Paare, Paare mit Kindern, Elternteil mit Kindern) mit anderen Personen, Familienangehörigen oder nicht, zusammenlebt.

Abbildung 90: Haushalte in Kolumbien 1988 - 1998 nach Haushaltstypen in Prozent

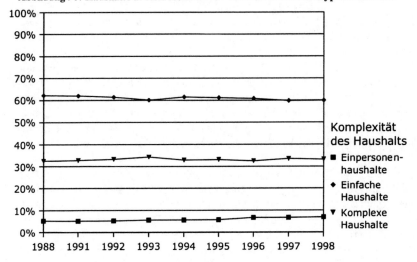

Quelle: Encuesta Nacional de Hogares 1988 bis 1998.

Bezogen auf die Komplexität der Haushalte gibt es zwischen den ländlichen und den städtischen Gebieten sowohl 1976 wie 2000 keinen erkennbar großen Unterschied. Dies deutet sich auch bei den niedrigen Assoziationsmaßen zwischen den zwei Variablen „Komplexität des Haushalts" und „Wohnort" an (Tabelle 46). Wenn man dagegen die Komplexität des Haushalts nach Regionen analysiert, bemerkt man einige regionale Unterschiede. In der Region Atlántica sind komplexe Haushalte mit zwei und mehr zusätzlichen Mitgliedern viel verbreiteter als in den anderen Regionen. Dies ist sowohl 1976 wie 2000 der Fall, obwohl 2000 der prozentuale Anteil von 32,6 auf 29,3 zurückgegangen ist. Die größere Präsenz von komplexen Haushalten in der Region Atlántica hängt mit einer kulturellen Besonderheit zusammen. Die karibische Bevölkerung der Region Atlántica zeichnet sich – verglichen mit den Gegebenheiten in anderen Regionen – durch eine größere Flexibilität in ihrer Lebensgestaltung aus. So ist das Zusammenleben mehrerer Personen und Familieneinheiten unter einem Dach in der Region Atlántica durchaus üblicher als in den anderen Regionen (Tabelle 47).

Tabelle 45: Haushalte in Kolumbien 1976 und 2000 nach Komplexität des Haushalts in Prozent

Komplexität des Haushalts	1976	2000
kein zusätzliches Mitglied	56,8	59,5
ein zusätzliches Mitglied	20,0	19,3
zwei oder mehr zusätzliche Mitglieder	23,1	21,2
Insgesamt	100	100

Quelle: Stichproben des NFS1976 und des NDHS2000.

Bogotá fällt auf durch den höchsten prozentualen Anteil an einfachen Haushalten (64,5 Prozent im Jahr 1976 und 67,7 Prozent im Jahr 2000) und den niedrigsten Anteil an komplexen Haushalten mit zwei oder mehr zusätzlichen Mitgliedern (15,1 Prozent 1976 und 15 Prozent 2000). Das Assoziationsmaß Eta zwischen Komplexität des Haushalts und Region lag 1976 bei 0,136, im Jahr 2000 sank es auf 0,124 (beide mit Signifikanzniveau $p < .001$) (Tabelle 47).

Tabelle 46: Haushalte in Kolumbien 1976 und 2000 nach Komplexität des Haushalts und Wohnort in Prozent

Komplexität des Haushalts	Kein zusätzliches Mitglied	Ein zusätzliches Mitglied	Zwei oder mehr zusätzliche Mitglieder
1976			
ländlich	58,0	18,9	23,1
städtisch	56,0	20,9	23,2
Insgesamt	56,8	20,0	23,1
Assoziationsmaß		C.C. 0,027	
2000			
ländlich	60,4	20,9	18,7
städtisch	59,2	18,7	22,1
Insgesamt	59,5	19,3	21,2
Assoziationsmaß		C.C. 0,041*	

Quelle: Stichproben des NFS1976 und des NDHS2000.
* $p < .05$, ** $p < .01$, *** $p < .001$.

165

Tabelle 47: Haushalte in Kolumbien 1976 und 2000 nach Komplexität des Haushalts und Region in Prozent

Region	Kein zusätzliches Mitglied	Ein zusätzliches Mitglied	Zwei oder mehr zusätzliche Mitglieder
1976			
Atlántica	45,5	22,0	32,6
Oriental	60,6	19,4	19,9
Central	58,8	19,0	22,2
Pacífica	57,2	20,2	22,6
Bogotá	64,5	20,4	15,1
Insgesamt	56,8	20,0	23,1
Assoziationsmaß		C.C. 0,136***	
2000			
Atlántica	51,0	19,6	29,3
Oriental	60,6	20,7	18,7
Central	60,2	19,5	20,4
Pacífica	62,0	18,7	19,2
Bogotá	67,7	17,3	15,0
Insgesamt	59,5	19,3	21,2
Assoziationsmaß		C.C. 0,124***	

Quelle: Stichproben des NFS1976 und des NDHS2000.
* p < .05, ** p < .01, ***p < .001.

Tabelle 48: Haushalte in Kolumbien 1976 und 2000 nach Komplexität des Haushalts und Schuljahren der Mutter in Prozent

Schuljahre der Mutter	Kein zusätzliches Mitglied	Ein zusätzliches Mitglied	Zwei oder mehr zusätzliche Mitglieder
1976			
0 - 3 Schuljahre	54,4	20,2	25,4
4 - 7 Schuljahre	64,3	18,2	17,5
8+ Schuljahre	48,5	26,0	25,5
Insgesamt	56,8	20,0	23,1
Assoziationsmaß		C.C. 0,107***	
2000			
0 - 3 Schuljahre	57,7	20,0	22,3
4 - 7 Schuljahre	61,1	18,3	20,5
8+ Schuljahre	61,0	20,7	18,4
Insgesamt	59,5	19,3	21,2
Assoziationsmaß		C.C. 0,040	

Quelle: Stichproben des NFS1976 und des NDHS2000.
* p < .05, ** p < .01, ***p < .001.

Die Analyse der Daten nach den Schuljahren der Mütter zeigt, dass 1976 51,5 (26,0+25,5) Prozent der Mütter mit acht und mehr Schuljahren und 45,6 (20,2+25,4) Prozent der Frauen mit weniger als vier Schuljahren in einem komplexen Haushalt lebten. Im Gegensatz dazu lebten nur 35,7 (18,2+17,5) Prozent der Mütter mit vier bis sieben Schuljahren in einem komplexen Haushalt. Diese Werte glichen sich 2000 jedoch an. So nahm der prozentuale Anteil der Mütter, die in einem einfachen Haushalt lebten, bei Müttern mit acht und mehr Schuljahren und mit weniger als vier Schuljahren zu, während er bei Müttern mit vier bis sieben Schuljahren abnahm. Das Assoziationsmaß Eta zwischen „Komplexität des Haushalts" und „Schuljahre der Mutter" lag 1976 bei 0,107, während das Maß 2000 auf 0,040 absank (der erste Wert mit Signifikanzniveau p < .001, der zweite Wert mit Signifikanzniveau p > .05) (Tabelle 48).

5.6.2. Komplexität des Haushalts und Bildungsniveau der Kinder

Wird die Komplexität des Haushalts in Beziehung gesetzt zum Bildungsniveau der Kinder, ergibt sich kein klares Bild, weder für 1976 noch für 2000. Die niedrigen Werte der Assoziationsmaße und der Signifikanzniveaus (p < .05 in vier von sechs Fällen) zeigen, dass es keine relevante statistische Beziehung zwischen den zwei Variablen gibt (Tabelle 49). Im Zusammenhang mit den Kontrollvariablen „Wohnort", „Region" und „Schuljahre der Mutter" sind keine versteckten Beziehungen zu erkennen (Abbildungen 91 - 108).

Tabelle 49: Bildungsniveauindikatoren der 10- bis 15-jährigen Kinder in Kolumbien 1976 und 2000 nach Komplexität des Haushalts

Komplexität des Haushalts	Durchschnittlicher Schulbesuch in Jahren	Altersgemäßer Schulbesuch in Prozent	Eintritt in den Sekundarbereich (Kinder 14-- 15 Jahre alt) in Prozent
1976			
kein zusätzliches Mitglied	3,12	19,1	36,6
ein zusätzliches Mitglied	3,38	19,7	40,0
zwei oder mehr zusätzliche Mitglieder	3,09	19,2	40,4
Insgesamt	3,16	19,2	38,1
Assoziationsmaß	Eta 0,054*	C.C. 0,006	C.C. 0,036
2000			
kein zusätzliches Mitglied	5,19	64,8	73,6
ein zusätzliches Mitglied	5,19	59,1	73,3
zwei oder mehr zusätzliche Mitglieder	5,05	62,6	71,0
Insgesamt	5,16	63,2	73,0
Assoziationsmaß	Eta 0,025	C.C. 0,046**	C.C. 0,022

Quelle: Stichproben des NFS1976 und des NDHS2000.
* p < .05, ** p < .01, ***p < .001.

Abbildung 91: Durchschnittlicher Schulbesuch der 10- bis 15-jährigen Kinder in Kolumbien 1976 nach Komplexität des Haushalts und Wohnort in Jahren

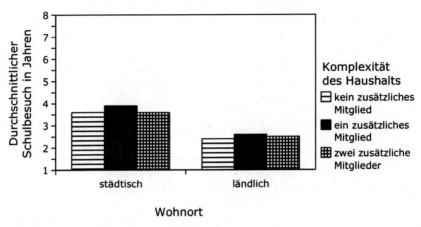

Quelle: Stichprobe des NFS1976.

Abbildung 92: Durchschnittlicher Schulbesuch der 10- bis 15-jährigen Kinder in Kolumbien 2000 nach Komplexität des Haushalts und Wohnort in Jahren

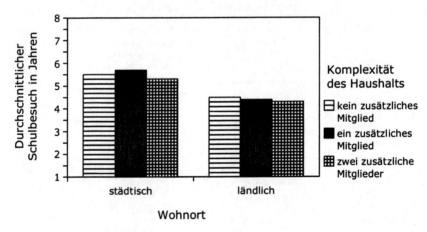

Quelle: Stichprobe des NDHS2000.

Abbildung 93: 10- bis 15-jährige Kinder mit altersgemäßem Schulbesuch in Kolumbien 1976 nach Komplexität des Haushalts und Wohnort in Prozent

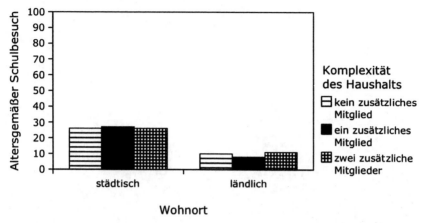

Quelle: Stichprobe des NFS1976.

Abbildung 94: 10- bis 15-jährige Kinder mit altersgemäßem Schulbesuch in Kolumbien 2000 nach Komplexität des Haushalts und Wohnort in Prozent

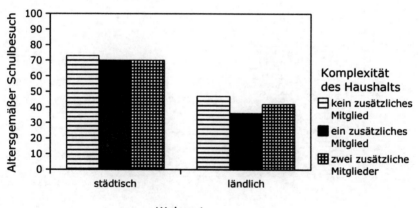

Quelle: Stichprobe des NDHS2000.

Abbildung 95: Eintritt der 14- bis 15-jährigen Kinder in den Sekundarbereich in Kolumbien 1976 nach Komplexität des Haushalts und Wohnort in Prozent

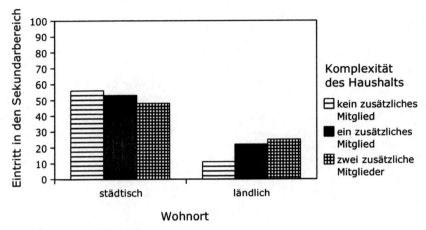

Quelle: Stichprobe des NFS1976.

Abbildung 96: Eintritt der 14- bis 15-jährigen Kinder in den Sekundarbereich in Kolumbien 2000 nach Komplexität des Haushalts und Wohnort in Prozent

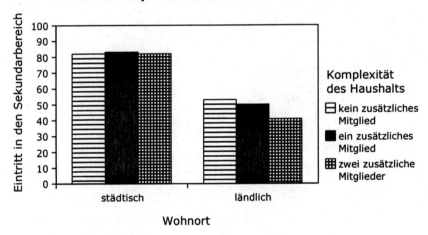

Quelle: Stichprobe des NDHS2000.

Abbildung 97: Durchschnittlicher Schulbesuch der 10- bis 15-jährigen Kinder in Kolumbien 1976 nach Komplexität des Haushalts und Region in Jahren

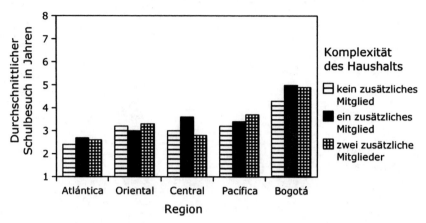

Quelle: Stichprobe des NFS1976.

Abbildung 98: Durchschnittlicher Schulbesuch der 10- bis 15-jährigen Kinder in Kolumbien 2000 nach Komplexität des Haushalts und Region in Jahren

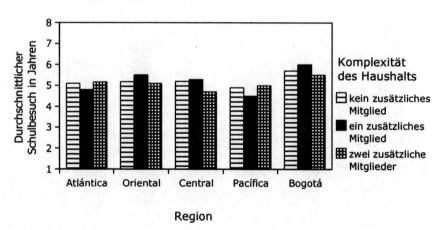

Quelle: Stichprobe des NDHS2000.

171

Abbildung 99: 10- bis 15-jährige Kinder mit altersgemäßem Schulbesuch in Kolumbien 1976 nach Komplexität des Haushalts und Region in Prozent

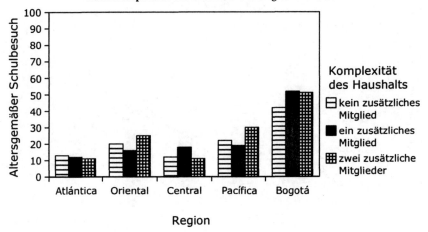

Quelle: Stichprobe des NFS1976.

Abbildung 100: 10- bis 15-jährige Kinder mit altersgemäßem Schulbesuch in Kolumbien 2000 nach Komplexität des Haushalts und Region in Prozent

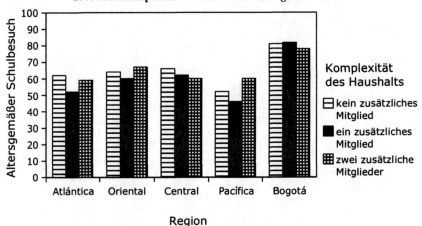

Quelle: Stichprobe des NDHS2000.

Abbildung 101: Eintritt der 14- bis 15-jährigen Kinder in den Sekundarbereich in Kolumbien 1976 nach Komplexität des Haushalts und Region in Prozent

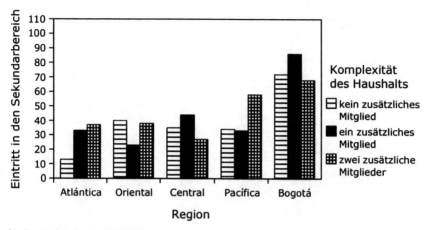

Quelle: Stichprobe des NFS1976.

Abbildung 102: Eintritt der 14- bis 15-jährigen Kinder in den Sekundarbereich in Kolumbien 2000 nach Komplexität des Haushalts und Region in Prozent

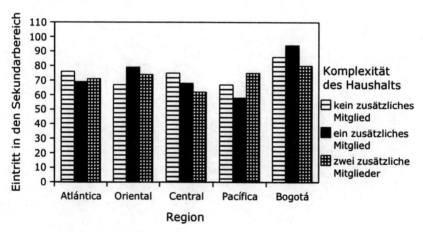

Quelle: Stichprobe des NDHS2000.

173

Abbildung 103: Durchschnittlicher Schulbesuch der 10- bis 15-jährigen Kinder in Kolumbien 1976 nach Komplexität des Haushalts und Schuljahren der Mutter in Jahren

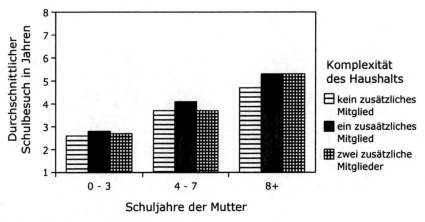

Quelle: Stichprobe des NFS1976.

Abbildung 104: Durchschnittlicher Schulbesuch der 10- bis 15-jährigen Kinder in Kolumbien 2000 nach Komplexität des Haushalts und Schuljahren der Mutter in Jahren

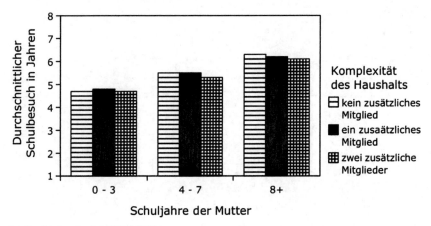

Quelle: Stichprobe des NDHS2000.

Abbildung 105: 10- bis 15-jährige Kinder mit altersgemäßem Schulbesuch in Kolumbien 1976 nach Komplexität des Haushalts und Schuljahren der Mutter in Prozent

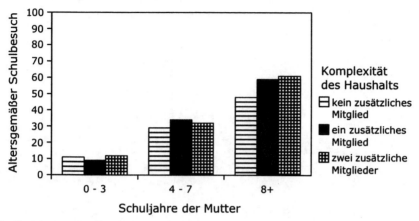

Quelle: Stichprobe des NFS1976.

Abbildung 106: 10- bis 15-jährige Kinder mit altersgemäßem Schulbesuch in Kolumbien 2000 nach Komplexität des Haushalts und Schuljahren der Mutter in Prozent

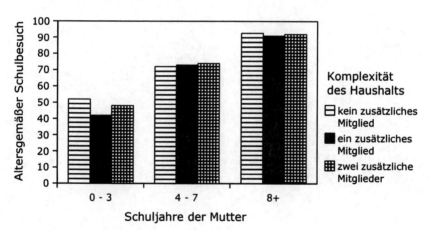

Quelle: Stichprobe des NDHS2000.

Abbildung 107: Eintritt der 14- bis 15-jährigen Kinder in den Sekundarbereich in Kolumbien 1976 nach Komplexität des Haushalts und Schuljahren der Mutter in Prozent

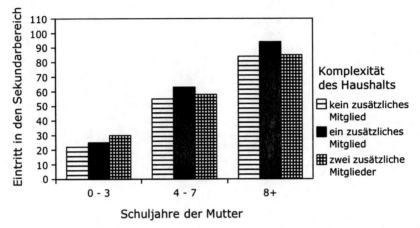

Quelle: Stichprobe des NFS1976.

Abbildung 108: Eintritt der 14- bis 15-jährigen Kinder in den Sekundarbereich in Kolumbien 2000 nach Komplexität des Haushalts und Schuljahren der Mutter in Prozent

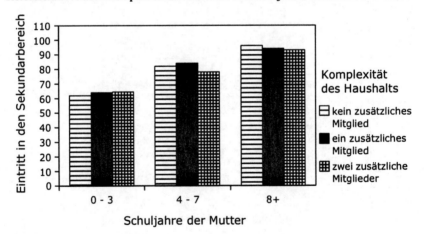

Quelle: Stichprobe des NDHS2000.

5.7. Familienstrukturelle Determinanten des Bildungsniveaus der Kinder

Tabelle 50: Familienstrukturelle Determinanten des Bildungsniveaus der Kinder in Kolumbien 1976 und 2000

	Durchschnittlicher Schulbesuch (OLS)		Altersgemäßer Schulbesuch (OR)		Eintritt in den Sekundarbereich (Kinder 14 - 15 Jahre alt) (OR)	
	Modell 1	Modell 2	Modell 3	Modell 4	Modell 5	Modell 6
	1976	2000	1976	2000	1976	2000
Familienstruktur						
Anzahl der Kinder	-0,083**	-0,223**	0,885**	0,746**	0,880**	0,750**
Familienstand der Mutter (verheiratet)						
ledig	_(1)	-0,051**	_(1)	_(2)	_(1)	_(2)
in nichtehelicher Gemeinschaft	-0,077**	-0,087**	0,783	0,627**	0,753	0,568**
verwitwet	0,011	-0,015	0,921	0,677	1,752	0,499
getrennt/geschieden	-0,003	-0,044**	0,980	0,749*	1,572	0,643
Alter der Mutter bei der ersten Geburt	0,062**	0,035**	1,055**	1,045**	1,029	1,019
Zahl der ehelichen und nichtehelichen Gemeinschaften der Mutter (eine)						
keine	_(1)	_(2)	_(1)	0,422**	_(1)	0,464
zwei oder mehr	-0,001	-0,075**	1,524	0,648**	1,577	0,718
Erwerbssituation der Mutter (nicht erwerbstätig)						
häusliche Erwerbtätigkeit	-0,016	0,026*	0,728	1,280*	0,782	1,554
außerhäusige Erwerbstätigkeit	-0,034*	-0,049**	0,792	0,812*	0,683	0,702
Komplexität des Haushalts (kein zusätzliches Mitglied)						
ein zusätzliches Mitglied	0,040*	0,008	1,063	0,895	1,215	1,162
zwei oder mehr zusätzliche Mitglieder	0,028	-0,004	1,291	0,952	1,214	1,079
Kontrollvariablen						
Alter	0,452**	0,620**	0,631**	0,787**	1,629*	1,547**

	Durchschnittlicher Schulbesuch (OLS)		Altersgemäßer Schulbesuch (OR)		Eintritt in den Sekundarbereich (Kinder 14 - 15 Jahre alt) (OR)	
	Modell 1	Modell 2	Modell 3	Modell 4	Modell 5	Modell 6
	1976	2000	1976	2000	1976	2000
Wohnort (städtisch)	-0,167**	-0,138**	0,599**	0,460**	0,289**	0,300**
ländlich						
Region (Bogotá)						
Atlántica	-0,139**	-0,042*	0,387**	0,595**	0,426*	0,710
Oriental	-0,066*	-0,007	0,627**	0,774	0,606	0,725
Pacífica	-0,039	-0,080**	0,769	0,432**	0,514	0,522*
Central	-0,145**	-0,049**	0,276**	0,701*	0,504*	0,692
Geschlecht (männlich)	0,055**	0,065**	1,432**	1,502**	1,373	1,192
weiblich						
Schuljahre der Mutter	0,265**	0,136**	2,797**	1,178**	3,070**	1,169**
N	2834	3949	2834	3949	817	1252
R squared	0,429	0,525	0,326	0,343	0,354	0,319
L.R. X squared			646,692	1140,503	241,006	311,223
-2 Log-Likelihood			2142,867	4053,852	821,158	1151,764
Df	18	19	18	19	18	19

Quelle: Stichproben des NFS1976 und des NDHS2000.
Ergebnisse multivariater (linearer und logistischer) Regressionsmodelle. Alle in Klammern geschriebenen Kategorien sind Referenzkategorien.
* p < .05, ** p < .01.
[1] Die Kategorie „ledig" im NFS1976 entfällt, weil eine Korrelation mit den fehlenden Werten der Variable „Erwerbssituation der Frauen" existiert.
[2] Die Kategorie „ledig" entfällt in diesen Fällen wegen der hohen multiplen Korrelation mit anderen Variablen.

Die sechs Regressionsmodelle (Tabelle 50) bestätigen im Allgemeinen die Ergebnisse der bivariaten Analyse. Die Koeffizienten der Variablen „Anzahl der Kinder", „Familienstand der Mutter" und „Alter der Mutter bei der ersten Geburt" zeigen die erwarteten Vorzeichen und werden durch ihre Signifikanz bestätigt.

Die Anzahl der Kinder in der Familie hat sowohl 1976 als auch 2000 einen negativen Effekt auf das Bildungsniveau der Kinder. Es zeigt sich, dass 1976 jedes zusätzliche Kind in der Familie den durchschnittlichen Schulbesuch der Kinder um 8,3 Prozent reduziert und darüber hinaus zu einer Verminderung der Chancen auf einen altersgemäßen Schulbesuch um den Faktor 0,885 sowie der Chancen, in den Sekundarbereich einzutreten, um den Faktor 0,880 führt. Dieser Zusammenhang wird anhand der Werte der drei Indikatoren von 2000 noch deutlicher, so wie es die bivariate Analyse schon gezeigt hat. Nach den Werten aus dem Jahr 2000 reduziert jedes zusätzliches Kind in der Familie den durchschnittlichen Schulbesuch der Kinder um 22,3 Prozent, führt zu einer Senkung der Chancen auf einen altersgemäßen Schulbesuch um den Faktor 0,746 sowie der Chancen, in den Sekundarbereich einzutreten, um den Faktor 0,750.

Die multivariaten Regressionsmodelle (Tabelle 50) zeigen, dass gegenüber den Werten für die Kinder verheirateter Mütter alle anderen Formen des Familienstandes der Mutter negative Auswirkungen auf die Bildungsniveauindikatoren der Kinder haben. Im Jahr 1976 reduziert der Umstand, dass die Mutter in nichtehelicher Gemeinschaft lebt, den durchschnittlichen Schulbesuch der Kinder um 7,7 Prozent. Die Chancen auf einen altersgemäßen Schulbesuch verringern sich um den Faktor 0,783, die Chancen auf Eintritt in den Sekundarbereich um den Faktor 0,753. Die Werte aus dem Jahr 2000 zeigen noch deutlichere negative Auswirkungen. Im Jahr 2000 reduziert der Umstand, dass die Mutter in nichtehelicher Gemeinschaft lebt, den durchschnittlichen Schulbesuch der Kinder um 8,7 Prozent, die Chancen auf einen altersgemäßen Schulbesuch verringern sich um den Faktor 0,627, und die Chancen, in den Sekundarbereich einzutreten, vermindern sich um den Faktor 0,568. Die Koeffizienten zeigen zusätzlich ein Signifikanzniveau von 1 Prozent, mit Ausnahme lediglich der Bildungsindikatoren „altersgemäßer Schulbesuch" und „Eintritt in den Sekundarbereich" für das Jahr 1976.

Der bei der bivariaten Analyse aufgetretene positive Zusammenhang zwischen dem Familienstand „geschieden" der Mutter und dem Bildungsniveau der Kinder reduziert sich bei Betrachtung der multivariaten Regressionsmodelle. Dies bedeutet, dass der in der bivariaten Analyse aufgetretene positive Zusammenhang zwischen dem Familienstand „geschieden" der Mutter und dem Bildungsniveau der Kinder hauptsächlich auf die Kontrollvariablen wie „Schuljahre der Mutter", „Wohnort" oder „Region" zurückzuführen ist.

Das Ansteigen des Alters der Mutter bei der ersten Geburt zeigt durchgehend, sowohl 1976 wie 2000, positive Auswirkungen auf die Bildungsniveauindikatoren der Kinder. Die Zahlen für 1976 zeigen, dass jedes zusätzliche Altersjahr der Mutter bei der Geburt des ersten Kindes den durchschnittlichen Schulbesuch der Kinder um 6,2 Prozent erhöht. Außerdem erhöhen sich die Chancen auf einen altersgemäßen Schulbesuch um den Faktor 1,055 und der Chancen auf Eintritt in den Sekundarbereich um den Faktor 1,029.

Nach den Zahlen aus dem Jahr 2000 erhöht jedes zusätzliches Altersjahr der Mutter bei der Geburt des ersten Kindes den durchschnittlichen Schulbesuch der Kinder um 3,5 Prozent, lässt die Chancen auf einen altersgemäßen Schulbesuch um den Faktor 1,045 und der Chancen auf Eintritt in den Sekundarbereich um den

Faktor 1,019 steigen. Nur in Bezug auf den Bildungsindikator „Eintritt in den Sekundarbereich" sind die Werte nicht signifikant.

Bei den multivariaten Regressionsmodellen (Tabelle 50) zeigen die Variablen „Anzahl der ehelichen und nichtehelichen Gemeinschaften", „Erwerbssituation der Mutter" und „Komplexität des Haushalts" nicht immer denselben Zusammenhang mit dem Bildungsniveau der Kinder wie bei der bivariaten Analyse. In den meisten Fällen sind die Werte auch nicht signifikant.

Kinder von Müttern mit zwei oder mehr ehelichen oder nichtehelichen Gemeinschaften erscheinen für das Jahr 1976 mit positiveren Werten bezüglich der Bildungsindikatoren „altersgemäßer Schulbesuch" und „Eintritt in den Sekundarbereich", verglichen mit den Kindern von Müttern mit nur einer ehelichen oder nichtehelichen Gemeinschaft. Dies stimmt nicht mit den Ergebnissen der bivariaten Analyse überein, die zeigen, dass die Kinder von Müttern mit nur einer Eheschließung oder nichtehelichen Gemeinschaft durchweg höhere Werte bei den drei Bildungsniveauindikatoren haben. Die Werte bei den Regressionsmodellen sind aber, ebenso wie bei der bivariaten Analyse, nicht signifikant.

Eine Erwerbstätigkeit der Mutter außerhalb des Hauses hat unter Kontrolle aller unabhängigen Variablen, sowohl nach den Werten von 1976 als auch aus dem Jahr 2000, negative Auswirkungen (Referenzkategorie: „Mutter nicht erwerbstätig") auf die drei Bildungsniveauindikatoren. Die Werte für 1976 zeigen dazu, dass sich bei einer Erwerbstätigkeit der Mutter zu Hause der durchschnittliche Schulbesuch der Kinder um 1,6 Prozent reduziert, die Chancen auf einen altersgemäßen Schulbesuch um den Faktor 0,728 und auf Eintritt in den Sekundarbereich um den Faktor 0,782 sinken. Demgegenüber zeigen die Werte für das Jahr 2000, dass unter der Voraussetzung einer Erwerbstätigkeit der Mutter zu Hause der durchschnittliche Schulbesuch der Kinder um 2,6 Prozent zunimmt und auch die Chancen auf einen altersgemäßen Schulbesuch (Faktor 1,280) und auf Eintritt in den Sekundarbereich (Faktor 1,554) höher werden. Diese Ergebnisse stimmen mit den Ergebnissen der bivariaten Analyse nicht überein. Bei der bivariaten Analyse hatten sowohl für 1976 als auch für 2000 die Kinder von nicht erwerbstätigen Müttern die niedrigsten Werte in Bezug auf die drei Bildungsniveauindikatoren. Aber sowohl bei der bivariaten Analyse wie bei den multivariaten Regressionsmodellen sind die Werte nicht signifikant.

Bezüglich der Auswirkungen der Variable „Komplexität des Haushalts" auf das Bildungsniveau der Kinder sind, wie auch bei der bivariaten Analyse, keine klaren Tendenzen zu erkennen. Ein zusätzliches Mitglied im Haushalt zeigte sowohl 1976 wie 2000 einen leicht positiven Effekt auf die Bildungsniveauindikatoren. Ausnahme ist der Bildungsindikator „altersgemäßer Schulbesuch" für das Jahr

2000. Die Auswirkungen von zwei oder mehr zusätzlichen Mitgliedern im Haushalt auf die Bildungsniveauindikatoren fallen für das Jahr 1976 leicht positiv und für das Jahr 2000 leicht negativ aus, mit Ausnahme des Bildungsniveauindikators „Eintritt in den Sekundarbereich". Die Werte sind aber nicht signifikant.

Die Unstimmigkeiten zwischen der bivariaten Analyse und den multivariaten Regressionsmodellen hinsichtlich der unabhängigen Variablen „Zahl der ehelichen und nichtehelichen Gemeinschaften", „Erwerbstätigkeit der Mutter" und „Komplexität des Haushalts" sind letztlich nicht von großer Bedeutung, da in beiden Fällen keine klaren Tendenzen im statistischen Zusammenhang zwischen jeder einzelnen Variablen und dem Bildungsniveau der Kinder zu erkennen sind. Darüber hinaus sind die Korrelationskoeffizienten schwach und nicht signifikant.

Im Hinblick auf die Kontrollvariablen zeigt sich, dass das Lebensalter der Kinder logischerweise einen positiven Einfluss auf die Bildungsindikatoren „durchschnittlicher Schulbesuch in Jahren" und „Eintritt in dem Sekundarbereich" hat. Im Jahr 1976 erhöht jedes zusätzliches Lebensjahr der Kinder den durchschnittlichen Schulbesuch um 45,2 Prozent. Die Chancen, in den Sekundarbereich einzutreten, steigen um den Faktor 1,629. Im Jahr 2000 erhöht jedes zusätzliche Lebensjahr der Kinder den durchschnittlichen Schulbesuch um 62 Prozent. Die Chancen, in den Sekundarbereich einzutreten, erhöhen sich um den Faktor 1,547. Die deutlicheren Auswirkungen des Lebensalters der Kinder auf die Bildungsniveauindikatoren im Jahr 2000 lassen sich auf die größere Verbreitung von Bildung in der Zeit von 1976 bis 2000 zurückführen. Demgegenüber besteht ein negativer Zusammenhang zwischen dem Alter der Kinder und dem Bildungsindikator „altersgemäßer Schulbesuch". Je älter das Kind ist, desto wahrscheinlicher wird es, dass es entweder eine Klasse wiederholen musste, eine Pause aus sozialen oder wirtschaftlichen Gründen machen musste oder die Schule ganz abgebrochen hat.

In Bezug auf den Wohnort zeigt sich, dass das Leben in ländlichen Gebieten stark negative Auswirkungen auf die drei Bildungsniveauindikatoren hat. Besonders deutlich sind die negativen Auswirkungen bezüglich des Bildungsindikators „Eintritt in den Sekundarbereich", was nicht überrascht, ist doch das Angebot an Schulen mit Sekundarbereich in ländlichen Gebieten deutlich geringer als in den Städten. Nach den Werten für das Jahr 1976 reduzierte der Umstand, auf dem Land zu leben, den durchschnittlichen Schulbesuch der Kinder um 16,7 Prozent. Die Chancen auf einen altersgemäßen Schulbesuch nahmen um den Faktor 0,599 ab, die Chancen auf Eintritt in den Sekundarbereich um den Faktor 0,289. Für das Jahr 2000 liegen die entsprechenden Werte bei einer Abnahme des durchschnittlichen Schulbesuches der Kinder um 13,8 Prozent, einer Reduzierung der Chancen auf altersgemäßen Schulbesuch um den Faktor 0,460 sowie um den Faktor 0,300 in Bezug auf die Chancen, in den Sekundarbereich einzutreten. Die Koeffizienten zeigen ein Signifikanzniveau von 1 Prozent.

Mädchen haben im Vergleich zu Jungen höhere Werte in Bezug auf alle drei Bildungsniveauindikatoren. Für 1976 ist festzustellen, dass Mädchen einen um 5,5 Prozent höheren durchschnittlichen Schulbesuch in Jahren vorweisen konnten als Jungen. Ihre Chancen auf einen altersgemäßen Schulbesuch waren um den Faktor 1,432, ihre Chancen auf Eintritt in den Sekundarbereich um den Faktor 1,373 höher als bei Jungen. Nach den Werten für das Jahr 2000 besuchten Mädchen durchschnittlich um 6,5 Prozent länger die Schule als Jungen. Die Chancen von Mädchen auf altersgemäßen Schulbesuch waren um den Faktor 1,502, ihre Chancen auf Eintritt in den Sekundarbereich um den Faktor 1,192 höher als die entsprechenden Chancen der Jungen. Abschließend ist anzumerken, dass in Bezug auf den Bildungsindikator „Eintritt in den Sekundarbereich" der Unterschied zwischen den Geschlechtern im Jahr 2000 geringer ausfällt.

Die Anzahl der Schuljahre der Mutter hat durchweg positive Auswirkungen auf die Kinder bezüglich der drei Bildungsniveauindikatoren. Je mehr Schuljahre die Mutter aufweist, desto höher ist auch der durchschnittliche Schulbesuch in Jahren der Kinder, desto wahrscheinlicher wird ein altersgemäßer Schulbesuch und der Eintritt in den Sekundarbereich. Die Auswirkungen der Schuljahre der Mutter auf das Bildungsniveau der Kinder nahmen bei den drei Bildungsniveauindikatoren zwischen 1976 und 2000 ab. Im Jahr 1976 erhöht jedes zusätzliches Schuljahr der Mutter den durchschnittlichen Schulbesuch der Kinder um 26,5 Prozent. Die Chancen auf einen altersgemäßen Schulbesuch steigen um den Faktor 2,797, die Chancen auf Eintritt in den Sekundarbereich um den Faktor 3,070. Im Jahr 2000 erhöht jedes zusätzliche Schuljahr der Mutter den durchschnittlichen Schulbesuch der Kinder um 13,6 Prozent. Die Chancen auf altersgemäßen Schulbesuch steigen um den Faktor 1,178, die Chancen auf Eintritt in den Sekundarbereich um den Faktor 1,169. Zweifellos ist die Abhängigkeit des Bildungsniveaus der Kinder von dem ihrer Eltern in der zweiten Hälfte des 20. Jahrhunderts geringer geworden, trotzdem bleibt der positive Zusammenhang zwischen den Schuljahren der Mutter und dem Bildungsniveau der Kinder immer noch bedeutsam und signifikant.

In Zusammenfassung der Ergebnisse der multivariaten Regressionsmodelle ist festzuhalten, dass lediglich drei der sechs Variablen bezüglich der Familienstruktur, nämlich „Anzahl der Kinder", „Familienstand der Mutter" und „Alter der Mutter bei der ersten Geburt" bedeutsam und signifikant sind. Es wird bestätigt, dass Kinder aus kinderreichen Familien geringere Chancen auf einen dauerhaften und altersgemäßen Schulbesuch haben als Kinder mit weniger Geschwistern, da unter Kontrolle der Variablen „Schuljahre der Mutter", „Wohnort" und „Region" ein negativer Zusammenhang zwischen der Anzahl der Kinder und dem Bildungsniveau der Kinder besteht. Dieser negative Zusammenhang verstärkt sich im Jahr 2000. Die Ursachen dafür liegen mit großer Wahrscheinlichkeit im Anstieg der Bildungskosten im Zeitraum von 1976 bis 2000 und im Mangel an sozialpolitischen Maßnahmen, die die höheren Kosten der Bildung für kinderreiche Familien im Jahr 2000 ausgleichen und den dauerhaften und altersgemäßen Schulbesuch für alle Kinder garantieren könnten.

Die negativen Auswirkungen des nichtehelichen Familienstandes der Mütter auf das Bildungsniveau der Kinder im Vergleich zu verheirateten Müttern und unter Kontrolle der Variablen „Schuljahre der Mutter", „Wohnort" und „Region", bestätigen die These, dass eine nichteheliche Gemeinschaft auf Seiten des Paares weniger Bereitschaft zu Verpflichtungen und Entbehrungen zugunsten der Familie impliziert und damit auch eine geringere Bereitschaft, alle verfügbaren Mittel in diese zu investieren. Die negativen Auswirkungen des Familienstandes „in nichtehelicher Gemeinschaft lebend" der Mütter auf das Bildungsniveau der Kinder verstärken sich noch in den Werten für das Jahr 2000. Wenn der Unterschied zwischen ehelichen und nichtehelichen Gemeinschaften wesentlich darin liegt, dass unterschiedliche Bereitschaft besteht, verfügbare Mittel in die Familie zu investieren, ist die Steigerung der negativen Auswirkungen des Familienstandes „in nichtehelicher Gemeinschaft lebend" auf das Bildungsniveau der Kinder im Jahr 2000 wiederum mit der Erhöhung der Bildungskosten für die Familie zwischen 1976 und 2000 zu erklären. Demgegenüber vermindern sich bei Betrachtung der Werte aus dem Jahr 2000 die positiven Auswirkungen des Alters der Mutter bei der ersten Geburt auf das Bildungsniveau der Kinder.

Die Variablen „Anzahl der ehelichen und nichtehelichen Gemeinschaften", „Erwerbssituation der Mutter" und „Komplexität des Haushalts" zeigen bei den multivariaten Regressionsmodellen keine signifikanten Werte. Da diese auch nicht die Ergebnisse der bivariaten Analyse bestätigen, lässt sich kein bedeutsamer Zusammenhang zwischen diesen drei Variablen und dem Bildungsniveau der Kinder feststellen.

In Bezug auf die Kontrollvariablen ist zu betonen, dass Kinder in ländlichen Gebieten deutliche Nachteile haben, dass sich Mädchen gegenüber Jungen insgesamt im Vorteil befinden und dass sich der positive Zusammenhang zwischen den Schuljahren der Mutter und dem Bildungsniveau der Kinder zwischen 1976 und 2000 abgeschwächt hat.

6. SCHLUSSBETRACHTUNG

Zentrales Thema der vorliegenden Arbeit ist der Zusammenhang zwischen Familienstruktur und Bildungsniveau der Kinder in Kolumbien im Zeitraum von 1976 bis 2000. Dabei gehe ich von der Hypothese aus, dass das Bildungsniveau der Kinder Ergebnis einer Verkettung von Faktoren ist, unter denen exogene und endogene Faktoren unterschieden werden können. Die Familienstruktur gehört in diesem Zusammenhang zur letztgenannten Gruppe von Faktoren. Wesentliches Ziel der Arbeit ist es, die im Folgenden genannten sechs familienstrukturellen Variablen hinsichtlich ihres Einflusses auf das Bildungsniveau der Kinder zu prüfen und zu gewichten: die Anzahl der Kinder, der Familienstand der Mutter, das Alter der Mutter bei der ersten Geburt, die Zahl der Eheschließungen und nichtehelichen Gemeinschaften der Mutter, die Erwerbssituation der Mutter sowie die Komplexität des Haushalts. Die vorgenommene empirische Analyse wird ergänzt durch die Untersuchung wesentlicher historischer und sozialpolitischer Aspekte des kolumbianischen Kontextes.

Bei der empirischen Analyse werden hauptsächlich Daten aus zwei Befragungen verwendet: zum einen aus dem *National Fecundity Survey* 1976 (NFS1976) und zum anderen aus dem *National Demographic and Health Survey* 2000 (NDHS2000). In einem ersten Schritt der empirischen Analyse werden die Tendenzen der Familienstrukturvariablen im Zeitraum von 1976 bis 2000 mithilfe von Techniken der deskriptiven Statistik, wie Häufigkeitsverteilungen und Lage- und Streuungsmaßen analysiert. Die Analyse des Zusammenhangs zwischen Familienstruktur und Bildungsniveau der Kinder erfolgt durch bivariate Analyse (Kontingenztabellen, Assoziationskoeffizienten und Grafiken), durch Drittvariablenkontrolle sowie durch multivariate Regressionsmodelle. Das Bildungsniveau der Kinder wurde mit drei Indikatoren gemessen: der durchschnittliche Schulbesuch in Jahren, der altersgemäße Schulbesuch sowie der Eintritt in den Sekundarbereich.

Im Folgenden werden zunächst die Untersuchungsergebnisse zusammengefasst. Zuerst werden die wichtigsten Tendenzen in der Entwicklung der Familienstruktur in Kolumbien während des Untersuchungszeitraums dargestellt. Anschließend werden die zentralen Befunde hinsichtlich des Zusammenhangs zwischen Familienstruktur und Bildungsniveau der Kinder zusammengefasst und diskutiert. Daraufhin werden die Ergebnisse der empirischen Analyse interpretiert und thesenartig dargestellt, so dass die wichtigsten Themen und Fragestellungen der Arbeit aufgegriffen werden und Bezug auf die sozialpolitische Diskussion genommen wird. Den Abschluss bildet eine Bewertung von wesentlichen Aspekten der vorliegenden Untersuchung, insbesondere unter der Fragestellung, an welchen

Punkten ich eine Intervention der verantwortlichen politischen Instanzen für geboten halte.

6.1. Zusammenfassung der Untersuchungsergebnisse

Der Geburtenrückgang ist das wohl bedeutendste Merkmal des Strukturwandels der kolumbianischen Familie in den letzten drei Jahrzehnten des 20. Jahrhunderts. Die Gesamtfruchtbarkeitsrate lag 1976 bei 4,4 Kindern. 2000 lag dieser Wert nur noch bei 2,6 Kindern.

Bei den altersspezifischen Fruchtbarkeitsziffern ist zu bemerken, dass die Frauen im Jahr 2000 genauso wie im Jahr 1976 ihre Kinder am häufigsten zwischen ihrem 20. und 24. Lebensjahr gebären. Allerdings war die Lebenszeitspanne, innerhalb derer die Frauen ihre Kinder gebaren, im Jahr 1976 länger als im Jahr 2000. So begründen sich für das Jahr 1976 die relativ hohen Fruchtbarkeitsziffern in den Altersgruppen der 25- bis 29-, der 30- bis 34-, und der 35- bis 39-Jährigen. Bei den altersspezifischen Fruchtbarkeitsziffern ist auch der Anstieg der Werte in der Gruppe der 15- bis 19-jährigen Frauen seit 1995 bemerkenswert.

Die durchschnittliche Kinderzahl ist in den ländlichen Gebieten höher als im städtischen Raum. Darüber hinaus ist von 1976 bis 2000 im städtischen Raum ein stärkerer Geburtenrückgang zu verzeichnen als auf dem Land.

Die Frauen mit einem höheren Bildungsniveau in Kolumbien hatten sowohl 1976 als auch 2000 weniger Kinder als die Frauen mit einem niedrigen Bildungsniveau. Der Zusammenhang zwischen den Schuljahren der Mutter und der durchschnittlichen Kinderzahl ist in der zweiten Hälfte des 20. Jahrhunderts noch deutlicher geworden.

Hinsichtlich des Familienstands der Frauen in Kolumbien zeigt sich, dass immer mehr Frauen in nichtehelichen Gemeinschaften leben. Im Gegenzug nahm der Anteil der Frauen, die verheiratet sind, zwischen 1976 und 2000 deutlich ab.

Nichteheliche Gemeinschaften sind in den Regionen Atlántica und Pacífica sehr verbreitet. Während 1976 in der Region Atlántica 46,3 Prozent der Frauen in nichtehelichen Gemeinschaften lebten, waren es in Bogotá 1,7 Prozent der Frauen. Im Jahr 2000 ist in der Region Atlántica ein ähnlich hoher Wert zu verzeichnen, 47,1 Prozent der Frauen lebten in nichtehelichen Gemeinschaften. In Bogotá hat sich dagegen der Anteil von Frauen, die in nichtehelicher Gemeinschaft leben, in diesem Zeitraum von 1,7 Prozent auf 31,6 Prozent erhöht.

Sowohl 1976 als auch 2000 waren nichteheliche Gemeinschaften bei Frauen mit einem niedrigen Bildungsniveau wesentlich verbreiteter als bei Frauen mit einem höheren Bildungsniveau. Trennungen und Scheidungen allerdings kamen sowohl 1976 wie 2000 häufiger bei denjenigen Frauen vor, die über ein höheres Bildungsniveau verfügen.

In Bezug auf das Alter der Mutter bei der Geburt ihres ersten Kindes ist während der letzten 25 Jahre des 20. Jahrhunderts kein drastischer Anstieg zu verzeichnen.

Wiederholte eheliche oder nichteheliche Gemeinschaften sind im Laufe der Zeit in den städtischen Gebieten üblicher geworden. So hat sich zum Beispiel in Bogotá der Anteil der Frauen mit mehr als einer ehelichen oder nichtehelichen Gemeinschaft zwischen 1976 und 2000 von 4,4 Prozent auf 17,8 Prozent vervierfacht. In den Regionen Atlántica und Pacífica dagegen hat etwa ein Viertel der Frauen die Trennung von einem Partner und eine neue Lebensgemeinschaft vorzuweisen, ein Wert, der seit Jahrzehnten stabil ist. Gleichzeitig hat sich der Anteil der alleinerziehenden Frauen in ganz Kolumbien zwischen 1976 und 2000 fast verdoppelt (von 1,5 Prozent auf 2,9 Prozent). Immerhin ist es sowohl 1976 (83,7 Prozent) als auch 2000 (77,1 Prozent) eine Mehrheit von Frauen, die nur in einer einzigen ehelichen oder nichtehelichen Gemeinschaft gelebt haben.

Wiederholte eheliche oder nichteheliche Gemeinschaften waren sowohl 1976 als auch 2000 bei den wenig gebildeten Frauen stärker verbreitet, im Gegensatz zu Scheidungen und Trennungen, die bei den Frauen, die über ein höheres Bildungsniveau verfügen, häufiger sind. Der Unterschied liegt darin, dass sich das Phänomen der wiederholten ehelichen oder nichtehelichen Gemeinschaften bei den wenig gebildeten Frauen nicht unbedingt, wie bei den am höchsten gebildeten Frauen, in einer dauerhaften Trennung und/oder Scheidung von einem Partner manifestiert.

Hinsichtlich der Arbeitsmarktpartizipation der Frauen ist in der zweiten Hälfte des 20. Jahrhunderts eine kontinuierliche Ausdehnung der Phase aktiver Partizipation festzustellen. In den 70er und 80er Jahren des 20. Jahrhunderts war für Frauen der Höhepunkt der Arbeitsmarktpartizipation zwischen dem 25. und 29. Lebensjahr zu verzeichnen. In den 90er Jahren des 20. Jahrhunderts liegt dieser Höhepunkt der Präsenz von Frauen in der Arbeitswelt deutlich später, erst in der Phase zwischen dem 35. und dem 39. Lebensjahr. Sowohl in den 70er Jahren wie in den 90er Jahren des 20. Jahrhunderts hatten Frauen mit einem niedrigen Bildungsniveau auch ein niedrigeres Partizipationsniveau auf dem Arbeitsmarkt, aber der Unterschied zwischen den zwei Gruppen ist in den 90er Jahren des 20. Jahrhunderts kleiner geworden.

Die Erwerbssituation von Frauen in ländlichen und städtischen Gebieten ist sehr unterschiedlich. Während 1976 in den ländlichen Gebieten 68,8 Prozent der Frauen nicht erwerbstätig waren, lag der Anteil der nicht erwerbstätigen Frauen in den Städten bei 48,3 Prozent. Im Jahr 2000 war der Unterschied zwischen Stadt und Land noch deutlicher (61,9 Prozent zu 34,6 Prozent). Ähnlich stellt sich die Entwicklung der Erwerbssituation zwischen weniger gebildeten und besser gebildeten Frauen dar. Ein steigendes Bildungsniveau ist verbunden mit einer höheren Wahrscheinlichkeit erwerbstätig zu sein. Die Chancen, eine gut bezahlte Stelle zu finden, sind für die besser gebildeten Frauen deutlich größer.

Obwohl in Kolumbien die Mehrheit der Haushalte aus Kernfamilien besteht, existiert gleichzeitig ein hoher Anteil, etwa ein Viertel der Gesamtheit, von komplexen Haushalten. Im Zeitraum zwischen 1976 und 2000 sind nur geringe Schwankungen dieses Verhältnisses zu verzeichnen. In der Region Atlántica sind die komplexen Haushalte mit zwei oder mehr zusätzlichen Mitgliedern deutlich stärker verbreitet als in anderen Regionen.

Nach den Ergebnissen der empirischen Analyse ist festzuhalten, dass lediglich drei der sechs Variablen über die Familienstruktur, nämlich die Anzahl der Kinder, der Familienstand der Mutter und das Alter der Mutter bei der ersten Geburt, eine relevante Auswirkung auf das Bildungsniveau der Kinder haben. Obwohl die bivariate Analyse zeigt, dass in bestimmten Fällen Kinder aus Familien mit höchstens zwei Kindern kein höheres Bildungsniveau aufweisen als Kinder aus Familien mit drei und mehr Geschwistern, zeigen die Regressionsmodelle doch, dass unter Kontrolle der Variablen „Schuljahre der Mutter", „Wohnort" und „Region" die Kinder aus kinderreichen Familien weniger Chancen auf einen langen Schulbesuch haben als die Kinder mit weniger Geschwistern. Die Ergebnisse der multivariaten Analyse machen deutlich, dass die Anzahl der Kinder in Bezug auf deren Bildungsniveau für Kolumbien eine wichtige Erklärungsdimension darstellt. Der negative Zusammenhang zwischen der Anzahl der Kinder in einer Familie und deren Bildungsniveau hat sich im Jahr 2000 verschärft.

Hinsichtlich des Familienstands der Mutter hat die empirische Analyse gezeigt, dass ein Leben mit einer alleinerziehenden Mutter oder einer Mutter, die in nichtehelicher Gemeinschaft lebt, einen Risikofaktor bezüglich des Bildungsniveaus der Kinder darstellt. Sowohl die bivariate als auch die multivariate Analyse zeigen durchgängig die Defizite bezüglich des Bildungsniveaus von Kindern, deren Mütter in nichtehelicher Gemeinschaft leben. Dieser Zusammenhang zwischen nichtehelicher Gemeinschaft der Mütter und Bildungsniveau der Kinder verschärft sich im Jahr 2000.

Die multivariaten Regressionsmodelle zeigen, dass sich die positive Auswirkung eines höheren Alters der Mutter bei der ersten Geburt auf das spätere Bildungsniveau der Kinder bis zum Jahr 2000 etwas verringert.

In Bezug auf die Kontrollvariablen ist hervorzuheben, dass Kinder in ländlichen Gebieten benachteiligt sind gegenüber denjenigen in städtischen Gebieten, dass Mädchen Vorteile genießen gegenüber den Jungen und dass der positive Zusammenhang zwischen den Schuljahren der Mutter und dem Bildungsniveau der Kinder zwischen 1976 und 2000 geringer geworden ist. Insbesondere der Wohnort hat trotz einer Tendenz zur Abschwächung weiterhin eine große Bedeutung für das Bildungsniveau der Kinder, insbesondere in Bezug auf den Übergang in den schulischen Sekundarbereich.

In Bezug auf den Zusammenhang zwischen Schulbildung der Mutter und Bildungsniveau der Kinder ist festzustellen, dass dieser in der zweiten Hälfte des 20. Jahrhunderts weniger deutlich ausfällt als zuvor. Aber der negative Zusammenhang zwischen den Schuljahren der Mutter und dem Bildungsniveau der Kinder ist immer noch signifikant.

6.2. Interpretation ausgewählter Untersuchungsergebnisse

1. Der Anstieg der Opportunitätskosten gut ausgebildeter Frauen und der Anstieg der Bildungskosten in Kolumbien haben dazu beigetragen, dass sich der negative Zusammenhang zwischen der Schulbildung der Frauen und der durchschnittlichen Kinderzahl in den letzten 25 Jahren des 20. Jahrhunderts verstärkt hat.

Die Daten der empirischen Analyse zeigen sowohl für 1976 als auch für 2000, dass die Frauen, die über weniger Schulbildung verfügen, im Durchschnitt mehr Kinder haben als Frauen mit einem hohen Bildungsniveau. Dieser Zusammenhang ist im Laufe der Jahre auffällig deutlicher geworden. Dies ist insbesondere darauf zurückzuführen, dass die besser ausgebildeten Frauen immer weniger Kinder hatten. Die Entscheidung besser gebildeter Frauen für weniger Kinder lässt sich mit der Entwicklung der Bildungsinvestitionsrendite in den letzten Jahrzehnten des 20. Jahrhunderts begründen. Die Investitionsrendite der höheren Bildung, insbesondere der Bildungsgänge im tertiären Bereich, ist in den letzten Jahren des 20. Jahrhunderts gestiegen. Demzufolge sind die Opportunitätskosten für gut ausgebildete Frauen gleichermaßen gestiegen. Für eine Frau, die an der Universität studiert hat, ist die Einkommenseinbuße sehr hoch, wenn sie sich zugunsten der Kindererziehung vom Arbeitsmarkt zurückzieht. Das hohe Einkommen gut ausgebildeter Frauen erlaubt die Bezahlung einer Kinderbetreuung. So lohnt es sich für sie, auch nach der Geburt von Kindern weiter zu arbeiten. Gleichwohl führen die hohen Kosten von Bildung in Kolumbien dazu, dass Familien über die gewünschte Kinderzahl nachdenken, besonders wenn der Wille besteht, dass die Kinder zumindest dasselbe Bildungsniveau wie die Eltern erreichen sollten.

2. In Kolumbien sind nichteheliche Gemeinschaften vorrangig unter wenig Gebildeten und folglich den ökonomisch schwächsten Bevölkerungsgruppen zu finden. Dieses Nuptialitätsmuster ist zum großen Teil historisch bedingt.

Sowohl die Daten von 1976 als auch die von 2000 zeigen, dass in Kolumbien die hoch gebildeten Frauen seltener in nichtehelichen Gemeinschaften leben als die wenig Gebildeten. Dieses Nuptialitätsmuster ist besonders auffällig, wenn man es mit der Entwicklung der nichtehelichen Gemeinschaft im europäischen Kontext als moderne Alternative zur Eheschließung vergleicht. Die historische Betrachtung dieses Nuptialitätsmusters verweist auf den komplexen Eroberungs- und Kolonisationsprozess des amerikanischen Kontinents und den diesem Prozess inhärenten rassen- und geschlechtsspezifischen Dominanzverhältnissen. Einerseits haben die Spanier als Eroberer in nichtehelichen Gemeinschaften mit indigenen Frauen gelebt. Andererseits haben die indigene und die afroamerikanische Bevölkerung, also die in diesem Prozess unterdrückten Bevölkerungsgruppen, zum großen Teil weiter in nichtehelichen Gemeinschaften gelebt und zum Teil auch die Polygamie weiter praktiziert. Obwohl Kirche und Staat versuchten, das katholische Ehesakrament und die Monogamie in den Kolonien zu verbreiten, gelang es nicht, sei es aus kulturellen, religiösen, geographischen oder ökonomischen Gründen, diesen Akkulturationsprozess vollständig durchzusetzen. Die Ehe blieb somit das exklusive Familienmuster der europäischen und kreolischen Eliten und setzte sich erst später in den mittleren Schichten durch. Der Rest der Bevölkerung behielt die eheähnlichen Lebensgemeinschaften als vorherrschendes Familienmuster bei. Dass Ende des 20. Jahrhunderts weiterhin dieser Zusammenhang zwischen dem sozialen und wirtschaftlichen Hintergrund und dem Nuptialitätsmuster besteht, verweist auf eine gewisse Kontinuität der gesellschaftlichen Strukturen in Kolumbien.

Was die regionalen Besonderheiten angeht, waren und sind nichteheliche Gemeinschaften in den Regionen Atlántica und Pacífica auch aufgrund spezifischer historischer Rahmenbedingungen der regionalen Entwicklung sehr verbreitet. Der Großteil der Bevölkerung der ländlichen Gebiete beider Regionen lebte aufgrund schlechter Verkehrsverbindungen Jahrhunderte lang relativ isoliert. Die Vertretung der Kirche in beiden Gebieten war vergleichsweise schwach, so dass eine soziale und moralische Kontrolle und demzufolge die Verbreitung des katholischen Ehesakraments im Vergleich zu den anderen Regionen beschränkt war.

3. Die schnelle Zunahme der nichtehelichen Gemeinschaften zwischen 1990 und 2000 ist einerseits mit der rechtlichen Gleichstellung ehelicher wie nichtehelicher Lebensgemeinschaften durch die Verfassung von 1991 und andererseits mit sozialer Desintegration und unsicheren Rahmenbedingungen in Kolumbien verknüpft.

Die empirische Analyse zeigt einen deutlichen Anstieg der nichtehelichen Gemeinschaften zwischen 1990 und 2000. Dies verweist auf die rechtliche Gleichstellung ehelicher und nichtehelicher Lebensgemeinschaften durch die Verfassung von 1991. Dabei war auf Seiten des Gesetzgebers mit dieser neuen Verfassungsregelung keineswegs das Anliegen verbunden, ein bestimmtes soziales Verhalten zu fördern, sondern nicht verheiratete Partner und ihre Kinder – und damit ein relevanter Teil der kolumbianischen Bevölkerung – sollten aus einer Situation rechtlicher Schutzlosigkeit hinaus in einen rechtlichen Status überführt werden, der den durch Eheschließung formalisierten Partnerschaften und Familien vergleichbar ist. Tatsächlich ist aber seit Inkrafttreten der Verfassung der Anteil nichtehelicher Gemeinschaften gestiegen.

Die Verbreitung der nichtehelichen Gemeinschaften steht aber auch in Verbindung mit Lebensumständen, die durch soziale Desintegration in den Städten und die generalisierte Unsicherheit im ganzen Land geprägt sind. Einerseits begünstigen die Lebensbedingungen der Städte, die fehlende soziale Kontrolle und die Distanz vieler Migranten zu dem ihnen vertrauten kulturellen und sozialen Kontext unverbindliche Lebensgemeinschaften. Andererseits haben die sozialen Konflikte, vielfach mit Gewalt ausgetragen, das Agieren von Guerillas, paramilitärischen Gruppen und staatlichen Sicherheitsverbände, besonders auf dem Land zur Folge, dass eine geregelte Lebensplanung mit Heirat und Familiengründung äußerst schwierig ist. Demzufolge entscheiden sich immer mehr Paare für eine weniger verbindliche Lebensgemeinschaft, auch wenn sie Kinder bekommen. Die neuen gesetzlichen Regelungen sollten die Situation dieser Paare und ihrer Kinder verbessern, was allerdings nicht unbedingt der Fall ist.

4. Die Ergebnisse dieser Studie bestätigen im Allgemeinen Beckers Theorie von der Alternativentscheidung der Eltern zwischen „Quantität" und „Qualität" der Kinder. Die Ergebnisse weisen aber auch auf die Möglichkeit hin, diesen Zusammenhang zwischen Anzahl der Kinder und „Qualität" der Kinder durch externe Faktoren zu beeinflussen.

In Kolumbien ist im Allgemeinen eine steigende Anzahl von Kindern in einer Familie mit einer abnehmenden Wahrscheinlichkeit des Schulbesuchs verbunden. Dies bedeutet, dass die Eltern im Prozess der Familienbildung bewusst oder unbewusst entscheiden müssen, entweder weniger Kinder zu haben, die besser gebildet sein werden, oder mehr Kinder, die unter schlechteren Bedingungen aufwachsen werden.

Die hohen Kosten von Bildung und die hohe Investitionsrendite von Bildung sind entscheidende Faktoren, die zum starken negativen Zusammenhang zwischen Anzahl der Kinder und Bildungsniveau der Kinder beitragen. Einerseits fördert die hohe Investitionsrendite der Bildung das Bemühen von Eltern, ihren Kindern den Schulbesuch zu ermöglichen. Andererseits begrenzen die hohen Kosten von Bildung die Chancen von vielen kinderreichen Familien, ihrem Nachwuchs eine hochwertige Schulbildung zu finanzieren. Bemerkenswert ist dabei der Fall Bogotá. In der Hauptstadt weisen Kinder aus Familien mit höchstens zwei Kindern kein höheres Bildungsniveau auf als diejenigen aus kinderreicheren Familien. Die Besonderheit der Hauptstadt im Bildungsbereich besteht darin, dass Bogotá im Vergleich zum Rest des Landes über ein viel höheres Bildungsbudget und eine höhere Reichweite von bildungspolitischen Maßnahmen verfügt. Dies bedeutet, dass in Bogotá für eine Familie, die über keine finanziellen Mittel verfügt, die Möglichkeit besteht, bestimmte Fördermittel bei der Distriktsverwaltung zu beantragen, um ihren Kindern eine Schulausbildung zu ermöglichen. Diese familienexternen Faktoren beeinflussen die Möglichkeit und die Gründe dafür, Kinder länger die Schule besuchen zu lassen.

5. Die Ergebnisse der empirischen Analyse widerlegen Beckers Rotten-Kid-Theorem, nach dem sich der Haushaltsvorstand immer altruistisch verhält und das Wohl der Familiengruppe gegenüber seinen eigenen Interessen bevorzugt.

Die vorliegende empirische Analyse bestätigt die Ergebnisse der Studie von Desai (1992), wonach lateinamerikanische Kinder, deren Eltern in einer nichtehelichen Gemeinschaft zusammenleben, in Bezug auf ihren Wohlstand benachteiligt sind gegenüber den Kindern verheirateter Eltern. Die empirische Analyse zeigt sowohl für 1976 als auch für 2000, dass – bei Kontrolle der Variablen „Schuljahre der Mutter", „Wohnort" und „Region" – die Kinder von Müttern in nichtehelicher Gemeinschaft in Bezug auf ihre Chancen, ein hohes Bildungsniveau zu erreichen, benachteiligt sind. Dies bedeutet, dass die Erklärung für die statistische Beziehung zwischen Familienstand der Mutter und Bildungsniveau der Kinder nicht auf dem Umstand beruht, dass in Kolumbien ein hoher Prozentsatz der Frauen in nichtehelicher Gemeinschaft über eine niedrige Schulbildung verfügt beziehungsweise aus schwächeren sozioökonomischen Verhältnissen stammt, sondern dass diese Erklärung wesentlich in den besonderen Charakteristika der Familienstruktur unter der Voraussetzung einer nichtehelichen Lebensgemeinschaft zu suchen ist. Dies bedeutet, dass Partner in einer nichtehelichen Lebensgemeinschaft unabhängig von Schulbildung und finanziellen Ressourcen weniger bereit sind, ihre Ressourcen ganz und gar in die Familiengruppe zu investieren.

Trotzdem darf nicht außer Acht gelassen werden, dass Frauen in nichtehelicher Lebensgemeinschaft zu einem hohen Anteil nur über niedrigen sozioökonomischen Status verfügen. Ihre Kinder sind somit doppelt benachteiligt; nicht nur wegen der Charakteristika der Familienstruktur, sondern zusätzlich wegen der Schulbildung der Mutter und ihrer sozioökonomischen Umgebung. In Kolumbien sind nichteheliche Lebensgemeinschaften in ihrer historischen Entwicklung ein Ausdruck von gesellschaftlicher Ungleichheit. Ehen sind verbreiteter in den gebildeten und reicheren Bevölkerungsgruppen, während nichteheliche Lebensgemeinschaften in Bevölkerungsgruppen mit niedrigem Bildungsniveau und geringem Einkommen anzutreffen sind. Gravierend ist dabei der Umstand, dass die Ungleichheit, die Kolumbien in der Geschichte der letzten Jahrhunderte gekennzeichnet hat, dadurch weiter perpetuiert wird. Dass Kinder, deren Mütter in nichtehelichen Lebensgemeinschaften leben, eher auf einem niedrigen Bildungsniveau verbleiben als andere Kinder, wird so auch zum Hindernis für das Anliegen, diesen historisch bedingten Teufelskreis zu durchbrechen.

6. In den letzten 25 Jahren des 20. Jahrhunderts hat sich die Abhängigkeit des Bildungsniveaus der Kinder von familiären Faktoren aufgrund der immer höheren Kosten der Bildung erhöht.

Das zwischen 1976 und 2000 wachsende Ausmaß des negativen Zusammenhangs zwischen der Kinderzahl und dem Bildungsniveau der Kinder sowie zwischen dem Familienstand der Mutter und dem Bildungsniveau der Kinder zeigt, dass das Bildungsniveau der Kinder in immer höherem Ausmaß von familiären Faktoren abhängt.

Mehrere Studien zeigen, dass Familien in Kolumbien im Jahr 2000 mehr Geld für die Bildung ihrer Kinder ausgeben mussten als 1970, eine weitere für die ungleiche Verteilung von Bildungschancen gemäß Geschwisterzahl und familiärer Situation relevante Tendenz, steht doch die Zahl der Kinder ebenso wie der Familienstand der Mutter in engem Zusammenhang mit der Verfügung über und der Umverteilung von wirtschaftlichen Ressourcen. Das Bildungsniveau der Kinder in Kolumbien ist immer mehr von familiären Faktoren abhängig. Familien mit höheren Einkommen haben eher die Möglichkeit, ihre Ausgaben für Bildung zu erhöhen. Es ist zu befürchten, dass die Kluft beim Bildungserfolg zwischen den niedrigen und höheren sozioökonomischen Schichten noch vergrößert wird, wenn zusätzliche Ausgaben der Familien für Bildung vor allem dazu dienen und dafür notwendig sind, Bildung höherer Qualität zu finanzieren.

6.3. Politische Implikationen

Die vorliegenden Ausführungen sollen nicht den Schluss nahe legen, bestimmte Formen der Familie seien in moralischem Sinne besser oder schlechter als andere. Es geht um die Frage nach notwendigen politischen Maßnahmen, um vorhandenen gesellschaftlichen Ungleichheiten zu begegnen, die mit in bestimmten Bevölkerungsgruppen gegebenen Familienstrukturen und mit deren Folgen für das Bildungsniveau der Kinder, mit deren beruflichen Chancen und zukünftiger Lebensqualität zu tun haben.

Es kann dabei nicht Anliegen der vorliegenden Arbeit sein, konkrete politische Maßnahmen zu entwerfen. Sinn der sozial- und familienwissenschaftlichen Forschung ist es, relevante Grundlagen über die allgemeine Situation von Familien und spezifischen Problemlagen einzelner Familienformen und Bevölkerungsgruppen in einer Gesellschaft zu erarbeiten, um die entsprechenden politischen Instanzen in die Lage zu versetzen, angemessene politische Maßnahmen zu gestalten und umzusetzen.

Die Ergebnisse dieser empirischen Studie verweisen auf zwei Aspekte der Familienstruktur in Kolumbien, die sich durchweg negativ auf das Bildungsniveau der Kinder auswirken und die nach meiner Auffassung familienpolitisch noch nicht genug berücksichtigt wurden: die Anzahl der Kinder in der Familie und die familiäre Situation der Mutter hinsichtlich der Frage, ob sie in nichtehelicher Gemeinschaft oder in einer Ehe lebt. Bezüglich der familiären Situation der Mutter ist darüber hinaus die benachteiligte Situation der alleinerziehenden Mütter und ihrer Kinder zu betonen. Diese Problematik wurde allerdings schon zuvor ausführlich untersucht, so dass sie im Rahmen der vorliegenden Ausführungen nicht im Mittelpunkt steht.

Die Anzahl der Kinder in einer Familie begrenzt insbesondere das verfügbare Einkommen pro Familienmitglied. In Kolumbien existiert ein staatlicher Familienzuschuss für Bezieher mittlerer und niedriger Einkommen, der sich nach der Zahl der Kinder richtet, für die Unterhaltspflicht besteht. Aber sowohl die im informellen Sektor Arbeitenden wie auch die arbeitslose Bevölkerung und damit zwei der am wenigsten abgesicherten Bevölkerungsgruppen sind von den Vorteilen der Familienausgleichskassen völlig ausgeschlossen.

Dass die Lebensbedürfnisse unterschiedlich großer Familien in Kolumbien von den bisherigen familienpolitischen Maßnahmen nicht genügend berücksichtigt werden, wird durch die vorliegende Studie bestätigt. Je mehr Kinder in der Familie, desto größer ist die Gefahr des Schulabbruchs. Für die Altersgruppe, die im

Mittelpunkt dieser Studie steht, ist dieser Umstand sehr gravierend, da die zehn-bis fünfzehnjährigen Kinder und Jugendlichen sich noch in der Phase der Schulpflicht befinden. Zur Verschlechterung der Situation hat beigetragen, dass die privat zu tragenden Kosten für Bildung in Kolumbien immer höher wurden, zulasten von kinderreichen Familien. Nach meiner Auffassung ist in diesem Punkt eine staatliche Intervention dahingehend notwendig, die privat zu tragenden Kosten für Bildung zu kontrollieren. Zumindest die Grundschulbildung ist zu garantieren.

Zusätzlich ist die Variable „Anzahl der Kinder in einer Familie" besser in die Familien- und Sozialpolitik zu integrieren. Dies gilt beispielsweise für die Berücksichtigung dieser Variable in den verschiedenen Sozial- und Armutsindikatoren sowie bei der Vergabe von Zuschüssen. Nicht zuletzt sind weitere Aufklärungskampagnen im Bereich der Familienplanung notwendig.

Die Nachteile für Kinder, deren Mütter in einer nichtehelichen Gemeinschaft leben, stehen wie diese Studie aufzeigt auch in einem Zusammenhang mit der Höhe des verfügbaren Einkommens. Einerseits greift für diese Familien ebenso das Problem höherer privat zu tragender Bildungskosten wie auch für kinderreiche Ehen. Andererseits sind die familienpolitischen Förderungsmaßnahmen für diese Bevölkerungsgruppe nicht ausreichend. Trotz der rechtlichen Gleichbehandlung von ehelichen und nichtehelichen Lebensgemeinschaften durch die Verfassung von 1991, durch die eine Verbesserung der Situation von vielen Frauen und Kindern eintreten sollte, hat sich die Situation von Kindern, deren Mütter in nichtehelichen Lebensgemeinschaften wohnen, in Bezug auf die Schulbildung nicht verbessert. Das bedeutet nicht unbedingt, dass die neue Gesetzgebung als familienpolitisch falsch zu bewerten wäre, denn sie bietet doch Grundlagen und Instrumente dafür, die Betroffenen in der kolumbianischen Gesellschaft besser zu schützen. In diesem Zusammenhang ist zu berücksichtigen, dass es keine fundierten Studien über jüngste Entwicklungen in Kolumbien bezüglich nichtehelicher Lebensgemeinschaften gibt. Deshalb ist nach meiner Auffassung eine tiefergehende, ebenso quantitative wie qualitative Forschung darüber notwendig, welche Vorstellungen in der Bevölkerung gegenüber dem Thema Ehe und Familie bestehen, um auf der Grundlage entsprechender Ergebnisse diejenigen Familien, die bezüglich der Entwicklungschancen von Kindern benachteiligt sind, besser fördern zu können.

7. LITERATURVERZEICHNIS

Acock, Alan C. und David H. Demo (1994). Family Diversity and Well-Being. Sage Library of Social Research 195. Sage Publications. Thousand Oaks, California.

Ahn, Namkee (1994). „Teenage childbearing and high school completion: accounting for individual heterogeneity". Family Planning Perspectives 26 (1): 17 - 21.

Alfonso, Luis A., Gladys Hernández de Buitrago, Néstor Jiménez und Amanda Ojeda (1987). Eficiencia interna. Básica secundaria – media vocacional 1978 - 1984. Ministerio de Educación Nacional. Bogotá.

Alonso, Juan Carlos, Ana Rico de Alonso, Olga Lucía Castillo, Angélica Rodríguez und Sonia Castillo (1998). La familia colombiana en el fin de siglo. Dane - Estudios Censales No. 10. Bogotá.

Altonji, Joseph G. und Thomas A. Dunn (1996). „The Effects of Family Characteristics on the Return to Education". Review of Economics and Statistics 78 (4): 692 - 704.

Arboleda, José R. (1964). „La historia y la antropología del negro en Colombia". Universidad de Antioquia 157: 233 – 248.

Bañuelos F., Eunice und Leonor Paz G. (1997). „Cambio en los hogares mexicanos". Demos 10: 25 – 26.

Basu, Alaka M (1993). „Family size and child welfare in an urban slum: some disadvantages of being poor but modern". In Lloyd, Cynthia (Ed.). Fertility, Family Size and Structure: Consequences for Families and Children: 375 - 413. Population Council. New York.

Barro, Robert J. und Jong-Wah Lee (1993). „International comparisons of educational attainment". Journal of Monetary Economics 32 (3): 363 – 394.

Becker, Gary (1965). „A theory of the allocation of time". Economic Journal 75: 493 - 517.

Becker, Gary und H. Gregg Lewis (1974). „Interaction between quantity and quality of children". In T. Schulz (Ed.). Economics of the family: marriage, children and human capital: 81 - 90. University of Chicago Press. Chicago, Illinois.

Becker, Gary. (1981). A treatise on the family. Harvard University Press. Cambridge, Massachusetts.

Becker, Gary (1995a). „An economic analysis of fertility". In Febrero, Ramón und Pedro Schwartz (Ed.). The essence of Becker: 241 - 272. Hoover Institution Press. Stanford, California.

Becker, Gary (1995b). „A theory of marriage: Part I and Part II". In Febrero, Ramón und Pedro Schwartz (Ed.). The essence of Becker: 272 - 328. Hoover Institution Press. Stanford, California.

Becker, Gary (1995c). „Investment in human capital: a theoretical analysis". In Febrero, Ramón und Pedro Schwartz (Ed.). The essence of Becker: 36 - 90. Hoover Institution Press. Stanford, California.

Becker, Gary und Nigel Tomes (1995d). „Human capital and the rise and fall of families". In Febrero, Ramón und Pedro Schwartz (Ed.). The essence of Becker: 343 - 381. Hoover Institution Press. Stanford, California.

Becker, Gary und Kevin M. Murphy (1995e). „The family and the state". In Febrero, Ramón und Pedro Schwartz (Ed.). The essence of Becker: 382 - 399. Hoover Institution Press. Stanford, California.

Beller, Andrea und Seung Sin Chung (1992). „Family structure and educational attainment of children. Effects of remarriage". Journal of Population Economics 5: 39 - 59.

Behrman, Jere R. (1997). „Intrahousehold distribution and the family". In Rosenzweig, Mark R. und Oded Stark (Ed.). Handbook of population and family economics: 125 - 187. Elsevier, Oxford.

Bergstrom, Ted (1997). „A survey of theories of the family". In Rosenzweig, Mark R. und Oded Stark (Ed.). Handbook of population and family economics: 21 - 79. Elsevier, Oxford.

Bernecker, Walter L., Raymond Th. Buve, John R. Fisher und Horst Pietschmann (Hrsg.) (1994). Handbuch der Geschichte Lateinamerikas in 3 Bänden, Band 1: Mittelamerika, Südamerika und die Karibik bis 1760. Klett-Cotta. Stuttgart.

Bianchi, Suzanne (2000). „Maternal employment and time with children: dramatic change or surprising continuity?". Demography 37 (4): 401 – 414.

Bogges, Scott (1998). „Family structure, economic status, and educational attainment". Journal of Population Economics 11 (2): 205 - 222.

Bongaarts, John (1987). „Does family-planning reduce infant-mortality rates?" Population and Development Review 13 (1): 323 - 334.

Bongaarts, John und Robert Lightbourne (1996). „Wanted fertility in Latin America: trends and differentials in seven countries". In Guzmán M., José et al. (Ed.). The fertility transition in Latin America: 227 - 241. Clarendon Press. Oxford.

Bourdieu, Pierre und Jean-Claude Passeron (1971). Die Illusion der Chancengleichheit; Untersuchung der Soziologie des Bildungswesens am Beispiel Frankreichs. Klett-Cotta. Stuttgart.

Bourdieu, Pierre (2003). Interventionen 1961 - 2001: Sozialwissenschaft und politisches Handeln. Bd. 2: 1975 - 1990: Herrschende Ideologie & wissenschaftliche Autonomie; Laien & Professionelle der Autonomie; Erziehung & Bildungspolitik. VSA Verlag. Hamburg.

Bronte-Tinkew, Jacinta (1998). „Household structure, household economic resources and child well being in Trinidad and Tobago". Paper presented at the annual meeting of the PAA, Chicago, Illinois.

Browning, Martin und Pierre-André Chiappori (1998). „Efficient intra-household allocations: a general characterization and empirical tests". Econometrica 66 (6): 1241 - 1278.

Bundesministerium für Bildung und Forschung (2001). Grund- und Strukturdaten 2000/2001. Bergisch Gladbach.

Burguière, André, Christiane Klapisch-Zuber, Martine Segalen und Françoise Zonabend (Hrsg.) (1997). Geschichte der Familie. Mittelalter. Campus Verlag. Frankfurt/Main, New York.

Caldwell, John C. und Pat Caldwell (1987). „The cultural context of high fertility in sub-Saharan Africa". Population and Development Review 13 (3): 409 - 437.

Calvo, Thomas (1984). „Concubinato y mestizaje en el medio urbano: El caso de Guadalajara en el siglo XVIII". Revista de Indias 44 (173): 203 - 212.

Castañeda, Tarsicio (1981). „Los determinantes de la participación de la mujer casada en el mercado de trabajo urbano en Colombia". Estudios de Economía (Santiago de Chile) 17: 111 - 134.

Castro Martín, Teresa (2002). „Consensual unions in Latin America: Persistence of a dual nuptiality system". Journal of Comparative Family Studies 33 (1): 35 - 55.

CEPAL (2004). Financiamiento y gestión de la educación en América Latina y el Caribe. Versión preliminar. Trigésimo período de sesiones de la Cepal. San Juan, Puerto Rico. 28 de junio al 2 de julio de 2004.

Chiappori, Pierre-André (1988). „Rational household labor supply". Econometrica 56 (1): 63 - 89.

Chu, Cyrus und Lily Jiang (1997). „Demographic transition, family structure and income inequality". Review of Economic and Statistics 79 (4): 665 - 673.

Consejo Superior de la Judicatura, Pontificia Universidad Javeriana (1999). Naturaleza del conflicto en el área de familia. Imprenta Nacional. Santa Fe de Bogotá.

Corporación Centro Regional de Población, Departamento Administrativo Nacional de Estadística (DANE), Instituto Internacional de Estadística (1977). Encuesta Nacional de Fecundidad Colombia 1976. Resultados Generales. Bogotá.

De Ayala, Manuel Josef (1991). Diccionario de Gobierno y Legislación de Indias. Ediciones de Cultura Hispánica. Madrid.

De Vos, Susan (1993). „Is there a socioeconomic dimension to household extension in Latin America?". Journal of Comparative Family Studies 24 (1): 21 - 34.

De Vos, Susan (1995). Household composition in Latin America. Plenum Series on Demographic Methods and Population Analysis. Plenum Press. New York.

De Vos, Susan (1998). Nuptiality in Latin America: The View of a Sociologist and Family Demographer. CDE Working Paper No. 98 - 21. University of Wisconsin - Madison.

Desai, Sonalde (1992). „Children at risk: the role of family structure in Latin America and West Africa." Population and Development Review 18 (4): 689 - 717.

Desai, Sonalde (1995). „When are children from large families disadvantaged? Evidence from cross-national analyses". Population Studies 49: 195 - 210.

DNP (Departamento Nacional de Planeación) (1980). Evolución del sistema educativo colombiano: 1964 - 1977. Bogotá.

DNP (Departamento Nacional de Planeación) (1996). Prevalencia y Fecundidad. Boletín No. 14. Sistema de Indicadores Sociodemográficos para Colombia. Bogotá.

DNP (Departamento Nacional de Planeación) und Presidencia de la República (1998a). Plan Nacional de Desarrollo 1998 - 2002. Tomo I. Bogotá.

DNP (Departamento Nacional de Planeación) (1998b). Informe de Desarrollo Humano para Colombia 1998. Tercer Mundo Editores. Bogotá.

DNP (Departamento Nacional de Planeación) (1999a). Informe de Desarrollo Humano para Colombia 1999. Tercer Mundo Editores. Bogotá.

DNP (Departamento Nacional de Planeación) (1999b). Salud reproductiva. Boletín No. 23. Sistema de Indicadores Sociodemográficos para Colombia. Bogotá.

DNP (Departamento Nacional de Planeación) (2000). Informe de Desarrollo Humano para Colombia 2000. Tercer Mundo Editores. Bogotá.

DNP (Departamento Nacional de Planeación) und Presidencia de la República (2002). Bases del Plan Nacional de Desarrollo 2002 - 2006. Bogotá.

DNP (Departamento Nacional de Planeación), PNUD (Programa de las Naciones Unidas para el Desarrollo), ICBF (Instituto Colombiano de Bienestar Familiar) und Misión Social (2002). Familias colombianas: estrategias frente al riesgo. Bogotá.

DNP (Departamento Nacional de Planeación) (2005). Estadísticas históricas de Colombia. Capítulo 6. Sector Laboral. Coeficiente Gini. Internet: http://www.dnp.gov.co/paginas_detalle.aspx?idp=42. 02.03.2005.

Dueñas V., Guimar (1997). Los hijos del pecado. Ilegitimidad y vida familiar en la Santafé de Bogotá colonial. Ed. Universidad Nacional. Bogotá.

Durán A., Luis David (2000). Estatuto legal de la familia y el menor. Compilación legislativa. Universidad Externado de Colombia. Bogotá.

Egner, Erich (1988). „Epochen im Wandel des Familienhaushalts". In Rosenbaum, Heidi. Familie und Gesellschaftsstruktur. Materialien zu den sozioökonomischen Bedingungen von Familienformen: 92 - 127. 4. Auflage. Suhrkamp. Frankfurt a. M.

Fitzgerald K., Sheila und Andrea H. Beller (1988). „Educational attainment of children from single-parent families: differences by exposure, gender, and race". Demography 25 (2): 221 - 235.

Flórez, Carmen Elisa (1990). La transición demográfica en Colombia: efectos en la formación de la familia. Universidad de Los Andes. Ediciones Uniandinas. Bogotá.

Flórez, Carmen Elisa (1992). „The fertility transition and family urban income distribution in Colombia". Sociological Inquiry 62 (2): 169 - 184.

Flórez, Carmen Elisa (1994). „Los grupos de alta fecundidad en Colombia". Desarrollo y Sociedad, Sept.: 9 - 52.

Galor, Oded und David N. Weil (1996). „The gender gap, fertility and growth". American Economic Review 86 (3): 374 - 387.

Gertler, Paul J. (1994). „How Economic Development and Family Planning Programs Combined to Reduce Indonesian Fertility". Demography 31 (1): 33 - 63.

Goldman, Noreen (1981). „Dissolution of first unions in Colombia, Panama, and Peru". Demography 18 (4): 659 - 679.

Goldscheider, Frances K. (1995). „Interpolating Demography with Families and Households". Demography 32 (3): 441 - 480.

Gómez, Elsa (1981). La formación de la familia y la participación laboral femenina en Colombia: seminario de análisis y capacitación. Encuesta mundial de fecundidad. Centro Latinoamericano de Demografía Serie D, N° 104. Santiago de Chile.

Greenstein, Theodore (1989). „Human capital, marital and birth timing, and the postnatal labor force participation of married women". Journal of Family Issues 10 (3): 359 - 382.

Grijales, Cesar (1999). El dolor oculto de la infancia en Colombia. UNICEF. Bogotá.

Gujarati, Damodar N. (1997). Econometría Básica. 3. Edición. McGraw Hill. Santafé de Bogotá.

Gutiérrez A., Ildefonso (1980). Historia del negro en Colombia: sumisión o rebeldía?. Editorial Nueva América. Bogotá.

Gutiérrez de Pineda, Virginia (1997). La familia en Colombia. Trasfondo histórico. Ministerio de Cultura. 2. Ed. Universidad de Antioquia. Medellín.

Gutiérrez de Pineda, Virginia (1999). Estructura, función y cambio de la familia en Colombia. 2. Ed. Universidad de Antioquia. Medellín.

Hammel, Eugene und Peter Laslett (1974). „Comparing household structure over time and between cultures". Comparative Studies in Society and History 16: 73 - 109.

Haupt, Arthur und Thomas Kane (1999). Handbuch Weltbevölkerung. Balance Verlag. Stuttgart.

Hausmann, Ricardo und Miguel Székel (1999). Inequality and the family in Latin America. Interamerican Development Bank. Office of the Chief Economist. Working Paper No. 393. Washington, DC.

Helg, Aline (1989). „La educación en Colombia. 1958 - 1980". In Nueva Historia de Colombia: 135 - 158. Editorial Planeta. Bogotá.

Henao, Martha Luz (2001). Cajas de compensación familiar. Informe revisado de la consultoría para la focalización, cobertura y efectividad de la red de protección social en Colombia. Informe presentado por Fedesarrollo al Banco Interamericano de Desarrollo y al Banco Mundial. Bogotá.

Hernández, Alberto und Carmen Elisa Flórez (1979). Tendencias y diferenciales de la fecundidad en Colombia. Corporación Centro Regional de Población. Bogotá.

Hill, Martha S. und Greg J. Duncan (1987). „Parental family income and the socioeconomic attainment of children". Social Science Research 16: 39 - 73.

ICBF (Instituto Colombiano de Bienestar Familiar) (1997). Conceptualización y orientaciones para el trabajo con la familia. Bogotá.

Imhof, Arthur E. (1992). „Europäische historische Demographie - von weltweiter Relevanz". Zeitschrift der Bevölkerungswissenschaft 18 (2): 209 - 228. Boppard am Rhein.

Jaramillo Uribe, Jaime (Dir. Cient.) (1984). Manual de Historia de Colombia. Historia social, económica y cultural. Vol. I. 3. Edición. Procultura S.A., Instituto Colombiano de Cultura. Bogotá.

Jejeebjoy, Shireen (1993). „Family size, outcomes for children, and gender disparities: the case of rural Maharashtra". In Lloyd, Cynthia (Ed.). Fertility, Family Size and Structure: Consequences for Families and Children: 445 - 479. Population Council. New York.

Jonsson, Jan und Michael Gähler (1997). „Family dissolution, family reconstitution, and children's educational career: recent evidence for Sweden". Demography 34 (2): 227 - 293.

Joshi, Heather (1998). „The opportunity cost of childbearing: more than mother's business". Journal of Population Economics 11 (2): 161 - 183.

Juárez, Fátima und Silvia Lleras (1996). „The process of family formation during the fertility transition in Latin America". In Guzmán M., José et al. (Ed.). The fertility transition in Latin America: 48 - 73. Clarendon Press. Oxford.

Kalmijn, Matthus (1994). „Mother's occupational status and children's schooling". American Sociological Review 59: 257 - 275.

Knodel, John und Malinee Wongsith (1991). „Family size and children's education in Thailand: Evidence from National Sample". Demography 28 (1): 119 - 131.

Knodel, John (1993). „Fertility decline and children's education in Thailand: some macro and micro effects". In Lloyd, Cynthia (Hrsg.). Fertility, Family Size and Structure: Consequences for Families and Children: 269 - 296. Population Council. New York.

Konetzke, Richard (1972). América Latina. La época colonial. Historia Universal Siglo XXI. Vol. 22. Siglo XXI Editorial. Madrid.

Kristen, Cornelia (1999). „Bildungsentscheidungen und Bildungsungleichheit – ein Überblick über den Forschungsstand". Arbeitspapiere – Mannheimer Zentrum für Europäische Sozialforschung Nr. 5. Mannheim.

Kromrey, Helmut (2002). Empirische Sozialforschung. 10. Auflage. Leske + Budrich. Opladen.

Kuznesof, Elizabeth (1985). „The family and society in nineteenth-century Latin America: an historiographical introduction". Journal of Family History 10: 215 - 234.

Laslett, Peter (1988). „Family, kinship and collectivity as systems of support in pre-industrial Europe: a consideration of the 'nuclear-hardship' hypothesis". Continuity and Change 3 (2): 153 - 175.

Lichter, Daniel und Diane K. McLaughlin (1995). „Changing Economic Opportunities, Family Structure, and Poverty in Rural Areas". Rural Sociology 60 (4): 688 - 706.

Lloyd, Cynthia und Anastasia J. Gage-Brandon (1993). „Does sibsize matter? The implications of family size for children's education in Ghana". In Lloyd, Cynthia (Ed.). Fertility, Family Size and Structure: Consequences for Families and Children: 481 - 519. Population Council. New York.

López, Hugo (2001). „Características y determinantes de la oferta laboral colombiana y su relación con la dinámica del desempleo. Consideraciones teóricas y de política". Ponencia presentada en el seminario sobre aspectos teóricos y experiencias internacionales en materia de empleo y desempleo. Bogotá. Banco de la República. 31.03.2001.

Lucas, Robert E. (1988). „On the mechanics of development". Journal of Monetary Economics 22 (1): 3 - 42.

Marre, Diana (1997). „La aplicación de la pragmática sanción de Carlos III en América Latina: una revisión". Quaderns de l'Institut Catalá d'Antropología 10 (hivern): 217 - 249.

Martina, Alan (1996). „The quantity/quality of children hypothesis in developing countries: testing some demographic experiences in China, India and Africa". Health Transitions Review 6 (Supplement): 191 - 212.

Macunovich, Diane J. (1998). „Fertility and the Easterlin hypothesis: An assessment of the literature". Journal of Population Economics 11 (1): 53 - 111.

McCaa, Ronald (1994). „Marriageways in Mexico and Spain, 1500 - 1900". Continuity and Change 9 (1): 11 - 43.

McElroy, Marjorie B. (1990). „The empirical content of Nash-bargained household behavior". Journal of Human Resources 25: 559 - 583.

MEN (Ministerio de Educación Nacional) (1985). Eficiencia interna del sistema educativo colombiano en el nivel primario 1961 - 1983. Bogotá.

MEN (Ministerio de Educación Nacional) (1988). Análisis del sector educativo con énfasis en sus aspectos administrativos y financieros. Bogotá.

MEN (Ministerio de Educación Nacional) (1990). Un siglo de educación en Colombia. 2. versión revisada y actualizada. Bogotá.

Mincer, Jacob (1958). „Investment in Human Capital and Personal Income Distribution". Journal of Political Economy 66 (4): 281 - 302.

Mitterauer, Michael (1990). Historisch-anthropologische Familienforschung. Fragestellungen und Zugangsweisen. Böhlau Verlag. Wien.

Molina, Carlos, Mauricio Alviar und Doris Polanía (1993). „El gasto público en educación". Fedesarrollo-Mimeo.

Montgomery, Mark, Cynthia Lloyd, Paul Hewett und Patrik Heuveline (1997). „The consequences of imperfect fertility control for children's survival, health and schooling". DHS Analytical Reports No. 7. Calverton, Maryland.

Mörner, Magnus (1969). „Proceso histórico del mestizaje y de la transculturación en América Latina". Aportes 14: 28 - 38.

Mosos, Jaime (1959). „El subsidio familiar". Tesis de Doctorado. Pontificia Universidad Javeriana. Facultad de Ciencias Económicas. Bogotá.

Nash, John. F. (1950). „The bargaining problem". Econometrica 18: 155 - 162.

Ngou-Mve, Nicolás (1997). „El cimarronaje como forma de expresión bantú en la América colonial: el ejemplo de Yangá en México". América Negra 14: 27 - 51.

Ordoñez, Miriam (1998). La familia colombiana de finales del siglo XX. Profamilia - UNFPA. Bogotá.

ORC Macro (2003). MEASURE DHS+ STATcompiler. Internet: http://www. measuredhs.com. 18.09.2003.

Perez M., Vicente (1997). „Del mosaico al calidoscopio: componentes culturales en los sistemas de nupcialidad, fecundidad y familia de España y América Hispana (ss. XVI-XIX)". In Rowland, Robert und Isabel Moll (Eds.). La demografía y la historia de la familia: 46 - 61. Universidad de Murcia. Murcia.

Peuckert, Rüdiger (2002). Familienformen im sozialen Wandel. 4. Auflage. Leske + Budrich. Opladen.

Potthast, Barbara (1997). „Die Entstehung des mestizischen Familienmodells. Das Beispiel Paraguay". In Potthast, B. (Hrsg.). Familienstrukturen in Kolonialen und postkolonialen Gesellschaften: 7 - 26. Periplus Parerga. Band 3. Münster.

Potthast, Barbara (1999). „Alleinerziehende Mütter in einer Gesellschaft von Machos". Arbeitshefte des Lateinamerika-Zentrums N° 58. Westfälische Wilhelms-Universität Münster.

Prada-Salas, Elena (1996). „The fertility transition and adolescent childbearing: the case of Colombia". In Guzmán M., José et al. (Ed.). The fertility transition in Latin America: 31 - 320. Clarendon Press. Oxford.

Presidencia de la República (1991). Constitución Política de Colombia. Bogotá.

Psacharopoulos, George und Harry A. Patrinos (2002). Returns to investment in education: a further update. World Bank Policy Research Working Paper 2881. Washington.

Profamilia, DHS (Demographic and Health Survey) (1995). Encuesta Nacional de Demografía y Salud 1995. Bogotá.

Profamilia (2000). Salud sexual y reproductiva en Colombia. Encuesta Nacional de Demografía y Salud 2000. Resultados. Bogotá.

Puig, Julio (1989). La escolarización de las minorías populares en la escuela comprensiva colombiana. Universidad de Antioquia. Medellín.

Reher, David S. (1996). La familia en España. Pasado y presente. Alianza Editorial. Madrid.

Ribero, Rocío (2000). Family structure, Fertility and child quality in Colombia. Discussion Paper No. 818. Economic Growth Center. Yale University. New Haven, Connecticut.

Riboud, Michelle und Feliciano Hernandez Iglesias (1983). „La teoría del capital humano. Un retorno a los clásicos". Hacienda Pública Española 80: 317 - 328.

Rico de Alonso, Ana (1984). Incidencia de la urbanización y la reducción de la fecundidad sobre la composición, funciones y tamaño de la familia en Colombia. Universidad Javeriana-Colciencias. Bogotá.

Rico de Alonso, Ana (1985). „La familia en Colombia: tipología, crisis y el papel de la mujer". In Bonilla, Elsy (Ed.). Mujer y familia en Colombia: 35 - 63. Bogotá.

Robbins, Donald J. (1997). „Patterns and determinants of human capital accumulation in Colombia, with implications for trade and growth". Departamento Nacional de Planeación. Typescript. Bogotá.

Roberts, Kevin (1999). „African-Virginian extended kin: the prevalence of West African family forms among slaves in Virginia, 1740 - 1870". Thesis submitted to the faculty of the Virginia Polytechnic Institute and State University in partial fulfillment of the requirements for the degree of Master of Arts in History. Blacksburg. Virginia.

Rodríguez, Pablo (1997). Sentimientos y vida familiar en el Nuevo Reino de Granada. Ariel Historia. Bogotá.

Romer, Paul (1990). „Endogenous technological change". Journal of Political Economy 98 (5): 71 - 102.

Sala-I-Martin, Xavier (2002). „La nueva economía del crecimiento: ¿Qué hemos aprendido en quince años?". Revista Economía Chilena 5 (2): 5 - 15.

Sánchez, Fabio und Jairo Núñez (1995). „Por qué los niños pobres no van a la escuela? Determinantes de la asistencia escolar en Colombia". Planeación y Desarrollo: 26 (4): 73 - 118.

Sánchez, Fabio und Jairo Núñez (2002). A dynamic analysis of household decision-making in urban Colombia, 1976 - 1998: changes in household structure, human capital and its returns, and female labor force participation. Research Network Working Paper #R-449. Interamerican Development Bank – CEDE Facultad de Economía, Universidad de los Andes. Bogotá.

Sandefur, Gary, Sara McLanahan und Roger Wojtkiewicz (1992). „The effects of parental marital status during adolescence on high school graduation". Social Forces 71 (1): 103 - 121.

Santamaría, Mauricio und Norberto Rojas (2001). La participación laboral: ¿qué ha pasado y qué podemos esperar? Archivos de Macroeconomía 146.

Sarmiento, Alfredo (1998). „Estudio de gasto privado en educación". DNP - Misión Social. Bogotá.

Sarmiento, Alfredo, Luz Perla Tovar und Carmen Alam (2001). Situación de la educación básica, media y superior en Colombia. Corpoeducación. Bogotá.

Sarmiento Anzola, Libardo und Hernán Vargas Cáceres (2002). El trabajo de las mujeres en Colombia. Corporación Viva la Ciudadanía. Bogotá.

Sathar, Zeba (1993). „Micro-consequences of high fertility: the case of child schooling in rural Pakistan". In Lloyd, Cynthia (Ed.). Fertility, Family Size and Structure: Consequences for Families and Children: 415 - 443. Population Council. New York.

Schlumbohm, Jürgen (1994). Lebensläufe, Familien, Höfe. Die Bauern und Heuerleute des Osnabrückischen Kirchspiels Belm in proto-industrieller Zeit, 1650 - 1860. Vandenhoeck & Ruprecht. Göttingen.

Schultz, Theodore W. (1983). „La inversión en capital humano". Educación y Sociedad 1: 181 - 195.

Sen, Amartya (1990). „Cooperation, inequality and the family". In Geoffrey McNicoll und Mead Cain (Ed.). Rural development and population: institutions and policy: 61 - 76. Population Council. New York.

Shavit, Yossi und Jennifer L. Pierce (1991). „Sibship size and educational attainment in nuclear and extended families: Arabs and Jews in Israel". American Sociological Review 56: 321 - 330.

Si Anh, Truong, John Knodel und Jed Friedman (1998). „Family size and children's education in Vietnam". Demography 35 (1): 57 - 70.

Smith Córdoba, Amir (Comp.) (1986). Visión sociocultural del negro en Colombia. Centro para la investigación del negro en Colombia. Bogotá.

Statistisches Bundesamt (2001). Auf Anfrage am 25.01.2001 direkt elektronisch übersandte Tabelle 2601 D 99 über Familien nach monatlichen Einkommen und nach Zahl der Kinder. Ergebnisse des Mikrozensus 1999.

Strother, Darcy L. (1999). Family Matters. A study of On- and Off-Stage Marriage and Family Relations in Seventeenth-Century Spain. Ibérica Vol. 29. Peter Lang Publishing, Inc. New York.

Sudha, Shreeniwas (1993). „Family size, structure, and children's education: ethnic differencials over time in Peninsular Malaysia". In Lloyd, Cynthia (Ed.). Fertility, Family Size and Structure: Consequences for Families and Children: 331 - 372. Population Council. New York.

Sudha, Shreeniwas (1997). „Family Size, Sex Composition and Children's Education: Ethnic differentials over development in Peninsular Malaysia". Population Studies 51: 139 - 151.

Summers, Robert und Alan Heston (1988). „A new set of international comparisons of real product and price level estimates for 130 countries, 1950 - 1985". Review of Income and Wealth 34 (1): 1 - 25.

Summers, Robert und Alan Heston (1991). „The Penn World Table (Mark 5): an expanded set of international comparisons, 1950 – 1988". Quarterly Journal of Economics 106 (2): 327 - 368.

Swingler, J. und N. Fee (1992). „Women's Development and Family - Planning – The Virtuous Circle". Journal of Woman Welfare 38: 34 - 38.

Trussel, J. und A. Pebley (1984). „The potential impact of changes in fertility on infant, child and mother mortality". Studies in Family Planning 15 (6): 267 - 280.

United Nations (1998). Principles and recommendations for population and housing censuses revision 1. Series M: 67 (1). United Nations. New York.

Uribe E., Mario (2000). La familia en la Constitución de 1991 y su desarrollo legal. Biblioteca Jurídica DIKE. Medellín.

Urrego, Miguel Angel (1997). Sexualidad, matrimonio y familia en Bogotá 1880 - 1930. Ariel Historia. Bogotá.

Valencia, John H. (1998). Antropología de la familia chocoana. Ed. Lealon. Medellín.

Vélez, Carlos E. (1996). Gasto social y desigualdad. Logros y extravíos. Departamento Nacional de Planeación – Misión Social. Bogotá.

Verbel Ariza, Carlota (2001). „Reseña jurídica de la familia natural en Colombia". Facultad de Derecho Universidad de Cartagena (noch unveröffentlichtes Manuskript).

Wade, Peter (1997). Gente negra. Nación mestiza. Dinámicas de las identidades raciales en Colombia. Editorial Universidad de Antioquia, Instituto Colombiano de Antropología, Siglo del Hombre Editores, Ediciones Uniandes. Bogotá.

Wingen, Max (1997). Familienpolitik. Lucius & Lucius. Stuttgart.

Wojtkiewics, Roger (1993). „Simplicity and complexity in the effects of parental structure on high school graduation". Demography 30 (4): 701 - 717.

Yunis T., Emilio (2003). ¿Porqué somos así? ¿Qué pasó en Colombia? Análisis del mestizaje. Editorial Temis. Bogotá.

Zamudio, Lucero und Norma Rubiano (1991a). La nupcialidad en Colombia. Universidad Externado de Colombia. Bogotá.

Zamudio, Lucero und Norma Rubiano. (1991b). Las separaciones conyugales en Colombia. Universidad Externado de Colombia. Bogotá.

Zavala, Silvio (1973). La encomienda Indiana. 2a edición. Editorial Porrúa. México.

Zick, Cathleen D. (2001). „Mother's employment, parental involvement, and the implications for intermediate child outcomes". Social Science Research 30: 25 - 49.

8. ANHÄNGE

Anhang 1: Karten

Karte 1: Kolumbien mit den Regionen der NFS1976

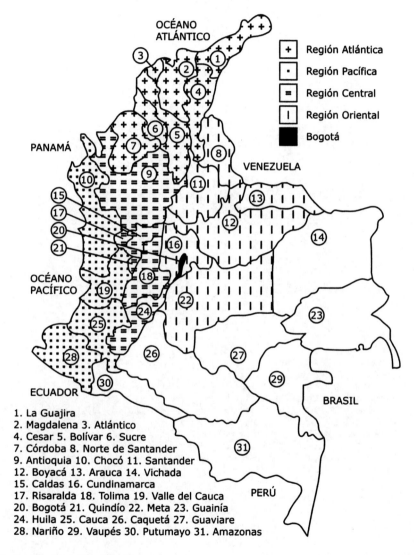

1. La Guajira
2. Magdalena 3. Atlántico
4. Cesar 5. Bolívar 6. Sucre
7. Córdoba 8. Norte de Santander
9. Antioquia 10. Chocó 11. Santander
12. Boyacá 13. Arauca 14. Vichada
15. Caldas 16. Cundinamarca
17. Risaralda 18. Tolima 19. Valle del Cauca
20. Bogotá 21. Quindío 22. Meta 23. Guainía
24. Huila 25. Cauca 26. Caquetá 27. Guaviare
28. Nariño 29. Vaupés 30. Putumayo 31. Amazonas

Quelle: Erstellt von der Autorin.

Karte 2: Kolumbien mit den Regionen der NDHS2000

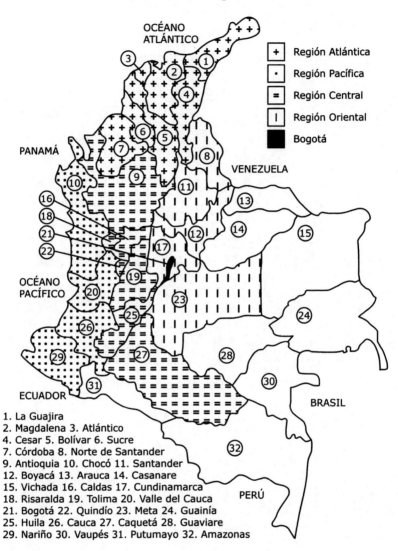

1. La Guajira
2. Magdalena 3. Atlántico
4. Cesar 5. Bolívar 6. Sucre
7. Córdoba 8. Norte de Santander
9. Antioquia 10. Chocó 11. Santander
12. Boyacá 13. Arauca 14. Casanare
15. Vichada 16. Caldas 17. Cundinamarca
18. Risaralda 19. Tolima 20. Valle del Cauca
21. Bogotá 22. Quindío 23. Meta 24. Guainía
25. Huila 26. Cauca 27. Caquetá 28. Guaviare
29. Nariño 30. Vaupés 31. Putumayo 32. Amazonas

Quelle: Erstellt von der Autorin

Anhang 2: Einteilung der Bildungsbereiche

Die in dieser Studie verwendete Einteilung der Bildungsbereiche beruht auf der überarbeiteten Internationalen Standard-Klassifikation des Bildungswesens ISCED (*International Standard Classification of Education*) von 1997.

Definitionen der Internationalen Standard-Klassifikation des Bildungswesens [*]

• Der Primarbereich (ISCED 1) beginnt normalerweise im Alter von fünf, sechs oder sieben Jahren und dauert vier bis sechs Jahre (der Normalfall in den OECD-Ländern ist sechs Jahre). Bildungsgänge des Primarbereichs erfordern normalerweise keine vorherige formale Bildung. Die erfasste Bevölkerungsgruppe im Primarbereich entspricht der ISCED-Stufe 1 – mit der Einschränkung, dass wie folgt eine Obergrenze festgelegt wird: In den Ländern, wo die Schulgrundausbildung die gesamte Pflichtschulzeit umfasst (d.h. wo es keine Unterbrechung des Bildungssystems zwischen dem Primar- und dem Sekundarbereich I gibt) und wo in diesen Fällen die Schulgrundausbildung länger als sechs Jahre dauert, werden nur die ersten sechs Jahre nach der Elementarerziehung als dem Primarbereich zugehörig betrachtet.

• Der Sekundarbereich I (ISCED 2) setzt inhaltlich die grundlegenden Bildungsgänge des Primarbereichs fort, wenn auch normalerweise stärker fachorientiert. Der Sekundarbereich I umfasst in der Regel zwei bis sechs Schuljahre (der Normalfall in den OECD-Ländern ist drei Jahre). Das gemeinsame Merkmal der Bildungsgänge des Sekundarbereichs I ist ihre Eingangsvoraussetzung, d.h. mindestens ein abgeschlossener Bildungsgang der Primarschule oder die nachweisliche Fähigkeit, von der Teilnahme im Sekundarbereich I profitieren zu können.

• Der Sekundarbereich II (ISCED 3) umfasst in der Regel zwei bis fünf Schuljahre. Zulassungsvoraussetzung zu Bildungsgängen des Sekundarbereichs II ist der Abschluss des Sekundarbereichs I oder eine Kombination aus Schulgrundbildung und Berufserfahrung, die die Fähigkeit des Schülers im betreffenden Fachgebiet nachweist. Der Sekundarbereich II kann entweder vorbereitend sein, d.h. zur Vorbereitung der Schüler auf den Tertiärbereich A (ISCED 3A) und B (ISCED 3B) dienen oder abschließend, d.h. zur Vorbereitung des Schülers auf den direkten Eintritt in das Arbeitsleben dienen (ISCEAD 3C).

• Post-sekundäre, nicht-tertiäre Bildungsgänge (ISCED 4) befinden sich aus internationaler Sicht im Grenzbereich zwischen Sekundarbereich II und post-sekun-

---

[*] Die Definitionen wurden vom Bericht des Bundesministeriums für Bildung und Forschung „Grund- und Strukturdaten 2000/2001" übernommen.

därem Bereich, auch wenn sie im nationalen Zusammenhang eindeutig als zum Sekundarbereich II oder zum post-sekundären Bereich gehörig angesehen werden können. Selbst wenn der Inhalt dieser Bildungsgänge nicht wesentlich anspruchsvoller ist als der solcher des Sekundarbereichs II, können sie doch den Kenntnisstand derjenigen, die schon einen Abschluss im Sekundarbereiches II erworben haben, erweitern. Hier sind die Teilnehmer in der Regel älter als im Sekundarbereich II.

• ISCED 5 Bildungsgänge sind inhaltlich anspruchsvoller als Programme des Sekundarbereiches auf den Stufen 3 und 4. Der Zugang zu diesen Bildungsgängen erfordert typischerweise einen ISCED 3A oder 3B Abschluss oder eine ähnliche Qualifikation auf der ISCED-Stufe 4A oder 4B. ISCED 5 Programme müssen nach Beginn der tertiären Ausbildung eine Gesamtdauer von nicht unter zwei Jahren haben und führen nicht direkt zu einer Promotion oder einem vergleichbaren Abschluss eines weiterführenden Forschungsprogramms (letzteres entspräche ISCED 6).

• Der Tertiärbereich A (ISCED 5A) ist weitgehend theoretisch orientiert und soll hinreichende Qualifikationen für den Zugang zu höheren forschungsorientierten Bildungsgängen und Berufen mit hohem Qualifikationsniveau, wie Medizin, Zahnmedizin oder Architektur, vermitteln. Die theoretische Gesamtdauer eines tertiären Studiengangs des Tertiärbereichs A beträgt mindestens drei Jahre (vollzeitäquivalent), normalerweise dauern sie jedoch vier Jahre oder länger. Derartige Studiengänge werden nicht ausschließlich an Hochschulen angeboten. Umgekehrt erfüllen nicht alle Studiengänge, die national als Hochschulstudium anerkannt werden, die Kriterien für die Einstufung im Tertiärbereich A. Der Tertiärbereich A schließt Zweitabschlüsse wie den amerikanischen Master mit ein. Erst- und Zweitabschlüsse sind klassifiziert nach der Gesamtstudiendauer im Tertiärbereich A.

• Studiengänge des Tertiärbereichs B (ISCED 5B) sind typischerweise kürzer als im Tertiärbereich A und konzentrieren sich auf praktische/technische/berufsbezogene Fähigkeiten für den direkten Eintritt in den Arbeitsmarkt, obwohl in diesen Studiengängen auch einige theoretische Grundlagen vermittelt werden können. Sie dauern im Tertiärbereich mindestens zwei Jahre (vollzeitäquivalent). Angaben der verschiedenen OECD-Länder sind aufgrund ihrer nationalen Besonderheiten nur bedingt miteinander vergleichbar.

In Kolumbien ist die Schulausbildung in zwei Bereiche unterteilt: die Grundschulausbildung (*Educación Básica*), welche die gesamte Pflichtschulzeit (neun Jahre) umfasst und die Mittelschulausbildung (*Educación Media*), welche die letzten zwei Jahre der Schulausbildung umfasst. Die ersten fünf Jahre der Grundausbildung werden in Kolumbien als Primarzyklus bezeichnet. Die letzten vier Jahre der Grundausbildung entsprechen dem Sekundarzyklus. Nach der ISCED-Klassifikation stimmt der Primarbereich mit dem Primarzyklus der Grundausbildung und der Sekundarbereich I mit dem Sekundarzyklus der Grundausbildung überein. Der Sekundarbereich II stimmt mit der Mittelschulausbildung überein. In dieser Studie werden hauptsächlich die Begriffe der ISCED-Klassifikation benutzt. Wenn vom Sekundarbereich ohne zu spezifizieren, ob I oder II die Rede ist, wird auf den Sekundarbereich insgesamt Bezug genommen.

Anhang 3: Abkürzungen

ASCOFAME	Asociación Colombiana de Facultades de Medicina
DANE	Departamento Nacional de Estadística
DNP	Departamento Nacional de Planeación
DHS	Demographic and Health Survey
FONADE	Fondo Nacional de Desarrollo
ECV	Encuesta de Calidad de Vida
ENH	Encuesta Nacional de Hogares
CASD	Centro Auxiliar de Servicios Docentes
CDR	Concentración de Desarrollo Rural
CLUSTERS	Computation and Listing of Useful Statistics on Errors of Sampling
CMC	Century Month Code
ICBF	Instituto Colombiano de Bienestar Familiar
ICCE	Instituto Colombiano de Construcciones Escolares
ICFES	Instituto Colombiano de Fomento a la Educación Superior
INEM	Instituto Nacional de Enseñanza Media Diversificada
IPPF	International Planned Parenthood Federation
ISCED	International Standard Classification of Education
MEN	Ministerio de Educacion Nacional
NDHS	National Demographic and Health Survey
NFS	National Fecundity Survey
OLS	Ordinary Least Squares
OR	Odds Ratio
PA	Primäre(n) Auswahleinheit(en)
PAA	Population Association of America
SENA	Servicio Nacional de Aprendizaje
USAID	United States Agency for International Development
WFS	World Fecundity Survey

Anhang 4: Zeichen anstelle von Zahlen in der Tabellen

0   Mehr als nichts, aber weniger als die Hälfte der kleinsten in der Tabelle nachgewiesenen Einheit.

-      Wenn die auszuweisende Zahl (mathematisch) exakt den Wert Null hat.

.   Wenn die auszuweisende Zahl geheim zu halten oder unbekannt ist.

X   Wenn ein Tabellenfach gesperrt werden soll, weil eine Aussage nicht sinnvoll ist. Zum Beispiel, kein Fall.

...   Wenn die Angabe erst später anfällt.

/   Wenn der Zahlenwert nicht sicher genug ist.

()   Wenn der Aussagenwert eingeschränkt ist, da der Zahlenwert statistisch relativ unsicher ist.

Anhang 5: Tabellen- und Abbildungsverzeichnis

Rosemarie Sackmann / Tanjev Schultz / Kathrin Prümm /
Bernhard Peters

Kollektive Identitäten

**Selbstverortungen türkischer MigrantInnen und
ihrer Kinder**

Frankfurt am Main, Berlin, Bern, Bruxelles, New York, Oxford, Wien, 2005.
290 S., 1 Abb., zahlr. Tab.
ISBN 978-3-631-54165-4 · br. € 48.–*

Dieses Buch ist ein Beitrag zur Klärung des umstrittenen Begriffs Kollektiver
Identität. Es präsentiert die Ergebnisse einer Studie, die am Institut für
Interkulturelle und Internationale Studien (InIIS) der Universität Bremen
durchgeführt wurde. Die Studie verbindet konzeptionelle Klärungen mit
empirischer Forschung. Sie zeigt, dass es sinnvoll ist, zwischen verschiedenen
Identitätsformen wie etwa Ich-Identität oder Wir-Identität zu differenzieren. Die
Untersuchung erfolgt aus drei Perspektiven: sie behandelt Selbstbezeichnungen
und deren Bedeutung, sie untersucht kollektive Identität anhand einzelner
Merkmale und sie geht von Bedeutungen und Bedeutungsmustern aus, durch
die sehr unterschiedliche Varianten einer türkischen Identität bestimmt werden.

Aus dem Inhalt: Kollektive Identität in der Theorie und in der Forschung ·
Differenzierung zwischen kollektiven und anderen Identitäten · Konzeptionelle
Klärung des Begriffs *Kollektive Identität* verbunden mit einer Untersuchung
über türkische MigrantInnen und ihre Kinder (112 Interviews; erste und zweite
Generation)

Frankfurt am Main · Berlin · Bern · Bruxelles · New York · Oxford · Wien
Auslieferung: Verlag Peter Lang AG
Moosstr. 1, CH-2542 Pieterlen
Telefax 00 41 (0) 32 / 376 17 27

*inklusive der in Deutschland gültigen Mehrwertsteuer
Preisänderungen vorbehalten
Homepage http://www.peterlang.de

Peter Lang · Internationaler Verlag der Wissenschaften